U0815197

工商管理系列教材

营销管理

花昭红　权怡瑄◎主编

企业管理出版社
ENTERPRISE MANAGEMENT PUBLISHING HOUSE

图书在版编目（CIP）数据

营销管理 / 花昭红，权怡瑄主编. -- 北京 : 企业管理出版社，2024. 7. -- ISBN 978-7-5164-3094-1

Ⅰ. F713.56

中国国家版本馆CIP数据核字第2024J30C34号

书　　名：营销管理

书　　号：ISBN 978-7-5164-3094-1

作　　者：花昭红　权怡瑄

责任编辑：张　丽　耳海燕

出版发行：企业管理出版社

经　　销：新华书店

地　　址：北京市海淀区紫竹院南路17号　　邮　　编：100048

网　　址：http：//www. emph. cn　　电子信箱：emph001@163.com

电　　话：编辑部（010）68701638　　发行部（010）68417763　68414644

印　　刷：北京厚诚则铭印刷科技有限公司

版　　次：2024年10月第1版

印　　次：2024年10月第1次印刷

开　　本：787mm × 1092mm　1/16

印　　张：13.75

字　　数：253千字

定　　价：58.00元

序言

PREFACE

在这个日新月异的时代，商业世界的版图正以前所未有的速度重构，全球化、数字化转型、可持续发展等议题交织成网，企业不再仅仅追求短期的经济利益，更加注重长期的社会价值创造和可持续发展。商业环境瞬息万变，技术革新层出不穷，市场竞争日益激烈，对企业的战略思维、运营管理、创新能力提出了更高要求。作为培养未来商业领袖的重要摇篮，MBA（工商管理硕士）教育承载着塑造时代精英、引领商业变革的使命，面临着前所未有的挑战与机遇，它不仅要传授传统的商业管理知识，如财务管理、市场营销、运营管理等，更要培养学生的创新思维、全球视野、领导力，以及解决复杂问题的能力。

基于这样的时代需求，我们精心编撰了这套MBA核心课程系列教材，旨在为广大学子搭建起一座通往成功彼岸的坚实桥梁，让他们在知识的海洋中遨游，在实践的田野上耕耘，最终成长为能够驾驭复杂商业环境、引领行业创新的杰出领导者。

本系列教材紧扣MBA核心课程的要求，融合了现代管理理论与实践，将商业智慧的要素逐一呈现。本系列教材共十二本，涵盖了MBA教育的核心领域，从基础理论到前沿实践，从微观管理到宏观战略，形成了一个系统完整、逻辑严密的知识框架。本系列教材涵盖了MBA教育的核心课程，包括“管理经济学”“组织行为学”“数据、模型与决策”“运营管理”“会计学”“营销管理”“公司理财”“战略管理”“创新创业管理”“管理信息系统——大数据赋能与模式创新”“国际商务管理”“人力资源管理与开发”。这些课程不仅传授基础理论，还强调理论与实践的结合，旨在培养具有国际视野和本土洞察力的商业领袖。

在教材内容设计上，我们注重知识、能力和素养的平衡，学术严谨性和实践相关性的平衡，以及中国根基和全球视野的平衡。每一本教材紧密围绕 MBA 教育的核心目标，聚焦于特定的管理学领域，深入剖析该领域的核心概念、框架和策略。同时，本系列教材既注重理论深度，又强调实践应用，每个主题不仅提供了深入浅出的理论背景，同时搭配了丰富的实例分析，让学习者能够触摸到理论的脉搏，理解其在现实商业环境中的应用。通过这种方式，我们希望学习者在解决实际问题时，能够运用书中提供的理念与工具，进行有效的思考与行动，力求让学习者在学习过程中实现知识与能力的双重提升，并通过最前沿的知识和实践案例，帮助学习者构建起一套完整的商业知识结构。

本系列教材不仅适用于 MBA 学生，也适合于 EMBA（高级管理人员工商管理硕士）、EDP（高级经理人发展课程）学员以及广大对商业管理感兴趣的专业人士。我们相信，无论是正在规划商业生涯的初学者，还是在商业领域摸爬滚打多年的资深人士，都能在这一系列教材中找到值得汲取的养分。我们建议学习者按照教材的逻辑顺序规划学习，同时结合线上资源和实际案例，不断深化理解和应用。教师在使用本套教材时，可以根据学生的具体情况和需求，灵活调整教学方法和进度。

同时，对于使用这套教材的教师和学生，我们期待你们的宝贵意见，以帮助我们不断改进，更好地服务于教育事业。我们也期待与广大师生、业界精英及社会各界人士携手合作，共同推动 MBA 教育事业的发展，为中国乃至全球的商业繁荣贡献智慧和力量。我们深知，MBA 教育是一场没有终点的旅程，它要求我们不断探索、勇于创新，以适应快速变化的商业环境。因此，本系列教材的出版只是一个新的起点，我们将持续关注商业领域的新动态、新趋势，不断更新和完善教材内容，确保学生始终站在时代的前沿。

我们相信，通过不懈努力，这套 MBA 核心课程系列教材将成为培养未来商业领袖的重要力量，助力每一位学子在商海中乘风破浪，智驭未来。

最后，衷心感谢所有参与本套教材编写、审校、出版的专家、学者和工作人员，是你们的辛勤付出和卓越贡献，让这份承载着梦想与希望的成果得以面世。愿每一位读者都能从中汲取智慧与力量，开启属于自己的辉煌篇章！

是为序。

前言 PREFACE

营销管理这门学科自诞生以来就在社会生活和经济发展中扮演着重要的角色。如何满足人们对美好生活的追求是营销人的主要任务。从本质上来看，营销管理的内容依然是理解市场、影响市场，在促进价值交换顺利进行的同时，满足客户多样化的需要，实现企业的社会、经济以及政治目标。信息技术的快速发展和广泛应用，使营销管理越来越成为数据驱动、技术支撑的科学管理过程。在这一过程中，营销管理应该进一步贯彻客户理念、社会营销理念，以价值识别、价值创造、价值传递与传播为主线，完成营销环境分析、目标营销战略制定与实施、营销策略制定与执行、营销监督控制等各个步骤的工作任务。在现实世界中，营销管理工作千头万绪，如何帮助读者剥茧抽丝，掌握营销管理的主要理论和方法，是编写本书的主要目的。

本书作为高等院校工商管理专业的简明教材，充分考虑到营销环境变化、技术变革等给企业带来的机会和挑战，尽可能贴近真实的企业营销实践活动，概括介绍基于价值形成过程的营销管理理论、方法和工具。希望通过本书的学习，读者可以初步掌握特定环境下营销管理的基本思路和方法。本书力求内容全面、结构合理，每章通过开篇案例导入，结合理论和方法阐述，便于读者理解和把握。

中国海洋大学管理学院的花昭红老师和山东外贸职业学院经济管理系的权怡瑄老师共同负责本书的内容设计、组编以及后续的统稿和修改工作。中国海洋大学管理学院权锡鉴院长为本书的总体构思、具体编写提出了宝贵的意见；中国海洋大学管理学院姜忠辉副院长在教材体例、内容安排、格式规范等方面给予了细致的指导。中国海洋大学营销与电子商务系的周荣森主任及各位同事对教材的编写给予了耐心的指导和热情的帮助。参与本书编写的还有中国海洋大学管理学院的李佳璇、张鑫鑫、王翼博。具体分工如下：第一章至第四章，花昭红；第五章至第六章，权怡瑄；第七章，李佳璇；第八章，张鑫鑫；第九章，李佳璇；第十章，王翼博；第十一章，张鑫鑫。

在此，特别感谢企业管理出版社编辑的细致工作，并对关心本书编写的各位专家及读者表示诚挚的感谢，对本书编写过程中参考的所有专著、教材、学术论文的作者深表谢意。另外，在本书编写过程中，互联网平台为我们搜集案例资料、文献资料提供了极大的便利性，有明确出处的我们已一一注明；但是由于部分网站上的文献资料出处标注不是很清楚，本书在引用时可能存在遗漏或者无法标注原作者及资料来源的情况，在此表达深深的歉意。

营销管理是一门鲜活的学科，营销管理的理论与实践仍然处在不断发展、变革中。人工智能、大数据、云计算等为营销管理的理论研究和实际操作提供了新的思路和方法，数智营销、智慧营销已经成为营销管理的新趋势。特别是在新时代背景下，中国一批优秀的企业群体异军突起，破困局，突重围，积累了宝贵的营销经验，中国情景的营销理论探索、营销案例总结需要更多的理论研究者投入其中，以形成更加完善的中国营销管理理论体系。由于本书作者理论视野的局限性和企业营销实践经验的欠缺，书中难免存在疏漏之处，甚至可能有某些错误，恳请广大读者批评指正。

2024 年 7 月

目录 CONTENTS

第一章　导论

第二章　战略计划与基于价值形成的营销管理

第三章 营销环境分析

第四章 市场购买者行为分析

第五章 营销调研与方法

第六章 目标营销战略

第七章 创造和传递客户价值——开发营销组合策略

第八章 服务营销组合策略

第九章 核心价值营销管理——品牌营销管理

第十章 巩固和提升客户价值——客户关系管理

第十一章 企业社会责任营销

第一章　导论

学习目标

1. 了解国内外市场营销思想的产生和发展历程
2. 了解营销的必要性以及营销的作用
3. 理解并掌握营销及营销管理的内涵；理解营销的核心概念
4. 了解传统营销理念和现代营销理念包括的内容以及其对企业营销管理的影响

开篇案例

“海底捞”火锅为什么这么火

1994 年 3 月 25 日，张勇、施永宏、舒萍、李海燕在四川绵阳创立了第一家海底捞川味火锅店，张勇是事实上的领导者和管理者。对川味火锅麻、辣、鲜、香特点的充分体现，再加上干净整洁的店面、热情周到的服务，以及不断创新的菜品，使海底捞的名气越来越大。1999 年 4 月，海底捞在西安开设省外第一家分店——雁塔店；2012 年 12 月 13 日在新加坡开设海外第一家分店。从 2015 年到 2017 年，海底捞门店数量从 112 家扩张到 320 家，收入提升至 106.37 亿元，复合增长率达 35.9%。2020 年新冠疫情发生后，海底捞逆势突起，一年开店 544 家；2021 年上半年又增开 299 家新店，全球门店数量达 1597 家。但是海底捞的极速扩张却遭遇了新挑战。2021 年年底，由于部分门店未达预期经营效果，张勇也承认自己对疫情形势判断失误，决定关停部分门店，实施“瘦身”计划；同年 11 月 5 日官宣关闭门店超 300 家。据海底捞年度财报消息，2021 年公司实现营业收入 411.12 亿元，全年亏损 41.6 亿元。2022 年海底捞推进“硬骨头计划”，重开部分关停门店；全年共计新开 24 家门店，同时有 48 家曾关停的门店恢复营业。截至 2022 年 12 月 31 日，海底捞年度收入约为 347.41

亿元，净利润约为13.73亿元，实现了扭亏为盈。

海底捞在发展中不仅以“变态的服务”吸引顾客眼球，而且一直非常注重公司的内部管理。海底捞核心管理理念是“连住利益，锁住管理”。公司推行的“啄木鸟计划”，目的在于持续打磨门店管理体系，根据市场变化动态调整，不断优化门店运营管理层级，明确各级别工作内容、工作目标、考核标准和奖惩机制。同时，海底捞修改了干部考核体系，推广“低底薪、高分红”的薪酬激励模式，希望借此将店长等管理层转变为公司内部合伙人，激发员工的工作积极性及主动性。海底捞在企业文化传承、员工培养、人才梯度建设等方面也处于持续自我改革中。互联网时代，海底捞持续推进产品创新，保持食客对新品的感知度，如杭州门店的豆汤排骨火锅，苏州门店的木瓜酸辣火锅，扬州、无锡门店的蟹粉金汤火锅……海底捞还借助社交平台和数字化工具加强了与用户的多元化互动，促进品牌年轻化升级，并与多个知名品牌跨界推出联名产品，受到年轻顾客的广泛关注。海底捞还借助世界杯、冬奥会等进行事件营销，不断开发虚拟现实及沉浸式就餐等前沿技术，通过产品创新、场景创新、互动创新，营造热情氛围，激发消费者兴趣，升级消费者夜宵体验。

（资料来源：根据网络资料整理）

案例问题：

1. 海底捞是怎样进行营销的？

2. 在顾客眼中，营销意味着什么？在企业眼中，营销意味着什么？在社会公众眼中，营销又意味着什么？

3. 后疫情时代，有人指责海底捞“瘦身”的同时，服务也在“瘦身”，许多免费服务开始收费。你认为这对海底捞可能会产生哪些影响？

第一节　营销发展历程及营销管理的内涵

市场营销（Marketing）是伴随着社会经济的发展而出现的新学科和新名词。作为一门学科，它起源并成熟于西方社会；改革开放以后，营销理论及实践被引入中国，很快获得学界和商界的重视。学习并在实践中创新性地运用营销理论，坚持价值引领，是中国特色社会主义市场经济条件下企业的必然选择。

营销不仅是企业达成经营目标的一种行动和手段，还是一种经营哲学和战略思维方式。我们对营销的认识不能仅仅停留在表象，而是要深入理解营销的本质和内在规律性；只有理解营销手段和营销目标之间内在的逻辑关系，才能真正把握营销的真谛。同时，企业也要用管理的思维来看待和运用营销理论和工具。

一、营销的产生及发展历程

关于营销的产生，学界有不同的看法。从企业的商业实践活动来看，营销的思想萌芽和实际应用由来已久。从营销理论体系的形成来看，具有显著市场特色的营销学科则形成于20世纪初。

（一）国外市场营销思想的产生与发展

国外市场营销思想的产生和学者们对营销实践的思考，经历了漫长的历史时期。在这一时期，企业开始思考生产经营活动中的生产效率、成本控制、市场开拓、售后服务等问题，这都涉及营销的内容和手段。按照营销思想发展的阶段以及所关注的问题，国外市场营销思想的发展阶段可以分为以下四个阶段。

1. 交换与贸易——起源阶段（19世纪及以前）

在人类经济活动的早期阶段，关于营销的学术思考相对来说比较少，市场的基本形态属于互通有无，以满足人们基本生活之需。随着资本主义经济萌芽的产生，以及大航海时代的来临，重商主义、自由资本主义等先后出现，人们关于如何积累国家财富有不同的看法和解释。在这个阶段中，商品交换活动日益频繁，交换品类日益增多，跨地区、跨边界的交易行为日益增加，市场边界开始扩大。西班牙、葡萄牙、荷兰、英国、法国等这些最早成长起来的资本主义国家，拥有庞大的商队和具有比较优势的商品，由于不同地区经济发展水平不同，生产能力差距大，市场机会多，可以通过贱买贵卖、打时间差等方式实现利润目标。在当时的市场条件下，许多学者开始思考与营销相关的问题：市场的机制是什么？国家财富的来源受哪些因素的影响？个人福利与公共福利的关系是什么？正是在这些思考中，形成了关于市场效率、生产与分销、营销理念、营销伦理、营销价值等早期的一些营销思想，对后来的营销理论发展起到了奠基作用。

2. 推销与广告——形成阶段（19世纪末—20世纪初）

从自由资本主义末期到垄断资本主义的前期，生产力和生产关系的矛盾越来越激烈，资本家面临大量商品堆积如山卖不出去的问题，市场压力巨大，如何将积压的商品销售出去成为厂商考虑的头等大事。应用经济学家从市场的供求机制出发，分析商品销售不畅、消费者消费意愿不强烈的原因，并将其主要归结为两点：消费者的购买惰性和持币偏好。因此，如何消除消费者的购买惰性和持币偏好，激发消费者的消费意愿就成为企业的主要任务。从19世纪末到20世纪初，卡耐基、摩根等大企业主开始加强对分销组织的管理，并建立专门的市场管理部门，确定专门的管理人员，推销人员和推销技术也因此受到重视，对相关营销理论指导的需求愈加迫切。在这个阶段，经济学家、政治家开始对竞争机制、垄断竞争等形成不同的观点，关注分销问题、市场问题的学者则逐渐演变为营销学家。

3. 现代营销——发展阶段（20世纪30年代—20世纪80年代）

从20世纪30年代一直到20世纪80年代，是资本主义经济既繁荣昌盛又跌宕起伏的阶段。发达资本主义国家的经济发展面临着种种问题，第二次世界大战、能源危机等更是对整个世界经济造成重大创伤。在这个历史阶段中，对营销问题的思考和对营销理论的探索从未停止，营销理论对企业营销实践的指导作用也逐渐凸显。从学术研究上来看，大量的营销论著和营销教材不断涌现，涵盖了营销的大多数研究领域，其中包括广告学、推销学、销售管理、零售管理等。营销理论逐步形成了完整的框架体系，营销学科也日益得以完善；企业的营销实践也不断检验着营销理论，并促进其创新性发展。营销理论和营销学科对整个社会经济的发展都产生了重大影响。

4. 数字化营销——发展新阶段（20世纪90年代至今）

20世纪70年代中后期开始，迅速发展的互联网技术和计算机技术，不仅在各行各业得到了广泛应用，还催生了计算机产业、信息产业、高科技产业等大批新兴产业。20世纪90年代以后，个人计算机和互联网广泛应用，企业营销活动取得了新的突破，新的技术不断运用到市场分析、市场预测、产品研发、市场沟通、售后服务等方面；人们的生活、工作、学习、休闲娱乐与互联网开始紧密结合。以电子商务为代表的网络经济时代快速来临，企业营销的工具和手段日益高效、便捷和低成本，虚拟的网络环境使营销研究领域不断扩展，大数据营销、新媒体营销、智慧营销等不断出现，并促进营销领域的理论和实践创新。

（二）中国市场营销思想的产生与发展

早在春秋战国时期，中国就出现了专门用于交易的场所和商品，交换的重要性受到人们的重视，营销思想的萌芽开始逐渐产生。在漫长的历史长河中，中国营销思想的产生、发展大致经历了以下五个阶段。

1. 儒商与古代商业——起源阶段（清代及以前）

在中国的历史发展中，营销思想及其观点由来已久，从浩瀚的文化典籍中我们可以挖掘到很多关于市场经营、市场管理、经营对策等方面的营销思想和基本营销原则。同时，出现了一大批具有代表性的商人，如商圣范蠡、儒商鼻祖子贡、商祖白圭、江南第一富豪沈万三、天下第一富翁伍秉鉴、红顶商人胡雪岩、一代钱王王炽等。这些商人被后世的人们称之为“儒商”，他们不仅具有商业经营的智慧和才能，以及较高的文化素养，而且还具有敏锐的政治嗅觉和思想觉悟。在经营过程中，他们在追求经济目标的同时也追求超功利的社会目标，具有远大的政治抱负和强烈的忧患意识。他们的思想和观点对中国后世商业经营有着深远的影响。

2. 民族工商业——启蒙阶段（1911—1949 年）

辛亥革命推翻了中国半殖民地半封建统治，在爱国意识推动和利益刺激下，国民政府开展“国民经济建设运动”，中国民族资本主义迎来了快速发展阶段，采矿、制造、运输、纺织、面粉、日化等工业产业得到了一定的发展，涌现出了张謇、周学熙、荣德生等一大批爱国实业家。他们一边学习西方经营思想，一边在商业实践中践行自己的经营理念；同时，面对满目疮痍的国家，这些企业家具有更强烈的忧患意识和高度的社会责任感，把富国强民作为办实业的重要目标。在营销活动中，他们学习西方企业的一些做法，包括创立社会急需的各类产业，进行产品推广，制作、发布各类广告，聘请电影明星作为产品代言人等，以提高产品和服务的市场知名度，营销手段和工具日益丰富。

3. 改革开放——复苏阶段（1978—1989 年）

1978 年中国开始实行改革开放政策，从计划经济时期转入了商品经济发展的新阶段，商品经济的规律性和市场工具逐渐被重视。庞大的市场规模和政府优惠政策，吸引了大量跨国公司、国外资本、各种商品和服务进入中国市场。同时，西方营销思想纷纷涌入开放的中国。理论界和实业界迎来了新的发展阶段和全新的营销思想和营销理论。在这一阶段，学界和业界更多的是对西方营销思想和营销理论的学习，以及对外国企业营销实践的模仿，基本处于“拿来主义”阶段。营销理论被越来越多的企业奉为至宝，并不断运用到企业营销实践中。

4. 营销热潮——发展阶段（1990—1999 年）

1990 年至 1999 年的十年时间，是中国经济实现快速转型的时期，从讨论“计划多一点还是市场多一点”到确立发展中国特色社会主义市场经济，市场营销理论也得到了快速发展。在这十年，随着改革开放的力度不断加深，各个学派的营销思想、营销教科书也源源不断地被翻译成中文引进国内市场，并被越来越多的企业奉为经营宝典，在许多竞争性产业内出现营销战、价格战。在引进大批国外营销专著、营销教科书的同时，数以千计的中国高校开设了市场营销专业，国内学者也纷纷撰写并出版相关营销教材。随着对营销认识的深入，学界和业界对营销的重视程度不断提高，学习和运用营销理论的热情持续高涨。

5. 理性与变革——发展新阶段（2000 年至今）

进入 21 世纪以后，随着社会主义市场经济体制的确立，越来越多的人意识到中国特色社会主义市场经济应该是以自主、平等、竞争、效益为目的的经济。营销学者对传统市场营销理论有了新的认识和理解，理论研究者开始更加深入地思考中国营销理论和中国营销问题，倡导营销理论要立足于中国企业的实际情况，能够解决企业的实际问题，并有利于实现中国特色社会主义的社会价值目标，企业在营销活动中要能够高效地完成价值创造、价值传递和价值传播的整个过程。

从国内外营销思想的产生和发展历程来看，营销理论是社会经济发展演进到一定阶段的产物。在自给自足时代，交换的意识和行为尚未产生；随着经济发展水平的提高，剩余产品和零星市场出现，交换时代来临；农业经济时代，以物换物为主的交易行为越来越常见；工业经济时代，商品交换成为经济常态，市场经济以货币为等价物的商品交换为主；服务经济时代，则以提供整体消费效用为主；体验经济时代，则以整体满足需要为主。究其本质，市场经济就是交换经济。交换是人类社会的根本特征之一，市场经济发展的核心之一是供求交换关系的变化，在这个过程中，营销发挥着最基本的作用。

二、营销及其核心概念

营销学科产生以来，关于营销和营销管理内涵的争论不断。在不同的市场环境下，营销和营销管理被赋予了不同的内涵。

（一）营销的内涵

国外代表性的营销定义，主要由美国市场营销学会（American Marketing Association，简称 AMA）、菲利普·科特勒、约翰·麦肯恩等组织和学者给出。早期，AMA 认为，营销是计划和执行关于商品、服务和创意的观念、定价、促销和分销，以创造符合个人和组织目标的交换的一种过程。[①] 2004 年，AMA 将营销定义为，创造、传播、交付和交换那些对顾客、合作伙伴和社会有价值的市场供应物的活动、制度和过程。AMA 把营销主要看作是企业主导的一种组织和社会过程。菲利普·科特勒（1994）认为，营销是个人和集体同他人通过创造、提供、自由交换有价值的产品和服务的方式，以获得其所需或所求的一种社会过程。2019 年，菲利

① 孟韬. 市场营销：互联网时代的营销创新 [M]. 北京：中国人民大学出版社，2018：14.

普·科特勒又给出了最简洁的营销定义，即“有利可图地满足需求”①。约翰·麦肯恩（1995）认为，营销就是理解和影响市场的过程。

营销学者郭国庆（2021）结合中国国情指出，营销是以满足人民日益增长的美好生活需要为目的，通过市场变潜在交换为现实交换的一系列活动和过程。从目的性来讲，营销就是企业为顾客创造价值并且建立牢固的顾客关系，进而从顾客那里获得价值回报的过程②。数字时代的营销具有双向性，即企业开展营销活动的同时，顾客也可以进行营销，从而发挥“底层力量”的影响。

总体来讲，营销包括不同的层面，既有国家层面的国家营销，也可以包括产业层面的产业营销和企业层面的企业营销，还可以包括个人层面的自我营销。我们所讲的主要是企业层面的营销，是以企业为主体开展的营销活动和营销管理。但是，营销的范畴已经远远超越了企业边界。

营销基本理论框架如图 1-1 所示。

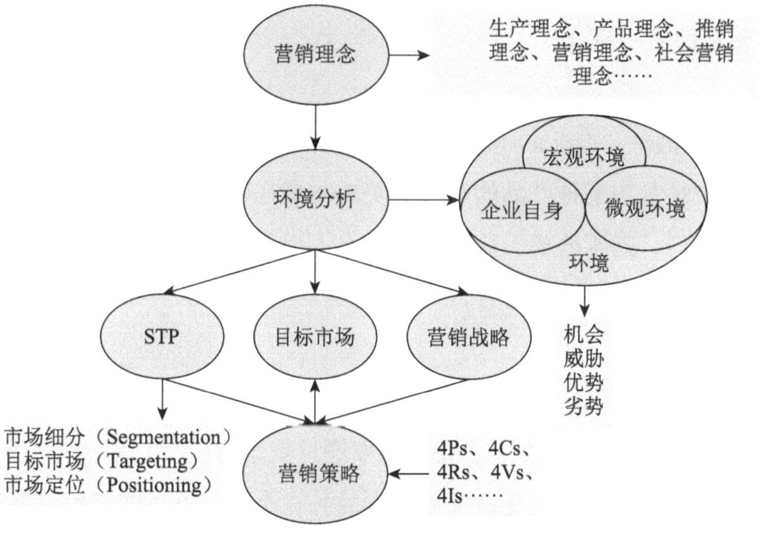

图 1-1　营销基本理论框架

从图 1-1 可以看出，企业层面的营销是在某一特定的营销理念指导下进行的社会组织活动过程，它是分析、计划、执行、控制的管理过程。

综上，营销不仅是现代企业的一种管理职能，也是一种系统性的战略思维。企业进行营销的必要性包括：①市场的变化使营销成为必然，客户需求从追求数量转变为

① 菲利普·科特勒，凯文·莱恩·凯勒. 营销管理 [M]. 何佳讯，于洪彦，牛永革，等译. 上海：格致出版社 & 上海人民出版社，2019：5.

② 郭国庆. 市场营销学通论 [M]. 8 版. 北京：中国人民大学出版社，2021：37.

追求质量，从追求物质的满足到追求精神的满足，从单一需求到多样化需求。通过营销活动，企业可以实现客户洞察。②内外经营条件的变化，使企业营销制约因素更加复杂化。③三种类型的市场竞争加剧：一是满足市场需求能力的竞争；二是社会资源整合利用能力的竞争；三是有形资产与无形资产协调增长的竞争。④全球经济一体化和逆全球化趋势的出现，迫使企业需要通过营销活动应对多变的国内外环境。⑤在逆全球化背景下，刺激国内需求，扩大内需，有效满足国内社会多样化需求，有利于提高民众生活质量。

简单地说，营销的作用体现在不同层面：①对顾客而言，发现、创造、提供价值满足个人生活需要；倡导新的生活方式，提高生活质量。②对企业而言，明确经营导向，制定经营战略，实现价值交换，维持与顾客的长期关系等。③对社会而言，促进社会交换和社会进步，关注营销伦理问题。

从图 1-1 可以看出，企业层面的营销是在某一特定的营销理念指导下进行的社会组织活动过程，它是营销分析、战略计划、营销方案执行和控制的管理过程。

（二）营销的核心概念

1. 市场

最初，所谓市场（Market）是指进行交易活动的某一个物理空间或具体场所。从营销视角看，市场是指某种产品的现实购买者与潜在购买者需求的总和，市场的构成要素主要包括人口、购买欲望、购买力。只有人口基数庞大、购买欲望强烈、具有一定购买力的市场才有足够的吸引力。

2. 顾客

顾客（Customer）的含义有广义和狭义之分。广义的顾客是指能够为企业带来现实或潜在利益的个人、群体或组织。营销者需要通过其营销行为去影响或产生某种作用，实现交换，或建立、维持利益交换关系的有关外在个人、群体或组织都属于广义的顾客。狭义的顾客是指现实和潜在购买、使用本企业产品或服务的个人、群体或组织。一般意义上的顾客就是具有购买欲望，并且具有支付能力的个人或组织。顾客是企业进行价值交换的对象，是企业进行营销活动，建立、维持某种关系，需要时刻照顾到的“客人”。

3. 需要、欲望和需求

需要（Needs）是指人们没有得到满足或完全满足的一种状态。人本心理学家马斯洛提出的需要层次理论中，提到人的需要包括生理需要、安全需要、归属与爱的需要、尊重的需要、自我实现的需要等五个层次。五种需要从低到高成阶梯状排列，一般低层次需要得到满足后，人们才会追求高层次需要。欲望（Wants）是指能够满足顾客某种需要的具体事物，是需求的内在驱动力。需求（Demands）是指有购买力支撑的欲望。需要是原始存在的，营销者无法创造需要，而营销者可以创造、引导需求。

4. 产品和服务

产品（Products）是指企业提供给市场，满足人们需要、欲望的任何事物；产品不仅包括有形产品（Tangible Goods），还包括服务、创意等无形产品（Intangible Goods）。服务（Services）是指提供一种基本无形的、不涉及实物所有权转移的任何活动或利益。服务往往表现为通过行为、表现、工具直接提供利益的活动。好的产品是企业营销活动成功的基础。

5. 顾客满意与顾客关系

顾客满意（Customer Satisfaction）取决于产品的感知使用效果，这种感知效果与顾客的期望密切相关①。顾客满意度在一定程度上反映了一个人对产品感知效用与预期效应之间关系的判断。让顾客满意的目的是尽可能获得顾客忠诚，获得稳固的顾客关系。但是，顾客满意不等于顾客忠诚，忠诚顾客的主要特征包括：重复购买；多重购买；易于接受新产品；易于接受较高的价格；乐于进行口碑宣传（介绍新的顾客）；更低的促销成本。

顾客关系（Customer Relation）是指企业为了达到其经济目标和社会目标，而主动与客户建立的某种联系。这种联系可能是一种交易关系、通信联系，也可能是为客户提供的一种特殊的接触机会，还可能是为了双方利益而形成的某种买卖合同或联盟关系。②

6. 顾客价值

顾客价值（Customer Value）是营销过程中顾客感知到的有形利益、无形利益和成本的组合③。顾客价值是各种收益与所支付价格及附加成本之和的比值（Woodruff & Zeithaml，1988）。营销学中的顾客价值，主要是指买卖双方为了满足各自的需求而以付出一定的代价为前提进行交换所产生的利益综合。

① 菲利普·科特勒，加里·阿姆斯特朗. 市场营销原理 [M]. 赵平，王霞，等译. 北京：清华大学出版社，2003：10.

② 林建宗. 客户关系管理 [M]. 北京：清华大学出版社，2012：10.

③ 菲利普·科特勒，凯文·莱恩·凯勒. 营销管理 [M]. 何佳讯，于洪彦，牛永革，等译. 上海：格致出版社 & 上海人民出版社，2019：11.

第二节　营销理念及其演变

营销管理的战略流程设计取决于企业的营销目标，而营销目标的确定源于企业所遵循的营销理念。市场营销理念是具体指导企业营销活动的基本哲学和原则，它带有特定时代市场环境的鲜明特色。企业所处的市场环境不同，指导企业营销活动的哲学和原则也不同，从而企业营销目标及营销管理过程也会有显著差异。

企业营销理念的形成与其所处的环境密切相关；营销理念所折射出来的经营哲学则源于企业创立者或领导者的个人哲学，以及企业经营活动过程中积淀的企业文化。

从企业营销活动的发展演变过程来看，指导企业营销实践的营销理念包括传统营销理念和现代营销理念。营销理念的主要类型如图 1-2 所示。

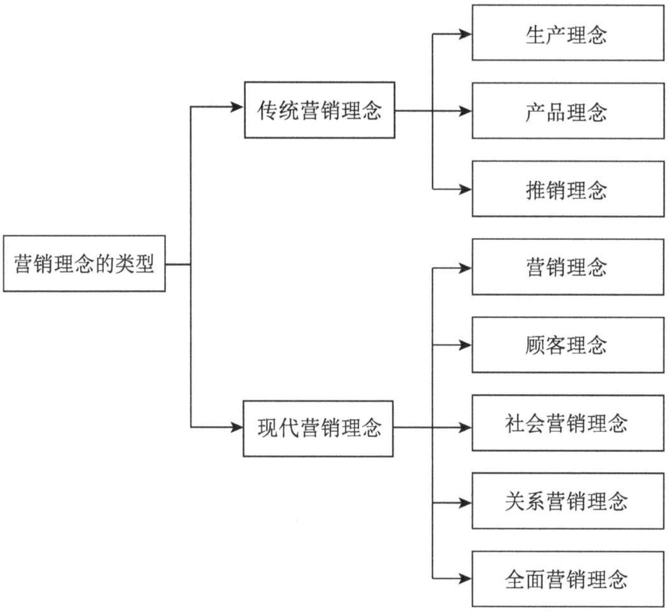

图 1-2　营销理念的主要类型

一、传统营销理念

传统营销理念主要包括生产理念、产品理念、推销理念，产生于以卖方市场为主导的经济条件下。一般认为，企业是市场经营活动的组织者和主导者，企业或者股东的利益是企业经营活动首先要满足的经营目标，在付出一定代价的前提下，企业行为是纯粹的经济行为。

这种以企业为主导的传统营销理念，在营销早期阶段更强调营销的功能性作用以及给企业带来的财务贡献。对遵循传统营销理念的企业而言，生产理念、产品理念、推销理念的关注点存在一定的差异性。

生产理念指的是企业以改进、增加生产为中心，生产什么产品，就销售什么产品，典型代表是福特 T 型车。在产品理念指导下，企业的中心任务是生产质量优异并不断改进性能和特色的产品，以满足客户差异化需求，典型代表是通用汽车。在推销理念指导下，企业十分注意推销术和广告术的运用，通过雇佣大量的推销员、实施轰炸式的广告，向潜在购买者大肆兜售产品，典型代表是日式车。

从传统营销理念的内容可以看出，它认为企业营销活动的成效好坏主要取决于企业自身的营销努力，而企业营销的努力程度往往与其经营效果有强相关关系。因此，坚持传统营销理念的企业更强调推式营销。

二、现代营销理念

现代营销理念包括营销理念、顾客理念、社会营销理念、关系营销理念和全面营销理念。在现代营销理念指导下，企业关注企业自身以外的群体，例如顾客、公众、整个社会等的价值追求和利益，关注他们对产品质量、生活质量的追求。现代营销理念认为，企业营销活动已经跨越了企业边界，营销效果的好坏取决于包括企业在内的一切利益相关者的共同努力。不同类型的现代营销理念，关注的内容和重点有一定的不同。

（一）营销理念

一般认为营销理念是在买方市场背景下出现的，营销理念认为组织实现各个目标的关键在于确定目标市场的需要和欲望，并且比竞争对手更有效率地传送目标市场所期望满足的东西。营销理念具有三个要点，即明确目标市场，洞察顾客需求，实施整合营销。现代营销理念相对于传统营销理念来说，它把企业营销活动的起点从“企业能做什么”转变为“顾客需要什么”，营销的视角和手段发生了巨大改变。从这个意义上讲，营销理念又被称为市场理念，或客户理念①。

（二）顾客理念

顾客理念是在顾客地位日益凸显的背景下出现的营销哲学。在高度竞争性的市场上，谁赢得了顾客，谁就赢得了市场。顾客是企业战略的基石（迈克尔·希特，2003）。遵循顾客理念意味着企业营销活动要以顾客为核心，组织的生存发展依赖于

① 孟韬．市场营销：互联网时代的营销创新 [M]. 北京：中国人民大学出版社，2018：17.

其顾客。因此，企业应该利用一切手段，理解顾客现实的和潜在的需求，通过营销努力来满足顾客需求并力求超越顾客需求，实现顾客满意和顾客忠诚。在顾客理念指导下，企业要明确其顾客满意的营销目标，确定实现顾客满意时要采取的措施，以及顾客满意在营销绩效评价标准中的具体体现。

（三）社会营销理念

社会营销理念认为，企业提供的产品不仅要实现企业盈利和满足顾客需求，而且要符合顾客和社会的长远利益，企业要关心和增进全社会的福利。

（四）关系营销理念

关系营销理念认为企业营销的关注焦点是与不同利益相关者的关系，特别是顾客关系；应当由与顾客的单次交易关系转变为长期合作关系，并通过这种长期的业务关系实现企业的发展目标。建立、维持并增进顾客与企业的关系，保留老顾客，是企业获得持久竞争优势的关键。

（五）全面营销理念

全面营销理念认为，在竞争激烈的市场环境下，特别是在互联网环境下，企业营销活动早已扩展到整个产业链，甚至跨越产业链，它不仅是企业对外部市场的营销，而且应该包含内部营销、整合营销、关系营销、社会营销等在内的全面营销活动（见图 1-3）。社会营销体现为整个社会的绩效，所以又称为绩效营销。

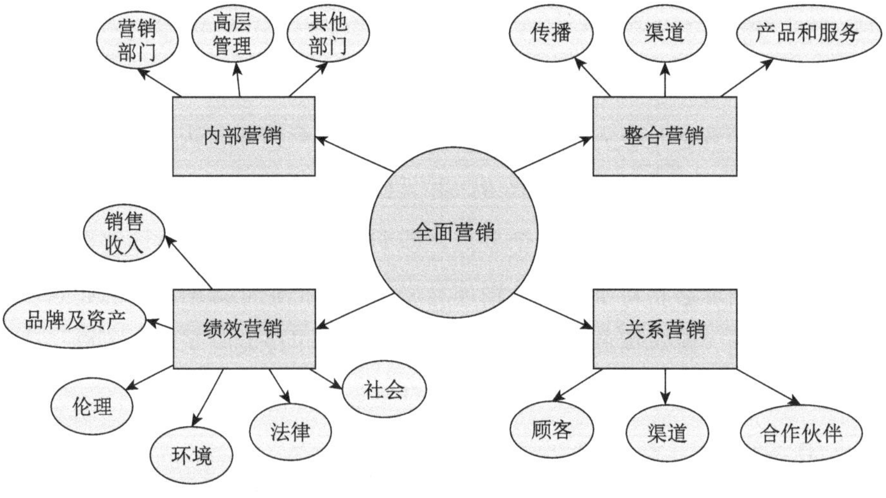

图 1-3　全面营销理念

小案例

世界汽车产业的生产经营历史完美诠释了营销理念的发展演变历程。1903 年成立的福特公司，致力于让每个美国人都开上黑色福特T型车。因此，福特不断进行生产技术革新，提高生产效率、增加产量、降低生产成本成为企业经营的关键。成立于1908年的通用汽车公司意识到一种车型无法满足全部人群的需要，提出“一种车适合一种财力和需求目标”，为收入水平不同的人群提供不同的车型，一跃成为汽车行业新的霸主。作为后起之秀的日本丰田汽车公司在进入美国市场时，重点关注市场环境变化、客户需求变化等方面，深入研究顾客需求，并以此为基础改良车型和配置，采用电视广告等方式促进产品市场推广，从而使产品迅速占领国际市场，成为世界汽车行业新的领军企业。随着各国对汽车排放标准的日益严格，对大气污染、环境保护等问题的日益重视，新的技术、新的车型不断被开发应用，汽车行业迎来了新的发展时机。

第三节 互联网时代营销管理面临的机遇与挑战

在营销理论和营销管理的发展历程中，出现了营销实践活动的不断迭代。从营销1.0到营销4.0，营销核心理论出现了一次又一次的突破。特别是在互联网条件下，营销的手段和方式发生了翻天覆地的变化，企业营销管理也面临着新的机遇和挑战。在互联网时代，如何为企业营销管理实践提供新思路、新方法，是业界和学界需要共同思考的问题。

一、互联网时代的营销管理创新

（一）互联网时代带来了营销技术和手段的重大改变

在互联网背景下，企业的营销方式与手段更加多样化，实现了对市场与顾客的深入洞察。而作为买方的顾客，可以更加自由、便捷、低成本地实现产品或服务的选择与购买，顾客主权得以充分体现。由于互联网的使用者以年轻人为主，因此，企业在互联网时代的营销要关注主要亚文化群体，即YWN群体，其指年轻人（Youth）、女性（Women）和网民（Netizen）。

互联网并未改变营销的本质，但在互联网影响下，企业理解和影响目标顾客的方式发生了根本改变，价值创造和实现手段呈现网络化。互联网的基本特征之一是互联、互动，它是更广泛、更深入的价值互联网络。互联网的影响主要是连通性和流动性两个方面。菲利普·科特勒在研究中提出营销迭代的概念，揭示营销发展的新趋势。他认为，营销1.0是产品导向的营销；营销2.0是顾客需求导向的营销；营销3.0

则是人文、价值导向的营销；营销 4.0 是价值共创，是互联网时代帮助客户实现价值的营销。营销迭代的内容如表 1-1 所示。

表 1-1 营销 1.0—营销 4.0

内容	时间	时代特征	代表性传播途径	代表性传播内容
营销 1.0	20 世纪前	从蒸汽时代到电气时代，从第一次工业革命到第二次工业革命	平面媒体为主	文字 / 图片
营销 2.0	20 世纪初至 20 世纪 80 年代	从电气时代到科技时代，从第二次工业革命到第三次工业革命	多媒体广告的崛起	音视频
营销 3.0	互联网发展的 20 年	科技时代、信息时代等互联网时代	传统媒体向互联网媒体转型时期	互动化；碎片化
营销 4.0	2016 年至 2025 年	数据时代、人工智能、物联网等数据时代与智能互联网时代	浸入式媒体	指令化；无形化；融合化

（资料来源：菲利普·科特勒，何麻温·卡塔加雅，伊万·塞蒂亚万. 营销革命 4.0：从传统到数字 [M]. 王赛，译. 北京：机械工业出版社，2018）

从表 1-1 可以看到，技术带来了营销传播途径和营销传播内容的巨大变化。

（二）互联网时代营销创新的主要表现

1. 互联网成为数字化营销的驱动力

以大数据、云计算为代表的互联网技术越来越多地应用到营销过程中，传统营销演变为数据赋能的数字化营销。数字化营销的主要特点包括：①数字化营销是一种全渠道营销，它具有高度的集成性，以快速响应客户个性化需求为基础，有效实现了前台营销活动和后台客户数据的紧密集成；同时，企业可以利用互联网络对不同营销传播活动进行统一设计规划和协调实施，避免因不同传播渠道的信息不一致性而产生的消极市场影响。②数字化营销可以为客户提供定制化的个性化服务。数字营销按照客户的需要提供个性化的产品，还可以实时跟踪每个客户的消费轨迹，明确他们的消费偏好，并且有针对性地向他们推荐或者促销相关产品。③数字化营销为客户赋予更多权力，顾客可以更加方便快捷地获取所需产品的全面信息，使客户突破了传统卖场产品展示的空间局限性，客户具有更多的选择权。数字化营销的多媒体、跨时空、交互式、拟人化、超前性、高效性、趣味性等特征，使得营销可以真正实现一对一沟通，从而真正达到营销追求的综合性效果。

互联网作为数字化营销的驱动力，使其与传统营销的主要区别如表 1-2 所示。

表 1-2 传统营销与数字化营销的区别

区别	传统营销	数字化营销	区别	传统营销	数字化营销
营销中心	以企业、产品为中心的营销	真正地以顾客为中心的营销	关注点	关注吸引获取新顾客	关注挽留老客户
渠道模式	垂直整合	水平整合、虚拟整合，跨界、外包、众包	营销类型	大众营销	定制化、个性化营销
公司类别	实体传统公司或纯网络公司	O2O 的复合型公司	营销逻辑	实体产品主导	服务主导逻辑
顾客地位	顾客被动消费	“产消者”、顾客参与、顾客创新、价值共创	价格策略	溢价策略、传统折扣定价策略	基于网络的免费策略、团购价格、秒杀
关注对象	关注股东	关注相关利益者	渠道关系	与供应商和分销商竞争，孤立发展	与供应商和分销商合作，合作营销
营销承担者	营销部门人员做营销	全员营销、内部营销	营销特点	中介营销	直复营销、电子商务
营销模式	“生产—销售”模式	“感知—响应”模式	营销传播	大众传播、传统媒体	整合营销传播、社交媒体 / 新媒体
资源	拥有资产、品牌	拥有平台、顾客流量	组织基础	以产品为组织单位	以客户群为组织单位
营销目标	追求市场占有率	追求消费者份额	营销组织	层级制的营销组织	扁平化、网络化的营销组织
营销性质	交易营销，关注盈利性交易	关系营销，关注顾客关系、顾客终生价值	渠道类型	单向的 B2C、B2B 营销	循环的 B2B—B2C—C2C—C2B 营销

（资料来源：根据有关资料整理）

2. 社交媒体营销的兴起

互联网的兴起和广泛应用改变了人们的交流方式和行为模式。其中，各种社交媒体平台不仅颠覆了人们传统的生活方式，也极大地改变了企业的生产经营活动以及价值创造的机制和模式。社交媒体主要是指基于个人社交关系的网络媒体，是互联网用户自由创建、共享和传播内容的媒介形式。社交媒体营销的主要特点包括：①用户生成内容（User Generated Content，简称 UGC），即用户可以在社交平台自由地创建、发布和分享内容，信息传递更为广泛和快速，信息更具多元化和个性化，从而更加符合用户的需求和兴趣。用户的角色也从单纯的消费者转变为产消者（Prosumer）。随着人工智能的兴起和应用，AIGC（Artificial Intelligence Generated Content，生成式人工智能）已经成为一种影响营销成效的重要力量。②社交媒体营销具有很强的互动性。用户在平台上可以与其他用户互动沟通交流，这种交互性和互动性让信息更加生动、直观，更易引起用户的关注和共鸣，达到更好的口碑营销效果。③信息传播的实时性和即时性强。用户可以随时随地获取最新信息和新闻，与事件的发展保持同步并参与其中。微博、微信、小红书、抖音、快手等社交媒体平台的出现，推动着市场营销方式的悄然改变，也为企业提供了全新的发展契机。运用各类社交媒体平台开展营销活动，利用基于位置的服务来契合顾客需求与偏好，让顾客成为企业忠诚的消费者，是保证企业获得可持续发展的重要支撑之一。

小案例

星巴克自1999年进入中国大陆开店，目前在中国市场拥有6500多家门店，覆盖250多个城市。长期以来，星巴克注重网络营销。随着社交媒体的发展和移动互联网的普及，星巴克致力于移动社交媒体营销，在公司网站、微博、微信、B2C平台、论坛等多种社交媒体上进行营销活动。2016年年底，星巴克与腾讯公司达成协议，在微信上共同推出创新的社交礼品，星巴克与微信联手将咖啡打造成超越饮品的概念，上升为一种可以相互赠送的社交礼品。如星巴克中国的微信公众号内有个名为“用星说”的功能键，用户点击后选择“咖啡 + 祝福”即可表达心意。“用星说”功能键成为星巴克引导价值共创的一个成功典范。星巴克的微博运营也值得一提，2017年初夏，星巴克官方微博发布了一条帖子“明天，让我们一起玩出夏味，谁会第一个来尝鲜？”，此帖获1427次转发、818条评论和528个赞，这是星巴克微博引导价值共创的又一典范。星巴克抓住了初夏的节令，鼓励消费者第一个来尝鲜的博文刺激了消费者需求，吸引众多消费者参与价值创造（转发、评论和点赞）。

二、社会营销大趋势

（一）社会营销的含义

社会营销（Social Marketing）最早是由杰拉尔德·蔡尔曼和菲利普·科特勒在1971年提出的。社会营销概念促使人们将营销学运用于环境保护、计划生育、改善营养、使用安全带等具有重大推广意义的社会目标方面。这一概念的提出，得到了包括中国在内的世界各国和有关组织的广泛重视。斯堪的纳维亚地区、加拿大、澳大利亚和若干发展中国家率先运用这一概念，一些国际组织如美国的国际开发署、世界卫生组织和世界银行等也开始承认这一理论的运用是推广具有重大意义的社会目标的最佳途径。例如，世界各国举办的抗击艾滋病、抵制毒品、提倡健康饮食等都属于成功社会营销的典型案例。

（二）社会营销的发展

在现代经济社会中，企业的影响力越来越大，特别是超大型的跨国公司堪称“商业帝国”，它们对人们的生活、社会环境等产生深远而重大的影响。在这些企业的营销管理发展历程中，经常会有一些问题引人深思：企业从事营销活动的目的是什么？企业是促进还是阻碍了人们对个人福祉的追求？不同利益相关者对企业的期望是什么？对非营利性组织而言，进行社会营销的目的一目了然：首先，它是非营利性组织运用营销理念和方法达到社会公益目的的一种手段；其次，社会营销理论认为非营利性组织应该负有相应的社会责任。早期的经济学家们认为，对营利性组织而言，“盈利”就是其唯一目标。但是，随着资源约束、生态环境保护、消费者权益保护等的兴起，营利性组织作为“社会人”，也被各方要求承担相应的社会责任，出现了广泛意义的社会营销概念。社会营销实际上是社会营销理念指导下的营销实践，同义于“社会责任营销”“可持续营销”等相关概念。

无论是非营利性组织还是营利性组织，在人类命运共同体大背景下，进行社会营销都是一种历史趋势。社会营销的营销决策涵盖了多种问题：选择哪些项目进行社会营销？社会营销的沟通手段应该是什么？采用何种营销渠道？制定实施何种营销策略？如何撰写和实施有效的社会营销方案？ 社会营销效果的评价应该侧重于社会目标的达成与否，同时要考虑社会公众对社会营销活动的接受程度、接受速度、接受持续时间、行为转变情况、单位行为转变成本等。

本章小结

营销的产生和演进与社会经济发展密不可分，中西方很早就有关于营销和营销管理的思想和方法，营销管理具有时代性特征。企业营销活动受营销理念的指导和影响，传统营销理念和现代营销理念指导下，企业营销管理的出发点和目标有很大的不同。互联网时代，营销管理面临新的机遇和挑战。

思考题

1. 结合企业实际，了解营销的发展历程以及营销的价值是什么。

2. 传统营销理念和现代营销理念分别包含哪些内容？它们对企业的营销活动有哪些影响？

3. 互联网时代的营销创新体现在哪些方面？

第二章
战略计划与基于价值形成的营销管理

学习目标

1. 了解战略计划对企业营销活动的重要性
2. 理解战略计划与市场导向
3. 了解和掌握战略业务单元的主要评价方法
4. 了解和掌握基于价值形成过程的营销管理内容和主要步骤

开篇案例

英特尔的战略计划调整

1968 年，英特尔由罗伯特·诺伊斯、戈登·摩尔以及随后加入的安迪·格鲁夫共同创立，罗伯特·诺伊斯任首席执行官（CEO），1970 年在美国圣克拉拉市设立全球总部。英特尔是半导体行业和计算创新领域的全球领先厂商，早期产品主要是生产各类微处理器，在集成晶体管方面不断有重大技术突破。1969 年，英特尔开发了第一款产品 3010 双极随机存储器；1971 年推出了人类历史上第一枚通用芯片 4004，成就了世界上第一台个人计算机设备；1972—1978 年，英特尔相继推出 8008 和 8080 处理器，其中 8088 微处理器成为个人电脑的大脑；1980 年，英特尔与施乐等公司合作开发以太网，简化了计算机之间的通信。

20 世纪 80 年代以后，英特尔开始对公司业务进行战略调整。在英特尔的一次战略会议上，第三任 CEO 安迪·格鲁夫认为英特尔的战略是："当我们说话时，整个行业都在倾听"——10 年内通过控制计算机芯片的制造，成为计算机行业的统治者。之后，英特尔亚太区总裁收到日本三洋公司空调遥控器芯片的巨额定单，但遭到格鲁夫的断然拒绝。为了实现公司战略，英特尔断然拒绝了这张价值 1 亿美元的定单。正是近乎偏执的格鲁夫坚持把公司业务聚焦在计算机芯片领域，才使英特尔成为 IT 产业生态系统中的“时钟”，也是整个产业的风向标。英特尔是典型的企业控制整个产业的案例。英特尔一直致力于电脑微处理器产品的创新，集成晶体管的制成工艺不断取得突破。1991 年，英特尔联合 IBM、Gateway、康柏、微软等公司一起推动了著名的“Intel Inside”品牌计划，使英特尔从幕后走到了台前，在产业市场和最终市场中都得到极高曝光率。市场环境的巨大变化带来的挑战越来越多，1994 年，英特尔发布了首个环境、健康、安全企业责任报告，开始推动微处理器产品低功耗、小尺寸、无铅化。同时，在英特尔技术推动下，USB 成为电脑类产品的标准接口。21 世纪以来，英特尔针对数据中心推出至强处理器品牌，为数字世界奠定基础并发布移动计算机技术，开启了无线移动计算机时代。

2018 年，英特尔宣布新的战略目标，即以制程和封装、XPU 架构、内存和存储、互连、安全、软件六大技术支柱为核心，推动以数据为中心的转型。近年来，英特尔不断推动芯片制造技术创新，相继推出应用于数据中心的高速硅光子芯片、人工智能芯片等，以应对越来越严峻的竞争压力。在公司把大部分关键产品在内部生产之后，也不得不寻求外部代工伙伴。英特尔现任 CEO 帕特·基辛格曾表示，由于英特尔产品组合的广泛性，公司很可能会在某些技术和产品上扩大使用外部代工工厂的规模。如果英特尔固守于内部设计、内部制造大部分重要产品的政策，可能会使其在近 50 年主导美国芯片制造市场，但是这一政策会对公司市场占有率造成影响。2023 财年，英特尔实现营收 542 亿美元，较上年同期的 631 亿美元同比下降 14%；归母净利润为 17 亿美元，较上年同期的 80 亿美元减少 79%。

（资料来源：根据网络资料整理）

案例问题：

1. 英特尔进行战略调整的目的是什么？
2. 在制订和调整战略计划时，企业怎样才能保证其科学性和可行性？

第一节　战略计划

数智化时代，企业开展营销活动的内外环境发生了翻天覆地的变化，理解客户、影响客户的程度和手段也更加深入和多样化，对购买者行为及其需求的洞察也越来越精准。企业在创造价值、传递价值和传播价值的营销过程中，要想适应迅速变化的市场，必须制订有效的战略计划，进行营销管理。战略计划过程是企业营销活动的基本框架，而营销管理则为战略计划导向以及战略计划实施奠定基础，确保战略计划的实现。

一、战略与战术

（一）战略与战术的基本含义

战略作为军事术语，其基本含义是指“将军的谋略”。春秋时期的《孙子兵法》被认为是中国最早对战略进行全局谋划的著作。商场如战场，营销中的战略是指企业为了实现预定目标所做的全盘考虑和统筹安排。战术一般是指为了实现战略目标而采取的具体行动[①]。战略和战术共同构成了战略的总体内容。

（二）战略与战术的关系

1. 战略与战术的联系

为了实现共同目标，战略和战术缺一不可。战略规划企业发展的愿景和方向，而战术是战略规划方向下的动作，是战略落地的工具。战术是组成战略的重要部分，没有具体战术支持的战略永远是空想。

2. 战略与战术的区别

在企业营销活动中，战略明确了营销活动的基本方向和主要原则，而战术则是指具体的营销组合策略，是实现营销战略目标的主要手段。具体来看，营销战略是企业意欲在目标市场上用以达成它的各种营销目标的广泛原则（科特勒，2019）；它是一种思想和思维方式，也是一种分析工具和较长远的整体规划。战略和战术的主要区别是：①目的不同。战略要把握好大方向，而战术需要掌握适用的时机。②路径不同。战略需要用减法，是在条条通罗马的众多道路中选择最佳路线，而战术需要用加法，是确定如何多方位进攻以实现具体目标。③内容不同。战略是长远而简单的，而战术是短暂而复杂的。

3. 制定营销战略应该注意的问题

制定营销战略应该注意的问题包括：识别环境发展趋势，识别各种市场机会，用前瞻性眼光看待企业生存条件，整合利用现有资源，避免和名牌产品正面竞争，强化企业商品的市场定位以增加竞争能力，适时判断是否进行品牌延伸，始终明确企业发展方向等。营销组合策略是实现战略的战术工具，它决定了由什么人、在什么时间、以什么方式、通过何种步骤将战略付诸行动。

---

① 郭国庆. 市场营销学通论 [M]. 8 版. 北京：中国人民大学出版社，2021：37.

二、战略计划及其过程

有效的行动始于具有可行性的计划。计划是行动之前的科学安排，能够指导企业按照既定的轨迹实现自己的目标。

（一）战略计划

1. 战略计划的定义

战略计划是企业根据内外部环境制订的涉及生产管理、财务管理、营销管理、物流管理、人力资源管理等企业管理各个方面的、全局性的重大计划[①]。战略计划强调的是企业组织经营活动的整体性，尽管营销部门在战略计划中发挥重要作用，但是战略计划却不仅限于营销管理一个方面的内容。市场导向的战略计划是现代企业在动态的市场环境中成功经营的重要基础。

2. 战略计划的层级

多数大型公司由公司层、部门层、业务单元层和产品层等四个组织层级构成，战略计划也包括四个层级。公司层一般是指公司总部的高层管理者，他们负责设计公司战略计划并指导整个企业的未来发展，同时决定资源分配和业务开展方案。部门层要制订相应计划将从总部获得的资源分配给各个业务单元，每一个业务单元也要制订战略计划以确保该业务单元有持续发展的前景。最后，每一个产品层面（包括产品线、品牌）再制订具体的营销计划以达成自己的目标。营销计划包括战略和战术两个层面，战略营销计划主要是确立目标市场和价值主张；战术营销计划则是制定特定的营销战术，即产品、定价、渠道、促销等方面的详细内容。从公司组织层级可以看出，战略计划是全局性的、整体性的，它指明企业未来发展方向、指导企业发展轨迹。

（二）战略计划过程

战略计划过程是企业及其各业务单位为生存和发展而制定长期总战略所采取的一系列重大步骤，它包括确立企业使命、确定企业目标、设计业务组合、制订新的业务计划等四个方面的内容。战略计划过程的内容如图 2-1 所示。

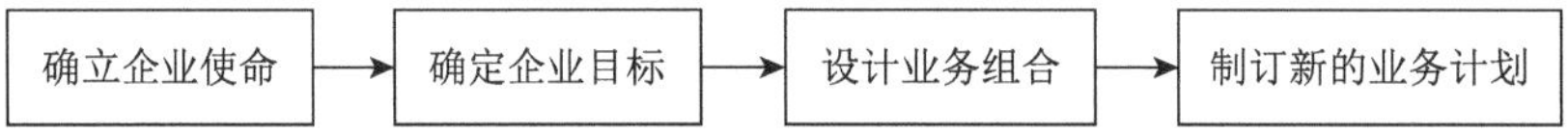

图 2-1　战略计划过程的内容

1. 确立企业使命

企业使命就是阐述企业存在的理由和目的，例如汽车厂制造汽车，银行提供金融服务，旅行社提供旅游服务等。企业使命是由企业管理者、忠诚客户及其员工共同

① 郭国庆. 市场营销学通论 [M]. 8 版. 北京：中国人民大学出版社，2021：38.

提出、共同分享的[①]。时间和环境的变化促使组织使命发生变化。例如，阿里巴巴从最初一家电子商务公司逐渐发展为融合多种场景的综合服务平台。确定公司使命，要能够回答现代管理学之父彼得·德鲁克的经典问题：我们的业务是什么？该业务服务的顾客是谁？我们为顾客提供什么价值？我们的业务将是什么？我们的业务应该是什么？产品是短暂的，基本需求和客户群体却是永远存在的。因此，菲利普·科特勒提出应该从市场界定业务，即实现满意的过程。确立企业使命应该考虑企业历史的突出特征、业务和高层管理者的意图、市场环境的发展变化、企业资源情况、企业特有能力等因素。企业可以通过使命陈述或使命宣言来具体阐述企业使命。

（1）市场导向。根据目标顾客的需求来规定或者表达企业的使命。

（2）切实可行。企业在使命陈述中要根据企业的资源优势来具体规定或表达其业务范围，不能把业务范围规定得太窄或太宽，也不能太笼统。

（3）鼓舞性和感召力。好的企业使命应该能够有效提高员工士气，鼓励全体人员为实现企业的使命而努力奋斗。

（4）具体而明确。企业使命陈述应该规定明确的方向和指导路线，以便使每个人的权限范围更加具体。好的使命应该专注于几个具体的目标。

企业使命一旦确立，就具有长期性和稳定性，至少一二十年内是企业努力的方向。短期内，即使市场环境发生变化，或者出现新的机会，企业使命也不能随意变更，而是要经常检查其使命的规定和表述是否恰当。

2. 确定企业目标

企业使命需要具体化为一系列各个组织层级的目标，以保证在一定时间限制内以量化目标的方式实现企业战略计划。企业通过目标管理，使各级经理明确其目标，并对目标实施和完成情况负完全责任。企业各层级目标示意图如图 2-2 所示。

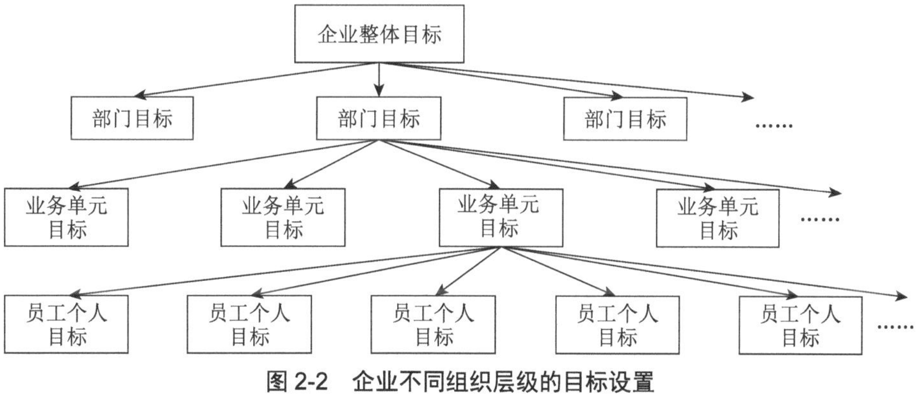

图 2-2　企业不同组织层级的目标设置

① 菲利普·科特勒，凯文·莱恩·凯勒. 营销管理 [M]. 何佳讯，于洪彦，牛永革，等译. 上海：格致出版社 & 上海人民出版社，2019：36-37.

企业目标具有以下几个特点：

一是层次性。企业往往有多个目标，各个目标之间既相互联系，又具有差异性。企业目标一般按照重要性来排列，分清主次目标。

二是数量化。不可衡量就无法管理。企业各层级目标必须具体到明确数量，便于衡量和管理。

三是可实现性。企业目标要根据市场环境及其自身的实际情况来制订，应该符合企业资源条件以及对市场机会的把握，确立的目标水平具有现实可操作性。

四是一致性。各级目标应该协调一致，服务于企业的整体目标，而不是相互矛盾以致目标之间相互牵制，失去了目标的引导性作用。

3. 设计业务组合

大企业一般有多个业务部门，包括各种产品大类、产品、品牌等。由于企业的资源和能力的局限性，各个业务部门的增长机会和经营效益等存在很大不同。因此，企业应该对已有业务进行分析、评价，进行合理的业务组合设计，即明确应该重点发展哪些业务，对哪些业务维持现状，对哪些业务减少投入，淘汰哪些业务。

设计业务组合的过程包含三项工作：首先是建立战略业务单元，把企业现有业务划分为不同的战略业务单元（Strategic Business Unit，简称 SBU）。建立 SBU 的目的是为不同的业务制定独立的战略，并分配适当的资金。一个 SBU 可能包括一个或几个部门，或者是某部门的某类产品，或者是某种产品或某个品牌。其次，评价 SBU，主要包括规划新的业务、缩小规模和终止老的业务。如果现有业务的预期销售收入和规划销售收入之间存在差距，公司管理层就需要开发或收购新业务来填补这种差距。最后，构建优化业务组合。其中，SBU 分类和评价方法包括两种：

（1）波士顿矩阵法（BCG Approach）。波士顿矩阵法就是利用“市场增长率—相对市场份额”矩阵来对 SBU 进行分类和评价。市场增长率是指 SBU 在特定区域及时间区间内的销售增长速度；而相对市场份额是指 SBU 的市场份额与同行业最大的竞争者拥有的市场份额之比。市场增长率越高，越需要投入更多资源，以应对竞争者的挑战；相对市场份额越高，意味着 SBU 的市场地位越稳固。

如图 2-3 所示，根据市场增长率和相对市场份额两个维度，可以将企业 SBU 划分为问号类、明星类、现金牛类、瘦狗类等四个类型。问号类业务是指市场增长率和相对市场份额都低的 SBU。要想促进问号类 SBU 的发展，需要投入大量的资金、人力、物力等，因此需要对现有的问号类业务进行分析、评价，以确定是大力发展还是果断淘汰。问号类 SBU 经营成功，就可能成为明星类业务，由于快速增长，并且要抵御竞争对手，所以需要大量现金支撑。随着明星SBU的逐渐发展，产品进入成熟阶段，增长速度会变慢，但是市场份额会提高，从而成为现金牛类业务。现金牛类业务是指SBU的市场增长速度较慢但相对市场份额高的业务，因为销量多而盈利高，现金收入多，可以为企业问号类、明星类、瘦狗类业务提供现金以支撑这些业务的发展。瘦狗类SBU属于市场增长率低、市场相对份额也低的业务，一般盈利很少或者出现亏损。运用波士顿矩阵法对SBU进行分类，可以评价企业当前不同类型业务的组合情况，如果瘦狗类、问号类SBU比较多，而明星类、现金牛类SBU比较少，就意味着企业应该对目前业务组合进行适当调整。

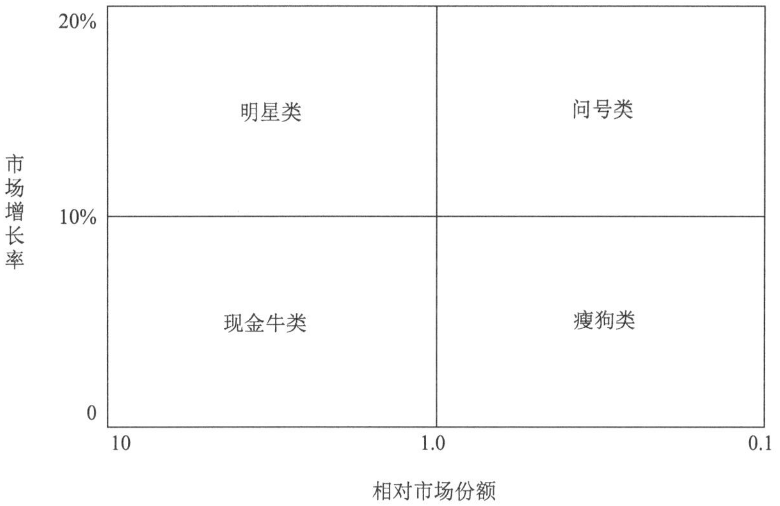

图2-3　波士顿矩阵图

企业对所有SBU加以分类和评价之后，可以采取四类策略：①发展策略。对问号类SBU采取发展策略，即努力提高这类业务的相对市场份额，促进问号类业务向明星类业务的转变；同时，对于明星类业务，企业也需要持续投入，以使其逐步发展成熟，成为现金牛类业务。②维持策略。对现金牛类业务一般可以采用维持策略，即努力维持其相对市场份额，保持稳定的现金流。③收割策略。对弱小的现金牛类业务可以采用收割策略，即加速短期现金流量，而不考虑长期收益。在某些情况下，问号类和瘦狗类SBU也可以采用收割策略。④放弃策略。对那些没有前途或者妨碍企业增加盈利的问号类或瘦狗类SBU可采取放弃策略，即清理、变卖某些SBU，将有限的资源用于经营效益好的业务单元，增加整个企业的收益。

图2-3中四类SBU在波士顿矩阵图中的位置是动态变化的，任何产品都有其产品生命周期，随着时间的推移和市场环境的变化，这四类SBU在矩阵图中的位置会

发生变化。例如，问号类 SBU 经营成功，会成为明星类 SBU；而成功的明星类 SBU 经过快速增加后会放慢增长速度，逐渐成为相对市场份额较高的现金牛类业务；现金牛类 SBU 也会因为进入产品生命周期的衰退阶段，产品销量下降，盈利减少，最后衰变为瘦狗类 SBU。因此，企业要关注自己各个 SBU 的经营状况，采取适当的市场策略。

（2）通用电气矩阵法（GE Approach）。通用电气矩阵法采用“多因素投资组合矩阵”来对企业的 SBU 进行分类和评价，除了考虑市场增长率和市场份额，还要考虑市场吸引力和业务竞争力。

企业运用通用电气矩阵法对 SBU 进行分类和评价时，要综合考虑多种变量，主要包含两大类：①市场吸引力。市场吸引力取决于企业外部的各类因素，外部因素主要是各种环境因素的影响，包括政治、社会、法律、能源条件等因素，以及行业竞争强度、市场规模、市场增长率、平均盈利水平、技术要求等。在图 2-4 中，纵坐标代表市场吸引力，从下到上以低、中、高表示。②业务竞争力。业务竞争力主要是指企业自身的 SBU 在行业中的地位和竞争力，包括各个 SBU 的市场份额、市场增长率、产品质量、品牌影响力、销售网络、社会网络、信息基础设施、促销能力、生产能力、生产效率、单位成本、原材料供应、研发水平、人力资源状况等。在图 2-4 中，横坐标代表业务竞争力，从左到右以强、中、弱表示。市场吸引力高、业务竞争力强的 SBU 是企业最好的业务。运用通用电气矩阵法时，这两大类变量中的各个因素都要给出分数，最高 5 分，最低 1 分；各个因素都要加权，求出各个变量的加权平均数。

市场吸引力 \ 业务竞争力	强	中	弱
高	成长 渗透	发展性投资	选择性投资 或剥离
中	选择性收获 或投资	细分市场 或选择性投资	有控制地退出 或剥离
低	收获现金	有控制地收获	快速退出 或作为攻击性 业务

图 2-4　通用电气矩阵图

如图 2-4 所示，矩阵图左上角的 SBU 属于市场吸引力高、业务竞争力强的绿色地带，应该采用增加投资和发展的战略；从左下角到右上角对角线的 SBU 属于市场吸引力和业务竞争力都处于中等水平的黄色地带，应该采取维持原先投资水平的战略；矩阵图右下角的 SBU 属于市场吸引力低、业务竞争力弱的红色地带，应该采用收割或放弃的战略。

运用通用电气矩阵法对 SBU 进行分析、评价以及采取的相应战略，企业还要详细绘制每一个 SBU 的计划位置图，并跟踪分析、评估、检查各 SBU 的优势和劣势，从而决定各 SBU 的目标和资源分配预算。各个 SBU 的营销人员的主要任务是有效执行高层管理者的决定和计划。

4. 制订新的业务计划

企业设计好自己的业务组合后，还要为未来业务发展方向做好战略计划，也就是制订企业新业务计划和增长战略，保证企业的可持续发展。新业务发展的方法主要有以下三种。

（1）密集增长。密集增长属于一种粗放式的新业务增长方式，通过为现有产品寻找新的市场机会来实现。密集增长战略具体包括三种类型：①市场渗透。在现有市场上针对现有产品采取一系列营销措施，包括采用广告、宣传、推销等手段增加老顾客对现有产品的购买，或者吸引新顾客及竞争对手的顾客来购买。②市场开发。市场开发是将现有产品推广到新的地区或国家，采用促销宣传、增设销售网点等办法增加现有产品的销量。③产品开发。面对环境和需求的变化，企业需要不断推出新产品或改进产品，即通过持续的产品开发更好地满足顾客需求，以保持企业业务的增长和竞争力。

（2）一体化增长。产、供、销一体化增长可以帮助大企业实现高效率，增强对产业链上下游的控制，保证产品的市场销售。一体化增长战略具体包括三种类型：①后向一体化，即供产一体化，企业通过收购或兼并若干原料、原材料供应商，拥有或控制供应系统来实现。②前向一体化，即产销一体化，企业通过收购或兼并若干中间商，拥有或控制分销系统来实现。③水平一体化。企业通过收购或兼并同类产品生产经营企业，或者与国内外同类企业合作经营来实现。

（3）多元化增长。为了开拓新市场或者抓住新的市场机会，企业还会增加与当前业务不相关的有吸引力的新业务，以增强企业的盈利能力。例如，华为最开始的时候是程控交换机的代理商，现在则是全球领先的信息与通信技术解决方案供应商，经营业务除了涉及信息与通信技术行业的多个领域外，还于 2021 年推出智能汽车业务，满足终端消费者的新的需求。多元化增长战略具体包括三种类型：①同心多元化。通过开发与现有产品线存在技术或营销协同性的新产品，来吸引不同的消费者群。例如，不使用华为手机的消费者，也可能被华为其他产品所吸引，从而成为华为的客户。②水平多元化。企业主要是在现有的市场上，采用新的技术开发新产品，增加产品种类，以实现更多的销量和更高的盈利。③集团多元化。一般是指大企业通过收购、兼并其他行业的企业，或者在其他行业投资，把业务扩展到新的行业去，新产品、新业务与企业现有的产品、技术以及市场不相关。

第二节　基于价值形成过程的营销管理

一、营销管理的含义和任务

（一）营销管理的含义

营销作为一门学科产生以后，学者们对于营销内涵的理解五花八门。管理学派认为，营销是一种管理。所谓营销管理是为了实现企业特定目标，创造和建立与目标市场的互利交换关系，对企业营销行动方案进行的分析、计划、执行和控制的动态、系统的管理过程。营销管理是企业经营管理的重要组成部分，是企业营销部门的主要职能。营销管理首先要设定企业预期达到的市场目标，然后根据这个市场的不同需求水平，通过适应性的营销管理，进行企业规划和实施营销理念、制定市场营销组合、创造和促进目标顾客和企业互惠互利的交换。从本质上来看，营销管理就是需求管理。一般而言，根据目标市场的需求水平、需求时间和需求性质的不同，确立不同的营销目标，进行内容不同的营销管理。市场需求状态有八种，包括负需求、无需求、潜在需求、下降需求、不规则需求、充分需求、过量需求、有害需求等；针对不同的需求状态，企业营销管理的任务、营销手段及策略都存在不同。作为战略管理流程的营销管理如图 2-5 所示。

在竞争性市场环境下，营销管理的战略地位日益重要，企业的营销管理过程实际上是一个战略管理流程。作为营销管理的战略流程，先要确定清晰的营销目标，再根据意欲达到的目标进行营销分析，然后根据营销分析的结果，针对特定市场创造、传递满足营销目标的价值。最后，通过有效的客户关系管理来维系企业与客户长期的价值关系，从而达到可持续发展的长期盈利目标。

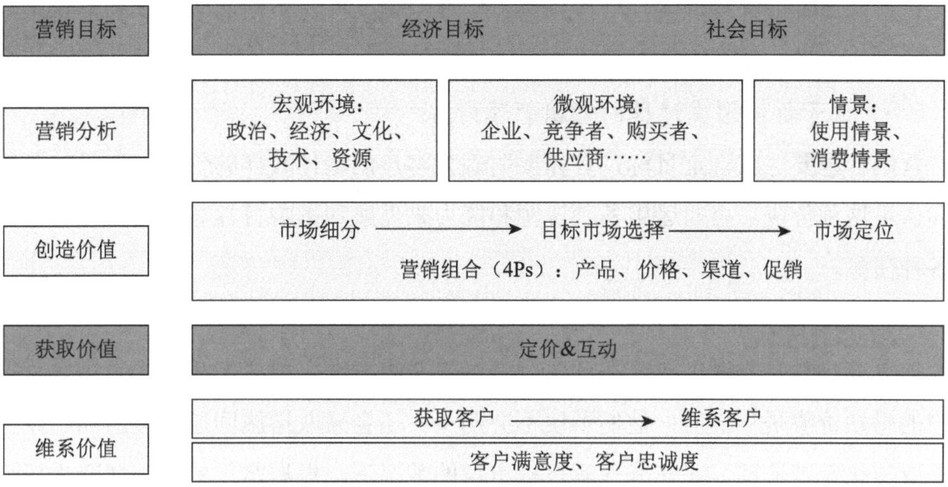

图 2-5　营销管理的战略流程

（二）营销管理的主要任务

营销管理的任务就是要充分考虑技术、全球化、社会责任这三大市场力量，购买者新能力、企业新能力两大市场产出，以关系营销、整合营销、内部营销、绩效营销为支柱的全局营销观念为指导，明确成功的营销需要完成的任务清单①。概括来说，营销管理的主要任务包括：①根据营销目标，制定和执行营销战略和计划，保证企业市场营销活动行之有效。②采用新技术、新手段检测市场环境和购买者需求变化，通过营销调研来捕捉环境机会，并能够把环境机会转化为企业的市场机会。③通过有效的目标营销战略确立有效方向，以产品和服务为载体，通过制定和实施有效的营销组合策略以及强有力的品牌营销策略，实现价值的创造、传递和传播，满足目标客户需求的同时，达到企业营销目标。④在为目标客户创造、提供有竞争优势的客户价值的同时，致力于发展与客户之间的长期互利互惠关系，通过提高客户满意度和客户忠诚度来维系双方价值关系。⑤营销管理的任务超越了企业边界，在生存压力和生态约束情况下，企业要考虑社会责任和伦理道德等方面的影响，坚持可持续发展，对组织结构进行实时调整，以增强对环境的适应性。

二、基于价值形成的营销管理内容及过程

从营销管理的本质来看，营销管理就是基于价值创造、价值形成过程的需求管理。营销者要针对购买者不同的价值需要层次、动机、价值感知及偏好，进行相应的

① 菲利普·科特勒，凯文·莱恩·凯勒. 营销管理 [M]. 王永贵，华迎，译. 北京：清华大学出版社，2017：15-16.

产品设计并通过营销管理实现双方共赢。具体来说，针对不同需求水平和需求类型，企业基于价值形成过程的营销管理具有阶段性任务。

（一）基于价值形成过程的营销管理内容

营销管理要达成既定目标，首先要明确为客户创造什么样的价值，并且让顾客感知和认可这种价值。企业运用各种资源和能力来理解和影响目标客户，实现营销管理的各种任务。

1. 针对负需求的转化营销管理

如果客户对企业提供的产品产生反感、厌恶等情绪，那么产品处于负需求状态，客户的感知价值是负价值，他们不仅不会购买，还会采取措施回避这类产品。企业应该采取转化营销管理，在充分理解目标市场的情况下，根据客户的实际情况重新设计产品，或者制订实施新的营销方案，以扭转客户原先的态度和信念，提高客户感知价值，将负需求转变为正需求。

2. 针对无需求的刺激性营销管理

客户对某种产品无需求，往往是因为对产品本身不了解，没有意识到其价值，或者产品虽然有价值，但是不值得付出成本去获取，抑或产品是过时的废旧物品，客户认为其无价值。针对无需求，企业应该采取刺激性营销，加大产品的宣传推广力度，赋予产品丰富的内涵，强化客户感知价值，将产品不同价值与客户不同层次的需要和追求的利益联系起来，从而达到成功营销。

3. 针对潜伏需求[①]的开发性营销管理

对于有购买欲望或支付能力的现实需求，潜伏需求是指消费者对某种产品有购买欲望，但暂时没有支付能力，或者有支付能力却没有购买欲望。潜伏需求还指消费者对某种产品或服务有强烈的需求，而现有产品或服务又无法使之满足的一种需求状态，此时消费者往往求而不得。在潜伏需求状况下，营销管理的内容是开发性营销，通过市场研究，了解现有价值创造和传递系统的不足之处，洞察消费者价值追求目标，设计、开发新产品和新服务，在引导市场的同时创造市场，把潜伏需求转化为企业能够满足的现实需求。

4. 针对下降需求的重新营销管理

市场需求波动是一种常态。下降需求是指市场购买者对某一种或某几种产品的需求呈现削减趋势的状态。面对下降需求，企业需要重新营销，从企业自身和外部市场两个方面来寻找导致需求下降的原因。若是企业自身的原因，则要探究是作为价值载

---

① 菲利普·科特勒，凯文·莱恩·凯勒. 营销管理 [M]. 王永贵，华迎，译. 北京：清华大学出版社，2017：47.

体的产品或服务无法达到消费者预期，还是缺乏与目标客户的有效沟通。然后，通过改进产品或服务，或是采用更有效的整合沟通手段，达到企业营销管理目标。如果是外部市场原因，比如经济形势变化、消费者需求不振等，企业要创新产品或服务，寻找新的商业机会，重新开拓新市场。

5. 针对不规则需求的协调营销管理

从时间分布上看，有的市场需求不具有明显的周期性特点，在不同时间节点上波动幅度很大，这就是不规则需求。不规则需求对企业营销管理提出了挑战。对此，企业应该采用协调营销，即采用灵活多变的营销手段，适当调整或改变市场需求的时间分布模式，协调供求关系，尽量保持企业生产能力与市场需求在时间上的一致性。

6. 针对充分需求的维持营销管理

对企业而言，理想的需求状态是充分需求，即市场上的产品或服务需求水平和需求时间与消费者预期相一致。然而市场环境瞬息万变以及竞争者和消费者偏好的变化，即使是充分需求状态，也难以保持较长时间，需求的动态变化是常态。因此，在充分需求情况下，企业也要做出营销努力，进行维持营销，持续保持消费者对产品和服务的感知价值和良好体验，通过有效的营销管理，维持市场的充分需求。

7. 针对过度需求的降低营销管理

在有些情况下，市场会出现过度需求，即产品或服务的市场需求量超过了企业产品或服务生产能力的需求状态。过度需求会造成企业生产能力过载，客户体验感变差，影响企业的可持续发展。因此，企业应该进行降低营销，也就是采用提高价格、减少服务、降低产品或服务市场曝光等方式，在一段时间内增加客户成本，减少市场需求水平。当然，在生产能力得到快速提升的情况下，原先的过度需求可能会变成充分需求，企业要从降低营销转变为维持营销。

8. 针对有害需求的反营销管理

有害需求即对消费者身心健康有害的产品或服务的需求。满足有害需求给消费者带来负价值。针对有害需求，营销管理的内容是反营销，即消灭需求。反营销的主要手段包括：进行消费者教育和引导，大力宣传说明有害产品或服务的严重危害；提高现有市场上有害产品或服务的价格；减少有害产品或服务的生产供应等。

（二）基于价值形成的营销管理步骤

从操作性方面来讲，基于价值形成的营销管理过程涵盖了四个主要步骤：①分析营销环境，明确价值创造的机会和途径。②制定和执行目标营销战略，进行差异化价值定位。③为竞争性市场设计营销组合策略，保证创造、传递、传播的价值能满足消费者的不同层次需要。④进行营销管理活动，包括营销分析、营销计划、组织执行和监督控制等各个步骤的工作任务。

本章小结

本章概括介绍了战略计划的定义和战略计划过程，进而介绍了基于价值形成的营销管理的含义、任务，以及营销管理的内容和过程。

思考题

1. 什么是战略计划？战略计划过程包括哪些内容？
2. 营销管理的主要步骤是什么？
3. 针对不同需求类型，营销管理的内容是什么？

第三章　营销环境分析

学习目标

1. 了解企业进行营销环境分析的必要性
2. 理解营销环境对企业营销活动的影响
3. 了解和掌握宏微观环境分析的理论框架和内容
4. 掌握 SWOT 分析的意义和内容

开篇案例

阿里巴巴的兴起与发展

阿里巴巴集团由马云和 17 位合作伙伴于 1999 年 9 月在浙江杭州成立，它为数千万网商提供了海量商机信息和便捷安全的在线交易市场，也是商人们以商会友、真实互动的社区平台。20 多年来，阿里巴巴集团由一家电子商务公司彻底蜕变为以技术驱动，包含数字商业、金融科技、智慧物流、云计算、人地关系、文化娱乐等场景的平台，服务数以亿计的消费者和数千万的中小企业。

阿里巴巴发展的早期阶段，主要营收业务是“供应商业务”。阿里巴巴集团将付费服务销售给广大国内企业，突破了当时互联网免费的固有观念，获得了可观收益。在这一过程中，阿里巴巴集团从组织架构、人才培养、激励和奖惩、企业文化和价值观等方面不断迭代，搭建了一套体系化的销售管理制度，并批量培养了一批顶级销售人员和顶级管理者。2001 年 12 月，阿里巴巴集团注册用户数超过 100 万。2003 年 5 月，购物网站淘宝网成立。2004 年 2 月，阿里巴巴集团从数家投资机构获得融资 8200 万美元。2004 年 7 月，淘宝网发布让买家与卖家进行即时文字、语音及视频沟通的 PC 版通信软件阿里旺旺。在其快速发展历程中，阿里巴巴集团始终随着市场环境的变化和客户需求的变化不断创新。为了支持公司业务扩展，阿里巴巴集团关联公司在2004年创立了第三方网上支付平台“支付宝”，用以解决在线支付流程慢、支付条件严苛等问题。2007年1月，成立“阿里软件”，为阿里巴巴电商王国提供软件服务支持。2007年11月，阿里巴巴网络有限公司在香港联交所主板挂牌上市。同月，阿里巴巴集团成立网络广告平台阿里妈妈。2009年发起第一届“双11”购物节，并将其打造成为中国最成功的商业购物节。2010年3月，淘宝网推出限时促销和团购平台“聚划算”。2012年1月，从淘宝拆分的淘宝商城更名为“天猫”，成为国内又一个最大的电商平台之一。2013年5月，阿里巴巴集团与合作伙伴成立“菜鸟驿站”，解决物流服务最后一公里问题。2014年10月，阿里巴巴集团成立蚂蚁金服（前称为“小微金融服务集团”），其为支付宝的母公司。同月淘宝旅行独立为阿里旅行，后被命名为“飞猪”。2015年先后推出盒马鲜生新零售超市（及盒马鲜生APP）、阿里健康等产品。

（资料来源：根据网络资料整理）

案例问题：

1. 你怎么看“马云的时代”和“时代的马云”？
2. 阿里巴巴兴起和发展的时代背景是什么？

第一节　营销环境概述

市场环境与企业营销活动的关系是“适者生存”。菲利普·科特勒认为，所谓营销环境（Marketing Environment）是指在企业营销活动之外，能够影响营销部门建立和保持与目标顾客良好关系能力的各种因素和力量①。按照环境要素的构成以及其对企业经营活动的影响程度，营销环境分为宏观环境（Macro-Environment）和微观环境（Micro-Environment），宏观环境是给整个企业生产经营带来市场机会或造成市场威胁的重要社会力量，也是影响微观环境变化的因素，而微观环境是对企业营销活动能力构成直接影响的各种力量。营销环境的要素构成如图3-1所示。

① 菲利普·科特勒，加里·阿姆斯特朗. 市场营销原理 [M]. 赵平，王霞，等译. 北京：清华大学出版社，2003：80.

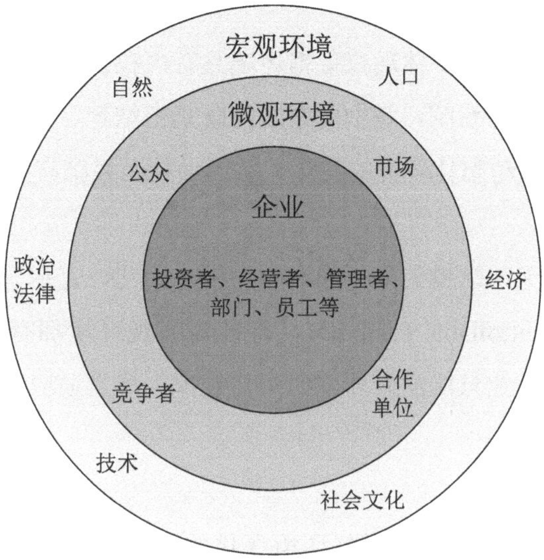

图 3-1　营销环境的要素构成

宏观环境对企业营销活动的影响可归纳为市场机会（Opportunities）与市场威胁（Threats）。微观环境对市场营销的影响可归纳为企业优势（Advantages）与企业劣势（Disadvantages）。环境与营销的关系可以简单描述为：①环境变化会给企业带来机会或是威胁，同时也是企业营销创新的动力源泉；②营销环境因素是企业制定营销组合策略的重要依据，营销组合策略必须适应环境的变化趋势；③环境因素也是企业进行细分市场和选择目标市场的重要依据。

一、营销环境的特点及其影响

所有的企业都存在于特定的环境中，营销活动是在特定环境中进行的。与企业市场营销活动相关的所有外部因素和条件共同构成了企业的营销环境。营销环境对企业经营管理的各方面会产生不同程度的影响，如环境会影响社会需求及其水平，影响企业经营条件以及市场资源的分配与利用，影响产业的竞争格局和利益，影响企业营销战略与策略的制定和实施。

（一）营销环境的特点

1. 动态性

环境的动态性体现在技术变革的日新月异、经济发展的周期性波动、人口自然结构和社会结构的变迁、社会文化和生活方式的改变、消费心理及消费行为的转变等。营销环境变化的动态性，会从不同方面、不同程度影响社会生活和社会经济的方方面面。

2. 客观性

营销环境的客观性，主要体现在营销环境具有内在的规律性特点。营销环境作为企业经营活动的整体生态系统，各个要素之间既紧密结合、共同作用，又独成体系，每一个要素都可能会撬动整体环境的变化，从而使社会经济产生一系列连锁反应。

3. 不可控性

宏观环境是企业无法掌控的外部因素和力量，因此，宏观营销环境要素又被称为“不可控因素”（Uncontrollable Factors）。企业对微观环境拥有一定的操控力，但无法完全掌控。因此，企业只能洞察环境的变化规律，尽量适应环境，却无法完全掌控环境。

4. 复杂性

营销环境涉及的因素繁多，引起环境变化的因素也众多。尤其在互联网时代，国家、地区、企业等联系更加紧密，纷繁复杂的环境要素更容易产生相互影响，任何要素的变化也会通过互联网产生几何倍增的涟漪效应，使营销环境呈现更加复杂的状态。

（二）企业与营销环境的相互影响

首先，企业存在于一定的营销环境之中，企业是环境的产物。营销环境不断发生各种变化，但从根本上来说对企业的影响可以分成两个大类，即促进企业经营改善的市场机会和阻碍企业发展的市场威胁。

市场机会是指在环境变化过程中出现的有利于企业规模扩张、收益提升和建立竞争优势的新环节和新领域。市场机会具有公开性、多样性和时效性的特点。但是，市场机会不等于企业机会，并非所有的市场机会都能被企业所利用。

市场威胁是指环境中不利于企业发展的某种趋势和对企业资源和能力形成的挑战。市场机会与威胁是相对而言的，它与企业的资源规模、市场应变能力、经验积累水平有关，此为威胁，彼则为机会。如2010年移动互联网的出现和广泛应用，对一些企业而言是巨大的机会，但是对另一些企业而言却可能是巨大的威胁。

其次，企业的生产经营活动也会对营销环境产生影响。企业并不是只能被动地适应环境，还可以积极主动地去改造环境，影响环境。例如，从原始的流动性集贸市场发展为固定地点、固定营业时间的商店，到能够满足顾客一站式购物的超级市场，再到目前的网上商城，就是企业主动适应环境变化、满足市场需求的能动行为。

二、营销环境的分析工具及其内容

SWOT矩阵是营销环境分析的主要工具，包括宏观环境分析所明确的市场机会（O-opportunity）和市场威胁（T-threat），以及微观环境分析所明确的企业优势（S-strength）和企业劣势（W-weakness），简称SWOT分析。它是在美国学者伊戈尔·安索夫1956年提出的SWOT分析思想基础上，发展起来的一个进行企业营销战略分析的有效方法。环境分析可以采用以SWOT为基础的矩阵分析法。SWOT矩阵内容如表3-1所示。

表3-1　SWOT矩阵

内容	市场机会（O）	市场威胁（T）
优势（S）	SO战略——增长型战略	ST战略——多元化战略
劣势（W）	WO战略——扭转型战略	WT战略——防御型战略

企业在进入某一个特定的产业时，还要了解这个产业的竞争态势。在进行产业竞争环境分析时，一般会使用到迈克尔·波特的五力模型，以便更好地了解产业竞争格局和产业市场的利润分配格局。五力模型主要是指产业市场的五种竞争力量，包括现有市场的竞争者、潜在的进入者、供应商讨价还价的能力、顾客讨价还价能力、替代品的威胁等（详见本章第三节）。

（一）环境机会与环境威胁分析方法

矩阵分析法能够判断分析宏观环境中隐含的机会与威胁。分析环境机会是为了发现机会，并把环境机会变成企业机会。分析环境威胁是为了发现威胁、评估威胁，并把环境威胁降低到最低程度。

第一步，分析环境机会。把环境从吸引力和发生概率两个角度进行分类，各用大、小两个指标，根据调查对象的打分，形成环境机会图。环境机会吸引力的大小取决于该环境机会带来的新需求、潜在市场规模等。环境机会的发生概率，取决于市场发展程度、相关政策的支持力度等方面。

第二步，分析环境威胁。把环境威胁分为威胁程度和发生概率两个角度，各用大、小两个指标，根据调查对象的打分，形成环境威胁图。企业经营人员，特别是营销人员，应该对环境威胁有清晰的判断，以此保证企业的安全发展。环境威胁分析内容主要包括：①气候变化、自然灾害、生物多样性丧失等自然因素；②工业化、城市化、农业化、能源消耗等人类活动；③政策和法律变化；等等。当今世界环境威胁的案例比比皆是，例如：经济发展停滞，人们的收入水平和消费水平普遍降低；国家政府的某些政策、规定的改变影响或限制某些行业和企业的发展；文化的差异性造成消费者对某些产品或服务的误解。

面对种种环境威胁，企业要提前做好应对举措。例如，面对自然环境威胁，企业要加强员工的环保意识，提倡健康、环保的生活方式、消费理念；大力推广清洁能源，减少生产、生活中的能源消耗，缓解气候变化等问题；加强企业经营活动过程中的环境监测和管理，及时发现和解决生产经营中的环境问题，承担社会责任；等等。

第三步，形成环境机会—环境威胁矩阵图（OT）。将环境机会图与环境威胁图中的情况加以组合，形成四个区域，据此可确定企业的发展方向和目标。根据环境机会—环境威胁矩阵分析结果，可以了解企业当前业务的类型及应对措施为：①理想型业务，大力发展（机会大，威胁小）；②风险型业务，认真分析（机会大，威胁大）；③成熟型业务，抓紧收获（机会小，威胁小）；④困难型业务，果断退出（机会小，威胁大）。

企业不同业务类型及其在整体业务中的占比，反映了各类业务所处的市场生命周期阶段，也在一定程度上反映了企业发展状态和市场地位。

（二）企业优势与企业劣势分析

优势与劣势分析是将企业自身实力与竞争对手相比较，因此优势与劣势是相对的。如果一个企业能够以相同的价格提供更好的产品与服务，或以更低的价格提供同样品质的产品与服务，并保持企业具有更高的盈利能力或盈利潜力，就称该企业相较于竞争对手具有竞争优势。优势与劣势分析的主要内容包括以下四个方面。

1. 组织能力

企业在组织能力方面的优势或劣势主要从以下几个方面体现出来：①经营者的能力、素质；②经营导向、向心力；③经营机制；④人才结构；⑤组织机构；⑥执行、反应能力；⑦一体化、多元化程度及其整合的有效性。

2. 社会资源条件

任何企业都要在一定的社会环境中生存发展，因此能否获得并整合必要的社会资源也决定了企业的优势或劣势。企业的社会资源条件主要取决于当地政府、各类媒体、金融机构、社会公众的支持与否。

社会资源包括有形资源和无形资源两类：有形资源包括人力资源、财力资源、机器设备等物力资源，以及厂房等空间资源；无形资源包括厂标、商标、专利等知识资源，以及技术、社会关系、网络等信息资源。获得和整合社会资源的能力决定了企业在市场上的地位和作用。

3. 营销能力

企业的营销能力反映了企业在市场上的适应性和影响力，涉及指标如下：①企业知名度；②市场份额；③产品质量、服务质量；④经营成本；⑤分销、促销效率、效果；⑥市场分析，产品开发、创新；⑦市场覆盖面。

4. 生产能力

生产能力是反映一个企业生产总体状况，以及能否有效满足市场需求的一个技术参数，主要通过以下方面体现出来：①设备及其利用率；②生产及其管理技术；③产品生产能力；④规模经济、生产成本；⑤工人技能水平；⑥按时交货能力；⑦专业制造能力；⑧原材料供应。

（三）根据环境分析结果确定营销战略

通过 SWOT 矩阵结合营销环境分析，可以形成四种类型的企业战略。

第一种，扭转型战略：机会与劣势组合（WO），即弥补弱点、抓住机会。

第二种，增长型战略：机会与优势组合（SO），即发挥优势、利用机会。

第三种，防御型战略：威胁与劣势组合（WT），即克服弱点、降低威胁。

第四种，多元化战略：威胁与优势组合（ST），即发挥优势、降低威胁。

企业营销战略的选择实际上是在规避环境威胁的同时，将能够利用的环境机会转化为企业市场机会，并且使企业扬长避短、发挥优势，比竞争对手更有效地服务于目标市场。

第二节　宏观环境分析

市场宏观环境指企业所处的国家或地区的政治与法律、经济、社会文化与人口、技术、自然资源等方面的现状和发展变化状况。一般我们把政治与法律（Political & Legal）、经济（Economic）、社会文化与人口（Social & Demographic）、技术（Technological）四方面的环境要素的分析称为 PEST 分析，它构成了宏观环境分析的主要内容。随着地球资源约束日益加剧，生态问题日益严峻，自然资源（Natural Resources）也成为影响企业营销的重要宏观环境因素之一。因此，宏观环境的分析演变为“PEST+N”分析。

宏观环境分析涉及很多因素，可以采用要素评价法，由被调查者打分以确定主要的环境影响因素及影响程度，以发现可能的市场机会和市场威胁。

一、政治与法律环境

政治与法律环境对企业营销活动的影响，主要体现在对企业经济和社会行为的约束、规范等方面，影响企业的社会、经济关系与经济活动方式。政治制度和法律法规可能会存在一些经营漏洞，随着社会进步，政治与法律环境的发展呈现出法制化、透明化、规范化、标准化等变化趋势，企业的营销活动也能够做到有法可依、违法必究。

小案例

汽车大量出现之前，人们的代步工具主要是牛车、马车。但是，牛车、马车的存在，不仅仅带来了人们出行的方便，同时也造成了公共卫生、交通安全等一系列问题，牛马的排泄物、病死的动物尸体严重损害了城市生活环境和卫生状况。蒸汽机的发明，促使人们寻求速度更快、更加卫生的交通工具，汽车随之出现，取代了作为交通主力的牛马车。汽车时代的来临，在促进人们交流和社会经济发展的同时，也带来了多个产业的繁荣和高速发展。然而，由于能源危机和生态环境的恶化，人们不得不重新审视汽车这个划时代的交通工具。出于人类可持续发展的需求，在世界各国的共同推进下，各种各样的环保立法、减排标准、“双碳”目标纷纷出台，新能源车成为新的市场宠儿。未来的交通市场将会是什么样的呢？我们拭目以待。

对企业营销活动产生影响的政治与法律环境要素主要包括：①国家战略、政治制度、权力结构、政党等政治环境要素；②国家政府部门的经济立法与经济政策、产业发展条例与政策、金融制度和金融政策等；③各种法律法规等，包括民法、经济法、消费者权益法，以及各种产业或行业法规；④各类民间组织和利益团体等。

二、经济环境

企业进行经济环境分析时，要关注一个国家或地区的经济增长、经济规模、经济结构等指标。这些指标决定该国家或地区目标市场的吸引力大小，经济增长速度快、经济规模庞大、经济结构多样化意味着有更多市场机会。同时，经济环境也会影响市场上居民收入水平和经济心理。在收入稳定、收入水平比较高的情况下，人们的确定性比较高，有积极的经济心理，更愿意投资和消费。相反，经济下滑，收入降低，人们就会有较高的不确定性，消费积极性降低，更倾向储蓄和保守投资。经济环境与其他环境因素的关系及其影响如图 3-2 所示。

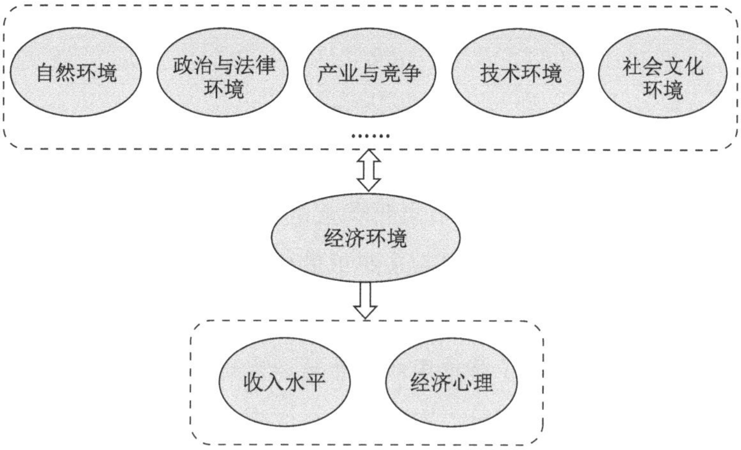

图 3-2　经济环境及其影响

经济环境分析主要包括：①世界性指标，含有世界经济总量、年度 / 季度增长率、进出口贸易总量等；②国别性指标，具体指一个国家或地区的国民生产总值、年度 / 季度增长率、行业结构和发展状况、人口总量及结构等；③产业性指标，含有三大产业的国民生产总值及对经济的贡献、产业发展水平及产业链态势、产业竞争结构和利益格局等；④个人性指标，主要是反映消费者购买能力的指标，如人均可支配收入水平、人均消费水平、消费者支出结构、消费者储蓄和信贷情况的变化等。

三、社会文化与人口环境

（一）社会文化环境

社会文化是一个社会的民族特征、价值观念、生活方式、风俗习惯、伦理道德、教育水平、语言文字、社会结构等的总和[①]。任何消费者的消费心理和行为都有文化的烙印。企业在进入一个新市场时，要充分了解目标市场的社会文化、亚文化以及目标人群的文化特质，以便能够提供相应的产品或服务更好地满足其需要。企业进行社会文化环境要素分析时主要包括：①特定文化背景下人们的价值观念、宗教信仰、风俗习惯等，这在一定程度上能反映他们的消费倾向和消费偏好，社会主流文化价值观也会塑造不一样的消费特征，例如中国等东亚国家深受儒家文化的影响，而欧美国家受宗教文化的影响比较显著；②语言，语言是最直接的文化符号，熟练掌握目标市场所使用的语言，才能真正洞察目标市场的顾客心理及行为特征；③目标市场人群对自身、对组织、对社会、对自然环境、对宇宙等的看法，可以从不同角度来洞察消费者的需求内容和需求变化趋势；④消费时尚，消费时尚往往是市场上新

① 郭国庆. 市场营销学通论 [M]. 8 版. 北京：中国人民大学出版社，2021：70.

产品、新服务的风向标，把握消费时尚能在一定程度上了解目标顾客群的需求变化趋势。

小案例

对于外国人来说，了解中国戏剧文化所表达的那种含蓄的情感是非常困难的。在新中国建立外交关系伊始，让外国人了解中国传统文化和民族意识很有必要。中国传统文化浩瀚如海，各类戏剧数不胜数，而《梁祝》是其中最有代表性的戏曲之一。让外国人了解中国文化，先从了解中国戏剧开始。为此，在一场外宾招待会上，周恩来总理在向外国友人介绍该越剧时，在翻译、介绍资料、解说等方面都做了细致的工作，使外国人了解到中国文化的深厚底蕴和细致的美，更好地理解并接受对他们来说神秘的东方文化和中华民族。

（二）人口环境

人口环境是企业开展营销活动的基础。人口的数量和结构决定了企业所服务市场的规模及提供产品和服务的差异性。人口环境要素分析主要包括以下三个方面。

1. 人口总量及其增长率

人口总量是以静态衡量的，即某一时间节点的人口总量，这一指标决定特定时间、特定地区的市场规模和存量。人口增长率是一定时期内（通常为 1 年内）由人口自然变动和迁移变动而引起人口增长的比率。人口增长率也称为人口增长速度，主要是以动态衡量的人口增长变化，它决定市场空间未来走向和市场规模变化程度。如国家统计局的数据显示，2023 年年末全国人口自然增长率为 -1.48‰，这表明中国老龄化进程进一步加剧，银发市场将成为最具有吸引力的市场。

2. 人口结构及人口分布

人口结构主要包括人口的自然结构（年龄和性别）和社会结构（文化素质、职业、民族和家庭）两个方面，根据人口结构可以确定适合企业的目标市场。例如，2016 年至 2022 年中国 60 岁以上的老年人占比情况如图 3-3 所示。

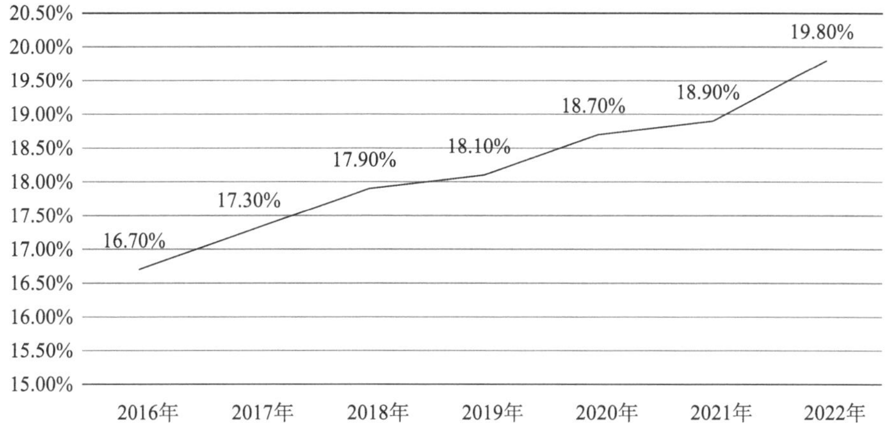

图 3-3　2016—2022 年中国 60 岁以上老年人占比情况

（资料来源：根据国家统计局有关数据整理）

目前中国人口结构的变化主要表现为：老年人所占比例上升，人口老龄化趋势显著；新生儿出生率下降，家庭结构也随之变化。据 2021 年中国人口第七次普查报告显示，我国人口地理分布发生变化，人口继续向东部大城市聚集，中部地区、西部地区人口继续趋向于减少（见图 3-4）。人口地理分布即人口在不同地理区域的密集程度，不同人口分布具有非常明显的地域特征，形成了不同地域人们的不同需求特点和消费习惯。

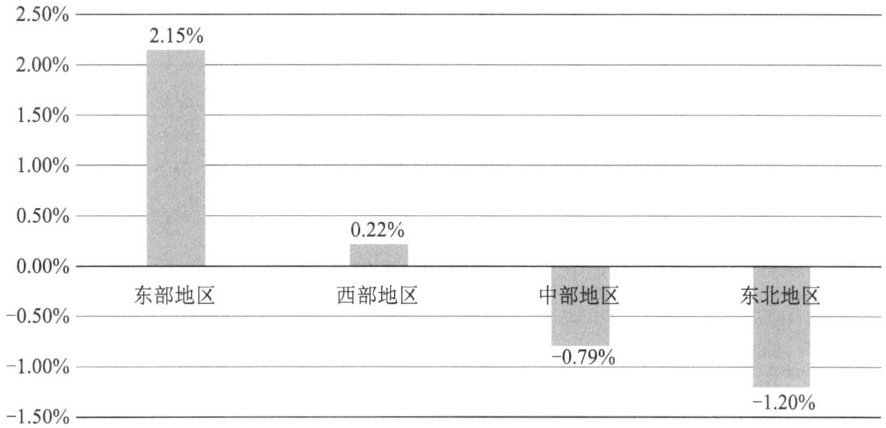

图 3-4　第七次全国人口普查人口地区分布变化情况（单位：%）

（资料来源：根据国家统计局、前瞻产业研究院有关数据整理）

3. 家庭结构及家庭类型

随着社会发展，中国传统的大家庭观念在一定程度上弱化，家庭结构向小规模、多样化变迁，传统的夫妻子女组成的家庭开始演化为多种家庭类型，单身家庭、无子女家庭等逐渐增加。家庭结构和家庭类型的变化，也使以家庭为单位的消费模式和消费对象发生了巨大变化。

从全国第五、六、七次人口普查的结果来看，我国家庭户数和家庭规模变化显著，家庭户数呈现持续上升态势，而平均家庭户人口则跌至 2.62 人，如图 3-5 所示。

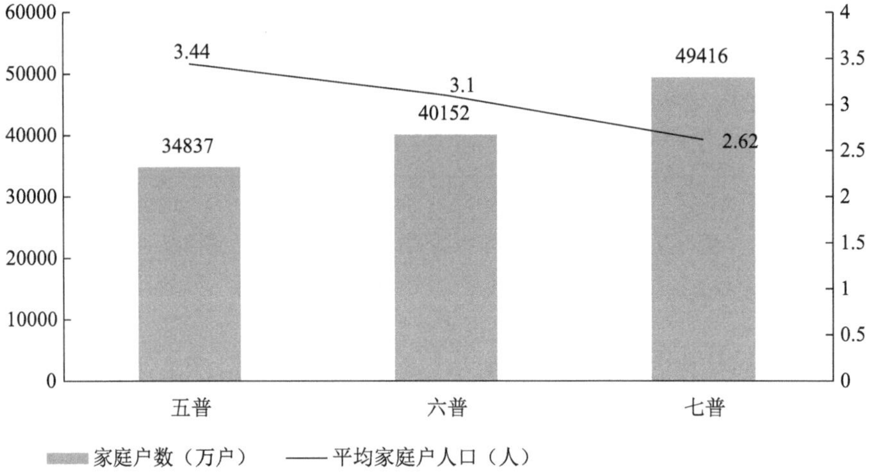

图 3-5　中国人口普查家庭户数和平均家庭户人口对比变化情况

（资料来源：根据国家统计局等单位公开资料整理）

四、技术环境

技术环境被称为“创造性破坏”因素，带来了生产要素和机械设备的迭代更新。例如，蒸汽机、内燃机的发明和应用，不仅推动了机械工业进步，也对社会进步、经济发展等起到重大作用。从对电磁感应的早期探索到基于电磁效应的远程信息传输，再到现代互联网、AI 技术等，技术突破不仅引发通信行业的巨大变革，也带来了社会各行各业的发展和进步。技术环境催生了一批又一批新职业和新产业，也孕育了无数的商业机会。

从营销角度来看，技术环境的影响主要体现在：①技术改变了人们的需求内容和需求满足的方式，促进了产品创新和服务创新。②技术影响着企业的经营活动。世界上每一次技术进步都推动了经济的快速发展，旧的生产方式被淘汰，新的生产方式不断出现，进而引发产业结构、经营模式与方式、产品与产品体系等的巨大变化。互联网的出现和应用对企业的资源整合、经营管理、营销活动都产生了深远影响。③技术带来社会的变革和进步。例如，技术推动了通信市场产品的更新换代，从固定电话发展到移动电话，从寻呼机演化为移动终端的手机，人们的社会生活模式、生活方式、社会关系等都发生了翻天覆地的变化。因此，企业的经营活动也要应时而变，才能更好洞察目标市场及其变化趋势。

五、自然环境

自然环境造就了特殊的气候条件和地理环境，也构成了企业生存发展的物质环境。特定的市场或地理区域会存在特定的生态环境、资源问题，同时自然环境也会影响当地的社会文化、风俗习惯等，对企业营销活动产生广泛的影响。自然环境的分析包括以下两个方面。

（一）资源状况

资源状况分析包括对特定地域资源类型、资源分布、资源数量和质量等方面的分析。基本的资源类型包括空气、水等可无限可再生资源，但是空气质量、水资源分布会对企业营销活动产生影响；森林、草原、水生物、生物群落等再生速度相对较慢，这些可再生资源也会受到环境变化的影响。石油、煤炭、天然气等不可再生资源数量有限，并且一旦用掉就不可再生。依赖不可再生资源的企业将来面临着更大的挑战和威胁，研究和开发可替代性资源就成为企业的必然选择。

（二）生态环境

生态环境是指水资源、土地资源、生物资源以及气候资源数量与质量的总称。近年来，随着城市化的加速和工业化进程不断推进，生态环境日益恶化，社会公众的环保意识增强，对环境的关注度越来越高，对环境污染的危害性认识日益深入。造成环境污染的企业面临资源、社会舆论以及政府政策等多方面的指责和压力，面对这种环境威胁，企业不得不考虑采取措施控制污染；而那些采用新资源、新的生产方式的企业则面临更多的市场机会。

第三节　微观环境分析

微观营销环境是指与企业紧密相连、直接影响企业营销能力和营销效率的各种力量和要素的总和，主要包括企业外部微观营销环境和内部微观营销环境。微观营销环境分析同样可以通过要素评价方法以明确企业的优势和劣势。

一、企业外部微观营销环境要素分析

企业的外部微观营销环境要素包括供应商、营销中介、社会公众、顾客、竞争者。顾客与竞争者是最为核心的微观营销环境要素。

（一）供应商

供应商主要向企业提供原料、原材料、零部件、能源、资金等资源，企业与供应商的关系在很大程度上决定了企业生产经营活动的稳定性。企业与供应商的良好关系可以保证企业供货的及时性与稳定性，有效应对市场供货价格的波动，保证供货的质量水平。

企业对供应商的评价和选择主要包括：确定企业的关键资源需求；确定资源战略；圈定潜在的供应商；限制供应商的范围；确定供应商评价和选择的方法；最终选择符合要求的供应商。

（二）营销中介

营销中介包括对企业销售、促销、物流等营销活动产生影响的个人或组织。营销中介的类型包括经销商、代理商，以及承担中间商职能的物流公司、仓储公司、快递公司、电商平台、保险公司、营销服务机构、财务中介机构等。

（三）社会公众

在互联网时代，社会公众的类型呈现多样化，公众的态度及观点对企业的营销活动有各种实际或潜在的影响。社会公众的类型包括：①金融公众，即影响企业资金能力的银行、投资公司等金融机构；②媒介公众，既包括报纸、杂志、电台、电视台等传统媒体机构，也包括博客、微信、社交网站等新兴媒体机构；③政府公众，主要指负责管理企业经营活动的各级政府机构部门；④公民行动公众，主要是各类消费者保护组织、环保组织、少数民族组织等；⑤地方公众，是指企业附近的居民、地方官员、居委会、街道办事处、学校、医院等；⑥一般公众，泛指社会上的社会民众和一般消费者；⑦内部公众，如董事会、监事会、经理、员工等。[①]

（四）顾客

企业的全部营销活动都是围绕满足顾客需要而展开的，顾客是企业最重要的微观营销环境要素。顾客是企业产品和服务的销售对象，企业的生产经营活动也是以顾客为中心开展的，因此有观点认为“顾客塑造了企业”。顾客是企业的营销对象，了解顾客的内容包括：①企业的顾客构成及顾客类型；②顾客正在使用的产品或服务；③顾客的购买渠道；④顾客的购买时间和购买频率；⑤顾客的购买方式，顾客需求的信息类型及其来源；⑥顾客购买的动机，需要从文化、行为科学、个人经验等方面进行分析。

① 菲利普·科特勒，加里·阿姆斯特朗. 市场营销原理 [M]. 赵平，王霞，等译. 北京：清华大学出版社，2003：84.

顾客可以按不同标准进行划分，不同市场上的顾客其特点也不相同。企业为了满足这些不断变化的需求，需要提供差异化的产品与服务。顾客分析主要包括：①消费者购买行为模式；②影响购买者行为的主要因素和购买决策过程分析。在社会经济生活中，消费者既是经济人，也是社会人，不同的消费者具有不同的购买行为模式；购买者消费行为会受到外在因素和内在因素的双重影响。外在因素主要是文化方面、社会方面的因素，内在因素主要是购买者个人及其心理因素。消费者的购买决策过程是一个连续的过程，在购买过程的不同阶段，消费者有不同的考量，而企业的营销活动也面临不同的任务。关于顾客分析的相关内容我们将在下一章具体讨论。

（五）竞争者

竞争是市场经济的基本特性，企业处在市场经济环境中，难免会面临竞争对手的挑战。竞争者的营销战略和营销活动直接影响企业营销活动的效果。企业在开展经营活动前，要先明确自己的竞争对手及其策略，然后再选择适合企业的战略和策略。

1. 竞争者的含义及类型

竞争者一般是指那些与本企业提供的产品或服务相似，并且所服务的目标顾客也相似的同行业的其他企业。从消费需求的角度划分，竞争者主要有四类：愿望竞争者（Desired Competitor）、普通竞争者（Generic Competitor）、产品形式竞争者（Product Competitor）和品牌竞争者（Brand Competitor）。愿望竞争者是指那些提供不同产品或服务满足顾客不同需求的竞争者。在顾客购买预算一定的情况下，消费者尽管有多种愿望，但是他只能在预算范围内满足自己的个别愿望，而愿望竞争者就是在消费者的多种愿望之间竞争，胜出者才能获得消费者的青睐。普通竞争者就是同行业竞争者。产品形式竞争者就是满足同一需求的不同产品形式的竞争，如汽车、摩托车、自行车就存在产品形式的竞争。品牌竞争者指的是满足同一需求、产品形式相同的不同品牌之间的竞争，如海尔、海信、康佳、长虹等电视品牌就存在品牌之间的竞争。

企业在营销领域内面临竞争对手的挑战时，要选择适当的策略进行应对。一味使用价格手段很可能会导致价格战的爆发，从而使得各企业都遭受损失。

问题思考：华为作为通信公司的主要竞争对手有哪些？

2. 竞争者分析的主要内容

竞争者分析主要是指识别企业要面对或即将面对的竞争者，并判断其竞争优势和竞争能力。具体来看，竞争者分析主要包括：识别主要竞争者及其战略；判定竞争者目标；评估竞争者的优劣势；评估竞争者的反应模式；设计竞争情报系统；选择竞争者以便进攻或回避以及在顾客导向和竞争导向中平衡。

小案例

在通信设备制造行业，华为是首屈一指的行业领导者，但是它同样面临巨大的市场竞争。华为的主要竞争对手包括爱立信、诺基亚、中兴、思科和三星电子。根据 Dell’Oro 集团的数据，按销售额计算，2021 年华为占全球通信设备市场 28.7% 的份额，同比增长 7%。爱立信以 15% 位居第二，其次是诺基亚（14.9%）、中兴（10.5%）、思科（5.6%）和三星电子（3.1%）。在不包括中国的全球市场，华为的份额为 18%，爱立信和诺基亚的份额分别为 20%。

（资料来源：根据《华为传》有关资料整理）

3. 行业竞争分析模型——五力模型

管理思想家迈克尔·波特在分析行业竞争格局时创立了五力模型分析工具。五力模型是了解一个行业竞争结构的框架，它是由决定行业利润率的五种力量组成。五力模型可以通过确定每一种力量对行业利润率的威胁程度，来评估一个行业的吸引力。行业类型不同，竞争程度也不同，五种竞争力量的影响程度也不同。

五力模型如图 3-6 所示。

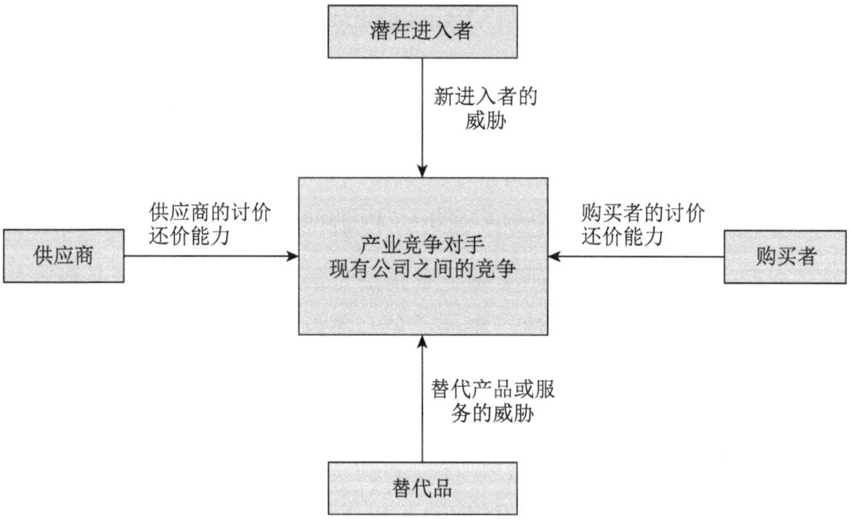

图 3-6　五力模型

在五力模型中，第一种力量就是产业竞争对手，也就是产业内现有公司之间的竞争。在大多数行业中，企业的盈利能力主要取决于行业内现有企业之间的竞争强度，竞争强度越大，出现价格战的概率越大，价格甚至有可能被压到成本水平以下，出现全行业亏损。相反，竞争没有那么激烈的产业，就会有较多的市场机会，价格竞争只是多种竞争手段的一种。

第二种力量是替代品的威胁。当一种产品存在替代品时，产业利润率会受到抑制。因为如果价格过高，消费者不会购买该产品，而是选择更便宜的替代品，而替代品对一个产业利润率的抑制程度，取决于购买者对替代品的倾向程度。

第三种力量是新进入者的威胁。如果一个产业利润率很高，那么这个产业就会吸引新的进入者。当然，在位企业也会凭借先进入者优势，建立进入壁垒来降低新进入者的数量。进入壁垒包括规模经济、产品差异化、资本要求、资本优势、政策或法律障碍等。

第四种力量是供应商的讨价还价能力。供应商可以通过提高价格或降低他们所提供零部件的质量，来压低整个产业的利润率。如果供应商降低其提供零部件的质量，成品质量也会受到影响，从而迫使制造商不得不降低价格。供应商的实力越强大，整个产业的盈利能力越可能会受到影响。

第五种力量是购买者的讨价还价能力。购买者可以通过要求价格优惠或提高产品质量，压低供应商所在行业的盈利性。购买者的集中度越高，对价格敏感度越高，其讨价还价的能力越强。

二、企业内部微观营销环境要素分析

即便是面对相同的外部环境，不同企业采取的营销活动也往往不一样。究其原因是每个企业都有其不同的内部微观营销环境要素。

企业的内部微观营销环境要素包括企业自身的物质和非物质条件，比如人员、资金、机器设备、厂房设施、组织结构、规章制度、管理水平、企业文化等。其中人、财、物（Man，Money，Material，合称“3M”）是构成企业生产经营环境的重要因素，直接影响企业营销成败。

具体来看，企业内部微观营销环境要素分析内容包括：①人员既是企业营销策略的制定者又是执行者，对企业的生产经营起决定性的作用，是企业最为宝贵的资源。企业的竞争本质上就是人员的竞争。②资金和设备等物质要素为企业的营销活动提供了基础，同时也限制了企业营销活动的规模。因此，企业在发展的不同阶段都面临着物质方面的压力和问题。③企业管理水平的高低、规章制度的完善程度都影响着企业营销策略的成败。④企业文化和企业组织结构也是两个极为重要的环境要素。企业文化是在一定条件下形成的，包含了组织的企业愿景、文化观念、价值观念、企业精神、道德规范、行为准则、历史传统等方面的信念、仪式、符号、处事方式等特有的文化形象。企业文化是企业在经营活动中形成的经营理念、经营目的、经营方针、价值观念、经营行为、社会责任、经营形象等的总和，它是企业生存、发展的根本所在。企业组织结构，有狭义和广义之分。狭义的组织结构，是指为了实现组织的目标，在组织理论指导下，经过组织设计形成的组织内部各个部门、各个层次之间固定的排列方式，即组织内部的构成方式。广义的组织结构，除了包含狭义的组织结构内容外，还包括组织之间的相互关系类型，如专业化协作、经济联合体、企业集团等。

本章小结

本章简要介绍了营销环境的含义和特点、营销环境的分析工具及内容。按照营销环境涵盖的范围及对企业的影响程度，分别分析宏观环境（PEST+N）、微观环境（外部因素和内部因素）的环境要素及其影响。

思考题

1. 企业进行营销环境分析的原因是什么？环境分析的工具是什么？

2. 宏观环境分析的内容是什么？微观环境分析的内容是什么？

3. 互联网条件下，企业应该如何检测环境变化？

4. 后疫情时代，在线教育服务面临的环境机会和环境威胁分别是什么？

5. 20 世纪 50 年代日本企业进入海外市场时，为什么首选欧美市场？改革开放后我国企业进入海外市场，为什么一般先选择第三世界国家市场？

第四章　市场购买者行为分析

学习目标

1. 了解消费者市场和组织市场的差异性
2. 了解和掌握消费者市场的特点和购买对象
3. 理解影响消费者购买行为的主要因素和购买决策过程
4. 了解组织市场的特点和组织市场的类型
5. 掌握组织市场购买行为的主要因素

开篇案例

瑞幸咖啡 & 贵州茅台：酱香拿铁邀您品鉴

2023 年 9 月 4 日，一则网络新闻激起了人们的极大兴致：瑞幸咖啡与贵州茅台推出联名咖啡“酱香拿铁”，单杯定价 38 元，券后优惠价每杯 19 元。酱香拿铁上线以后迅速成为顶流，在各类社交媒体上几乎都能看到这款单品刷屏的有关话题，单日单品销量达到惊人的 542 万杯，销售额超 1 亿元以上。“美酒加咖啡，就爱这一杯”“喝茅台联名咖啡能否开车上路”“19 元喝到人生第一口茅台”等多个相关话题迅速冲到社交平台话题热搜。酱香拿铁上线 10 多天以后，很多门店仍然一杯难求。这款深受消费者热捧的产品到底“含茅量”有多少呢？酱香拿铁的定价高不高？有心人曾做过测算：一杯 480 毫升的咖啡，含茅量大约 1.8 至 2.7 毫升；53 度飞天茅台的市场价格大约是 3000 元左右，由此推算出一杯咖啡所需要的茅台酒成本大约 10 ～ 16 元。考虑到咖啡成本和人工成本，酱香拿铁定价有一定合理性。但是也有人爆料，酱香拿铁并不是直接在咖啡液里添加飞天茅台，而是增添了成本更低的白酒风味乳，以保证酱香拿铁的口感和成本。

酱香拿铁爆火的原因有以下两个。第一，联名双方都是各自市场强大的品牌存在。茅台代表了中国传统高端白酒，瑞幸则是现代、快捷和多元化咖啡文化的代表。两个截然不同的品类服务的目标人群有很大差异性，800多年历史的茅台酒被认为是高端奢侈品，作为家庭或者亲朋好友年节馈赠的贵重礼品，或是收藏家的珍贵藏品，在高端餐饮业和宴会市场上茅台也倍受欢迎。而2017年成立的瑞幸咖啡主要服务对象是城市白领、大学生等年轻人。两个具有强大市场影响力的品牌一旦联名，会使双方的目标客户对联名产品产生强烈兴趣，强强联合也分别加强了两个品牌的影响力。第二，酱香拿铁作为一个完全创新的产品，突破了以往“白酒是白酒”“咖啡是咖啡”的观点，酒味咖啡融合了两个不同品类的特点，很容易引发媒体和消费者的好奇心，满足了消费者多样化的消费需求。在自媒体高度发达的互联网时代，全新的产品加社交媒体的话题加持，酱香拿铁迅速获得市场大卖，也赢得了私域流量的高度关注。第三，紧锣密鼓的营销推广活动使酱香拿铁迅速进入公众视野。一款新产品的成功不仅在于以优质产品抓住目标人群的关注点，还要依赖有效的营销活动。瑞幸通过精准定位，抓住了对咖啡品味有独特要求的年轻消费群体，不断塑造高品质、时尚、精致的品牌形象，增加消费者的品牌认同感。采用微博、微信等社交媒体与消费者保持互动，分享新品推出、优惠信息、特别活动等内容，以图片、故事、UGC等吸引用户注意力，提高品牌曝光度和口碑影响力；致力于提供与众不同的消费体验，为消费者提供个性化的服务和定制选项，更好满足消费者对独特咖啡口味的追求。由此，酱香拿铁成为2023年最成功的联名单品之一。

2024年伊始，瑞幸咖啡与贵州茅台又推出“龙年酱香巧克力”，再次以“每杯都含贵州茅台酒”挑起社交媒体新话题。

（资料来源：根据网络资料整理）

案例问题：

1. 酱香拿铁的客户群有谁？主要满足目标客户群的哪些需求？
2. 酱香拿铁的成功对瑞幸咖啡与贵州茅台的目标客户群分别有哪些影响？
3. 品牌联名需要考察目标顾客的哪些信息？

第一节　消费者市场与组织市场

购买与消费是推动经济发展的重要动力。从购买目的来看，市场可以分为消费者市场和组织市场。消费者市场的购买是为了个人或组织的最终消费，而组织市场的购买是为了再生产或者进行转卖。影响消费者市场购买和组织市场购买的因素具有差异性，两者的购买决策过程也存在不同。

一、消费者市场

（一）消费者市场的特点和购买对象①

消费者市场是指所有为了满足个人消费而购买产品和服务的个人和家庭所构成的市场。生活消费是产品和服务流通的终点，故消费者市场也被称为最终产品市场。消费者市场是市场体系的基础，是起决定作用的市场，也是现代市场营销理论研究的主要对象。

自“十三五”以来，消费成为中国经济增长的主引擎，庞大的市场规模释放的消费潜力是我国高质量发展的重要支撑。

从本质上来看，消费者作为生物人和社会人的集合，其消费是为追求生活价值、满足生活需要。企业的营销活动应该满足消费者不同层次的需要。

从营销视角来看，消费者是“经济人”“消费人”，更是“生活人”。在做出购买决策之前，多数消费者会理性判断购买行为值得与否，符合经济学“经济人”的假设。多数消费者购买产品或服务是为了满足生存或发展需要，是为了“消费”而购买的“消费人”。同时，消费者不仅是为了满足自己生理需要的“消费人”，也是追求心理安全感、幸福感、价值感的“生活人”。

消费者是有限理性的，也是感性的。一项消费追求往往与其他生活活动密切相关，一项消费会引致其他一系列相关消费。消费者的消费是一种复合性的价值追求，属于复合性的消费。全方位地理解消费者，有利于企业有效开展营销活动。

1. 消费者市场的特点

一是市场的分散性。由于购买者数量众多，购买频率高，消费者市场在时间分布、地点分布上都是分散的。二是差异性。由于消费者的需求千差万别，所需要的消费品也各不相同，因此满足消费者不同需求的消费者市场类型有着巨大差别。三是多变性。由于消费市场产品的专业技术性不强，同类产品数量繁多，消费者转移成本低，可以轻易转移购买，表现为需求的多变性。四是替代性。因为同类产品多，具有较高的同质性，产品可以相互替代。五是非专业性。由于消费者具有个体上的差异性，其所做出的购买决策和采取的购买行为都有很高的随机性、自发性，不像是组织市场的购买那样有一套严谨的程序；同时，由于多数消费者缺乏市场知识和

---

① 郭国庆. 市场营销学通论 [M]. 8 版. 北京：中国人民大学出版社，2021：94-95.

产品知识，他们的购买更容易受到商业刺激因素的诱导，其购买行为属于非专业性购买。[①]

2. 消费者市场的购买对象

消费者市场的购买对象可以按照不同标准来划分。根据所购产品在消费者生活中的作用，消费者购买的对象主要包括四种类型的消费品：①便利品，即消费者日常生活所需、需重复购买的商品；②选购品，是指价格比便利品要贵，消费者购买时愿花较多时间对许多同类产品进行比较之后才决定购买的商品；③特殊品，指消费者对其有特殊偏好并愿意花较多时间和精力去购买的消费品；④非渴求品，指消费者不了解或即使了解也没有购买意愿的消费品，如人寿保险、创新产品等。

根据所购产品的使用频率和使用时间的长短，消费者购买对象主要包括非耐用品和耐用品：①非耐用品是指使用次数较多、消费者需经常购买的商品，如食品、化妆品等。生产这类产品的企业，要特别注意销售点的设置，以便消费者购买。②耐用品指的是能多次使用、寿命较长的商品，如电视机、电冰箱以及电脑等。消费者购买这类商品时，决策较为慎重。生产这类商品的企业，要注重技术创新，提高产品质量，也要做好售后服务，满足消费者在产品生命周期不同阶段的服务需求。

根据消费者在购买过程中理性决策和感性决策的权衡，消费者购买对象主要包括实用品和享乐品：①实用品是用于完成实际功效或任务的工具性产品，比如基本住房、教育、基本食物和衣物等，满足人们生存、生活的基本需要。②享乐品是能让人在情感和感官体验上获得愉悦感受的产品，比如珠宝、高级时装、巧克力等，满足消费者心理、社交、自我表达等方面的高层次需要。

（二）消费者市场产品的选择标准

消费者市场产品的选择标准主要包括两个方面：一是理性的和公开的标准。这类标准首先考察产品是不是实用的，具体包括消费者感知的利益具有足够的吸引力、物质的合理性、物有价值的信念、可获得性等。[②] 二是情感的和隐蔽的标准。这类标准首先要考察产品是否有象征性意义，例如是否符合消费者个人生活方式，能否表达个人身份，能否带来安心的感觉，产品是否让自己感觉良好等。

二、组织市场

组织购买者是为组织再生产或消费目的而购买、使用产品或接受服务的社会成

① 郭国庆. 市场营销学通论 [M]. 8 版. 北京：中国人民大学出版社，2021：94-95.

② 郭国庆. 市场营销学通论 [M]. 8 版. 北京：中国人民大学出版社，2021：107.

员。组织市场是指所有为满足其各种需求而购买产品和服务的组织机构所构成的市场。企业的营销对象除了最终消费者，还包括各类工商企业、政府部门和非营利机构等组织购买者。组织购买者购买的产品包括各类原材料、原料、零部件、机械设备、供给品以及生产性服务等。组织市场一般由产业市场、中间商市场和政府市场构成。组织市场和消费者市场相比具有不同的特点。

（一）个人消费者与组织购买者的主要区别

组织购买者的数量相对较少，采购决策过程较为复杂，而个人消费者，或者说最终消费者是一个庞大的群体，相互之间具有显著的差异性。

一是个人消费者的购买决策过程往往带有显著的感性色彩，而组织购买者的采购决策过程较为理性。二是个人消费者一般由自己做出购买决策，别人的意见和看法只是作为参考，而组织购买者参与决策的人数较多，购买决策一般是集体决策。三是由组织购买者组成的产业市场需求是引致需求，是缺乏弹性的需求，是波动的需求；它往往是由最终市场的需求引致的需求。四是个人消费者的购买决策主要受其所在的社会及消费者个人等内外因素影响，而组织购买者的购买决策深受人际因素、组织因素和环境因素的影响。

（二）组织市场的特点

组织市场与消费者市场的区别在于市场主体不同和购买决策行为不同。与消费者市场相比，组织市场的特点表现为：首先，组织市场的需求是派生需求，是由最终消费者市场的需求派生而来的。其次，组织市场的购买决策过程属于多人决策，很少独立决策。同时，组织市场购买过程复杂，参与者众多，购买金额庞大，产品技术性能复杂，所以组织市场购买过程持续时间长。最后，组织市场的购买需要企业提供相应服务，产品本身往往无法满足组织市场的所有需求，还需要企业提供技术支持、人员培训、按期交货、信贷优惠等附加服务。

第二节　消费者购买行为分析

一、影响消费者购买行为的因素[①]

消费者购买行为往往受到多种因素的影响，文化、社会、个人、心理、情景 / 场景是最主要的五大影响因素。

---

① 菲利普·科特勒，加里·阿姆斯特朗. 市场营销原理 [M]. 赵平，王霞，等译. 北京：清华大学出版社，2003：157-172.

（一）文化因素

文化（Culture）有不同的层面，包括主流文化、亚文化、社会阶层等，文化对消费者心理和购买行为有深远的影响。文化是区分一个社会群体与另一个社会群体的主要因素，是人们通过学习获得的区别于其他群体行为特征的集合。在长期的历史演变中，人们的语言文字、风俗习惯、思想观念、物质财富、精神财富等的综合形成了广义的文化；而宗教、哲学、文学、艺术、政治、经济、伦理、道德等则形成了狭义的文化。

亚文化（Subculture）是指在一个大的文化背景下存在的一定的局部文化，局部文化有较强的统一性。亚文化是较大文化内与其他群体共存的一个群体，其成员具有的共同信仰、特征或经历等，能提供更为具体的认同感和社会化，如民族文化、宗教文化、种族文化和区域文化等。亚文化足够强大时，如民族亚文化、宗教亚文化、种族亚文化、地理亚文化等都有不同的特质，企业往往有与之配套的营销计划。

社会阶层（Social Class）是指一个社会中具有相对同质性和持久性的群体，它们是按等级排列的，每一阶层成员具有类似的价值观、兴趣爱好和行为规范。社会阶层是一个普遍存在的社会现象，它反映了不同阶层的群体占有社会资源的多少。对消费者购买行为产生影响的社会阶层因素如表 4-1 所示。

表 4-1　主要的社会阶层的影响因素

影响因素	一级影响因素	二级影响因素
社会阶层的影响因素	经济因素	职业
		收入
		财富
	相互关系因素	个人威望
		联系
		社会化
	政治因素	权力
		阶层意识
		变动迁移

（二）社会因素

消费者行为受到社会因素的影响，主要包括消费者所处的参照群体、家庭以及社会角色和地位、互联网互动社区等。

1. 参照群体

消费者不仅是生物人，也是社会人，其消费心理及消费行为会受到他们所处的参照群体的影响。参照群体是指个人在形成其购买或消费决策时用以作为参照、比较的个人或群体。参照群体包括直接参照群体和间接参照群体，直接参照群体是对消费者消费心理及消费行为产生直接影响的群体，包括家庭、朋友、同事、邻居等首要群体，以及宗教、职业和工会组织等次要群体。间接参照群体是对消费者消费心理及消费行为不产生直接影响的群体，包括向往群体和厌恶群体。向往群体是一个人渴望成为其中一员的群体，而厌恶群体是一个人反对或抵制其价值观或行为的群体。互联网时代，网上的交互日益频繁，关键意见领袖（Key Opinion Leader，简称 KOL）和关键意见消费者（Key Opinion Consumer，简称 KOC）对消费者行为都会产生显著影响。

2. 家庭

家庭是最小的生活单位，它是购买产品的重要消费者，家庭成员构成了最重要的参照群体。原生家庭和再生家庭都会影响购买者的行为。随着社会环境的演变，家庭结构和家庭类型不断变化。从历次人口普查的情况来看，中国家庭户数在增加，但是家庭规模在变小，家庭决策模式多样化。家庭购买决策大致可分为三种类型：一人独自做主；全家参与意见，一人做主；全家共同决定。家庭生活周期的不同阶段，购买的产品和服务有一定的差异性，购买决策内容因而不同。家庭生活周期阶段如表 4-2 所示。

表 4-2　家庭生活周期的各个阶段

青年	中年	老年
单身 已婚无子女 已婚有子女 离婚有子女	单身 已婚无子女 已婚有子女 已婚子女已独立 离婚无子女 离婚有子女 离婚子女已独立	已婚 未婚

（资料来源：菲利普·科特勒，加里·阿姆斯特朗. 市场营销原理 [M]. 赵平，王霞，等译. 北京：清华大学出版社，2003：164）

3. 社会角色与地位

每个人都会参与到家庭、组织、俱乐部等许多社会群体中去，这些群体不仅是信息的来源，而且也是行为规范的确立之处。在这些社会群体中，消费者的角色和地位不同，其对产品和服务的选择也不同。角色是由一个人期望完成的活动构成的，而地位在社会学或人类学上是指一个人因其社会阶层而得到的荣誉和声望。例如，一名女性可能扮演父母的女儿、公婆的儿媳、丈夫的妻子、儿女的妈妈、单位的员工等多种角色。要想扮演好不同的角色，就要承担相应的责任，完成职责内的工作，在不同场景下获得不同的地位，因此其需求和行为也会呈现多样化特点。

4. 互联网互动社区

互联网时代，消费者的消费心理和消费行为深受网络影响，特别是他们所处的互动社区的影响。随着信息与网络技术的发展，社会生活中又诞生了一个新的群体——虚拟群体，它主要基于虚拟社区而非地域性社区。网络从时间和空间上根本改变了传统的社会交往和人际沟通的方式，形成了许多独特的观念和准则。在线社交网络是指供人们社会交往或者交换信息和意见的博客、微信群、社交网络平台和其他在线交流社区。

虚拟社区的主要特征是去个性化（Deindividuation）和社会惰化（Social Loafing）。去个性化是指在一个社交群体中，个体参与群体行为时其原有的个性特征完全消隐在群体之中的过程，因此，个体消费行为表现为从众化，追随大众消费趋势。社会惰化是一种类似的效应，它指的是当个体置身于群体之中时，会对完成任务不太尽责，因为个体的贡献只是集体努力的一部分，他人的存在降低了个体能力和责任感，更愿意去接纳别人的观点。所以，越来越多的人花费更多的时间在信息搜集比对上，而不是自己进行考证。

有资料表明，截至 2022 年年底，用户平均每天花在移动互联网上的时间已超过 6 小时，移动互联网已经全面渗透到社交、电商、理财、出行等生活刚需场景，这几大行业渗透率均已超过 50%。2021 年，微信月活用户规模更是已经接近 12.13 亿，渗透率已经高达 83.6%；用户使用小程序的习惯也已经养成，截至 2023 年 6 月，“微信搜一搜”月活跃用户已达 8.41 亿人。虚拟社区对消费者心理和行为产生了方方面面的影响。

（三）个人因素

消费者购买行为除了受到上述因素影响之外，还会受到消费者个人因素的影响。消费者个人因素包括年龄和性别、生命周期的不同阶段、职业与经济状况、个性和自我概念、生活方式等。

1. 年龄和性别

消费者的年龄不同、性别不同，其消费心理和消费行为也会不同。生理年龄是重要的市场细分标准，但是在企业的经营活动中，营销人员不仅要注意消费者的生理年龄，更应关注其心理年龄，从而推出更符合消费者实际需要的产品或服务。性别也是细分市场的重要标准，男性和女性在很多消费行为中呈现出明显的差异性，例如多数男性消费者购物目的更明确，决策比较理性，而女性购买决策过程通常被认为更倾向于感性。

2. 职业与经济状况

不同的收入水平，决定了不同的购买能力，也决定了消费者需求的不同层次和倾向。不同的职业往往有不同的收入水平，决定了个人不同的经济状况。个人的经济状况不同，其消费行为模式也有很大的不同。例如因为退休或者离职而导致收入显著下降的老年消费者会为了省钱而不惜花费大量时间等待，时间成本相对很高的商务人士，则会为了节省时间而不惜花费大量金钱来降低等待成本。

3. 个性和自我概念

个性是一组显著的人类心理特征的描述，它包括自信心、控制力、自主性、顺从性、社交能力、防范能力、适应性等。个性会导致消费者对环境刺激做出相对一致而持久的反应，包括购买行为。企业在培育一个品牌时会赋予品牌某一个性，以此来吸引具有同类特质的消费者群。自我概念包括真实自我概念、理想自我概念和社会自我概念，真实自我概念是指消费者如何看待自己，理想自我概念是指消费者希望如何看待自己，社会自我概念是指他人如何看待自己。自我概念不同，会导致消费者选择不同的产品品牌和服务。

4. 生活方式

选择什么样的生活方式（Lifestyle）决定了消费者的消费倾向。分析消费者的生活方式时，要考察消费者经常参与的活动（A-activities）、消费者的兴趣（I-interests）以及他们的观点或意见（O-opinions），简称 AIO 模式或 AIO 尺度，即消费者对工作、嗜好、购买行为、运动、社会活动等活动的参与，消费者对食品、服装、家庭生活、休闲、文学、艺术等的兴趣和爱好，消费者有关自我意识、社会问题、商务和产品等方面的看法或观点。考察消费者的生活方式，可以勾画出一个人在社会中的行为和兴趣模式，从而可以针对性地满足其不同需要。

（四）心理因素

心理因素对消费者行为有重要影响。了解心理因素对消费者行为的影响，有利于企业更好地理解并影响消费者需求和行为，采取更有效的营销策略。影响消费者购买行为的心理因素主要包括消费者的动机、知觉、学习以及信念和态度等。

动机是一种驱使人们满足需要、达到目的的内在驱动力，是一种升华到足够强度的需要，它能够及时引导人们去探求满足需要的目标。需要的层次不同，匮乏的程度也有差异，驱使人们满足需要的动机有强弱之分。动机是导致消费者行为的直接原因。

知觉是指感觉器官与大脑对外在刺激做出解释、分析和整合的创造性过程，它取决于刺激物的特征，并依赖于刺激物同周围环境的关系以及个人所处的状况。知觉过程通常包括选择性注意、选择性曲解和选择性记忆三个阶段。只有那些能够吸引消费者注意的产品或服务才能进入消费者的选择范围，然后消费者会根据自己的理解记住符合自己需要的产品或服务，最后做出购买行为。

学习是指由于经验的积累而引起的个人行为或行为潜能的持续性改变。人类的行为来自不断学习，消费行为也源自不断学习。市场环境的变化，新技术、新产品、新品牌的出现，新的交易手段的采用等，都需要不断地收集信息、对比选择才能做出购买决策，这本身就是学习的过程。学习既有偶发性的，也有主动的、有意识的。学习一般包括行为学习和认知学习。消费者通过驱动、刺激、暗示、反应和强化几个步骤的重复经验中产生的自动反应过程称之为行为学习；而从思考、推理、问题解决等非直接经验中的学习称之为认知学习。对于营销者来说，掌握消费者建立学习关系和培养消费习惯的过程至关重要。

通过学习，消费者获得自己的信念和态度。信念是指一个人对事物所持有的确定性看法；态度是指一个人对某些事物或观念长期持有的好与坏的评价、感受和由此导致的行动倾向。例如，对某一品牌忠诚的消费者，会在很长时间内对该品牌持有同样的信念和态度。

（五）情景 / 场景因素

在有些情况下，情境 / 场景因素会改变其他四个因素对消费者购买行为决策的影响。不同的情景或场景，会刺激消费者产生联想和购买欲望。影响消费者购买的情景 / 场景因素主要包括预购情境 / 场景、购物情境 / 场景、消费情境 / 场景和时间状态。其中，时间、距离也是一种心理距离，消费者制定购买决策时与目标产品之间不同的时间距离导致不同的购买行为。不同时间、距离的情境，影响消费者的购买行为。

小案例

凉茶品牌王老吉最初的定位是需要“去火”的消费者，“怕上火喝王老吉”。但是，随着凉茶市场的逐步成熟，由消费者定义的“上火”比较笼统、模糊，因此王老吉重新定义“上火”的场景：吃火锅、川菜、湘菜等辛辣食品上火；吃烤串等烧烤上火；加班、上网、看球、看剧等熬夜上火；徒步、户外运动、马拉松等运动上火。通过这些上火场景，激发消费者对王老吉凉茶去火功效的联想，从而产生购买行为。

在互联网环境下，消费者的消费心理和消费行为的影响因素包括：①个人因素，如消费者年龄、生活方式、职业、家庭经济水平、个人消费习惯、个人风险倾向、个人的技术准备等。菲利普·科特勒曾经提到，互联网时代最主要的目标人群是 YWN（年轻人 + 女性 + 网民）①。②营销刺激因素，“可搜索”“易分享”“流动性”“联结性”使网络营销刺激因素作用显著。③技术因素，包括购买平台的可靠性、便捷性和安全性，可有效降低消费者的风险感知，同时，网络带来的流动性和沟通性更强。④社会环境因素，包括有关互联网的社会文化、经济环境、法律环境等。互联网环境对消费者有深远的影响，反过来说，消费者对企业的营销活动也有不同影响。“互联网 + 消费者”是互联网时代企业营销活动必须考虑的现象。在互联网时代，消费者自组织正在成为创新活动的主要推动者，“底层的力量”是互联网的魅力所在，权利向客户转移。底层力量主要体现在同类聚合上，包括价值观聚合、情绪聚合以及兴趣聚合三类。研究同类聚合有利于企业把握互联网时代的消费者心理及行为。

二、消费者购买决策过程

（一）消费者购买决策行为类型

按照品牌之间的差异程度和消费者对购买决策过程的介入程度，消费者购买决策行为可以分为以下四种类型。

复杂的购买行为（Complex Buying Behavior）。消费者参与程度高，并且了解品牌之间的差异性时，人们会有复杂的购买行为。采用复杂购买行为的条件是：产品昂贵；购买不频繁；购买有风险并且有较高的自我表现作用；对产品不熟悉。例如，购买家用轿车是一个家庭的重大购买决策，属于复杂的购买行为。针对消费者的复杂购买行为，企业的营销对策是了解消费者需要的信息及评价行为，提供充足的信

① 菲利普·科特勒，何麻温·卡塔加雅，伊万·塞蒂亚万. 营销革命 4.0：从传统到数字 [M]. 王赛，译. 北京：机械工业出版社，2018：8.

息并制定相应的策略帮助消费者了解产品及品牌，利用各种方式影响消费者对品牌的选择。

降低失调的购买行为（Dissonance-reducing Buying Behavior），又称之为寻求平衡的购买。消费者参与程度高，所购产品价格昂贵，购买不频繁且有购买风险，加之品牌差异不明显时，人们会有寻求平衡的购买行为，例如购买地毯。由于此类购买决策相对较快，消费者购买后往往会产生心理并不平衡的感觉，原因可能是他们注意到该品牌的缺点，或者其他品牌的优点。企业营销沟通的目标是提供信念和评价，使消费者对所选择的品牌产生满意的感觉。

习惯的购买行为（Habitual Buying Behavior）。许多产品的购买，消费者参与程度不高，同时品牌差异性也不明显，人们会有习惯性的购买行为。在日用消费品的购买过程中，如在做出食盐、牙膏、牙刷等购买决策时，往往受长期消费习惯的影响。针对消费者的习惯性购买，企业可采用价格策略或促销等刺激产品销售。对于低参与度的产品，广告要强调“少”的卖点，突出视觉刺激；信息简短并不断重复并多采用电视等视频类广告。

寻求变化的购买行为（Variety-seeking Buying Behavior）。消费者参与程度一般很低，同时品牌差异很大，这时消费者会经常改变品牌的选择。例如，在购买口味具有差异性的饼干、小零食时，消费者会有明显的求变行为，以寻求不同的体验。市场领导品牌与其他品牌的营销战略是不同的，市场领导品牌可以提供占领货架、避免脱销、频繁的提示性广告等鼓励消费者习惯性购买行为；挑战性品牌则通过低价、优惠、赠券、免费样品等鼓励寻求变化的消费者购买。

（二）消费者购买决策过程的五阶段模型

消费者在感知到未被满足或未被完全满足的需要时，购买决策过程就开始了。消费者购买决策过程是一个连续的过程，一般包括五个阶段，如图 4-1 所示。

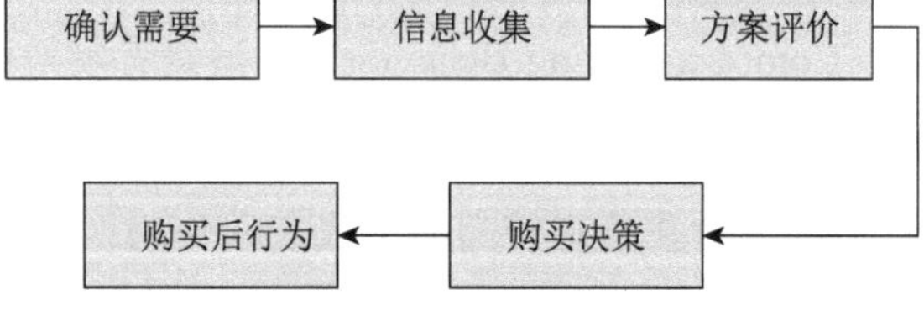

图 4-1　消费者购买决策过程的五阶段模型

（资料来源：菲利普·科特勒，凯文·莱恩·凯勒. 营销管理 [M]. 王永贵，华迎，译. 北京：清华大学出版社，2017：75）

（1）确认需要（Need Recognition）。消费者对某个问题或需要的确认，当消费者意识到实际状态与期望值之间存在差异时，就产生了需要。内在刺激（如饥饿、干渴等内在的生理需要）和外在刺激（如商业广告、他人的推荐、网络宣传等）都会引起消费者的需要。营销人员应该充分研究消费者，发现他们的问题及需要。

（2）信息收集（Information Search）。当需要强烈，并且产品易得，消费者可能购买。反之，则会保留愿望或继续收集信息。信息来源包括个人来源（家庭、朋友、邻居、熟人）、商业来源（广告、经销商、包装、展览、网页等）、公共来源（公共媒体、消费者评级机构等）、经验来源。在互联网时代，口碑传播的影响越来越大。

（3）方案评价（Evaluation of Alternative）。通过信息处理，消费者会对一组备选品牌进行评价，然后对不同品牌形成不同的态度。消费者评价因人而异，有的要通过精确计算进行评价，有的是冲动购买，有的则寻求他人意见。

（4）购买决策（Purchase Decision）。当消费者完成品牌评价并进行排序时就形成了购买意向。购买决策一般指向消费者最喜欢的品牌。购买意向和购买决策之间还会受他人的态度和其他因素的影响。

（5）购买后行为（Post-purchase Behavior）。产品售出后，消费者对产品满意与否会影响到重购行为，同时也会影响到产品口碑。满意或不满意取决于消费者预期与产品实际性能之间的比较。当实际性能高于预期，很满意；实际性能等于预期，满意；实际性能低于预期，不满意。但是很多情况下，消费者购买后都会产生购后失调感。营销者应跟踪购后行为，对客户抱怨做出建设性回应。

三、消费行为理论模型

消费者购买行为是一个复杂的过程，关于这方面的理论研究成果有很多，比较有代表性的是刺激—反应模型、AIDA/AIDMA 模型以及行为决策理论等，它们从不同的层面对消费者购买行为做出理论解释。

（一）刺激—反应模型

行为心理学家约翰·华生提出了刺激—反应理论，他认为人类的复杂行为可以被分为刺激和反应两个部分，人的行为是受到刺激后的反应。

按照该理论，从营销者角度出发，各个企业的许多营销活动都可以被视为对消费者的购买行为的刺激，这些刺激因素有产品、价格、销售场所、促销手段等。这些刺激作用于消费者，在引起他们的一系列心理活动之后，产生了看得见的外部购买行为，也就是消费者的反应。

（二）AIDA / AIDMA 模型

AIDA 模型是国际推销专家海英兹·姆·戈德曼根据推销活动特点总结的传统推销活动的四个发展阶段：引起注意（Attention）、产生兴趣（Interest）、培养欲望（Desire）和促成购买（Action）。美国广告学家 E. S. 刘易斯在此基础上提出了 AIDMA 模型，总结了消费者在购买商品时的心理过程，即由最开始的引起注意（Attention），到产生兴趣（Interest）、培养欲望（Desire），再到形成记忆（Memory），最后促成最终购买行动（Action）。AIDMA 模型适用的是传统的大众传播环境，在这一环境中，人们往往是从报纸、杂志、广播、电视等媒介上获取相应的产品信息，被广告吸引产生兴趣和心理认同感，当消费欲望被激发后，就会记住产品信息，最终决定购买产品。互联网环境下，AIDMA 模型演化为 AISAS 模型。传统购买者行为的 AIDA 模型和互联网时代购买者行为的 AISAS 模型分别如图 4-2 和图 4-3 所示。

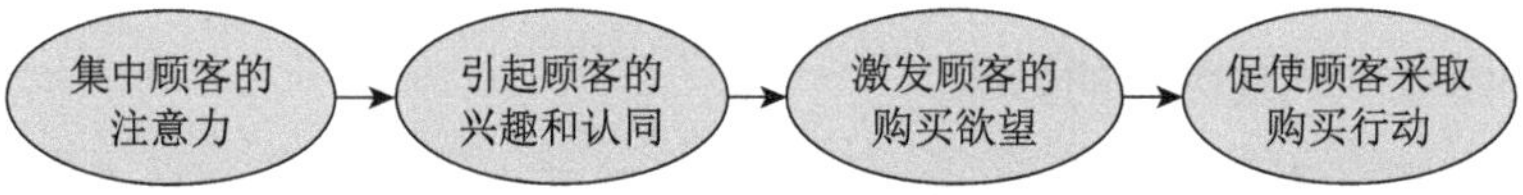

图 4-2　传统购买者行为的 AIDA 模型

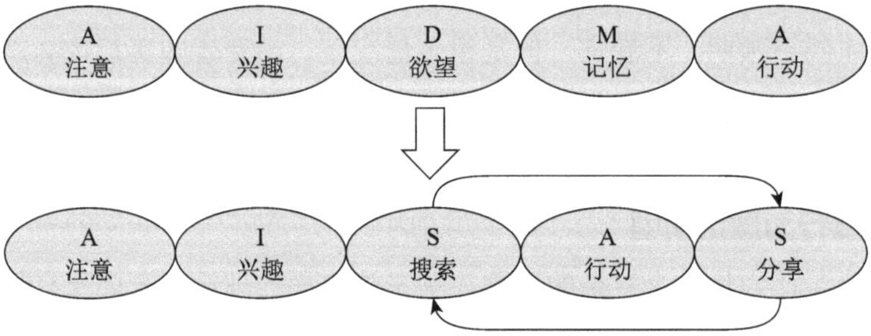

图 4-3　互联网时代购买者行为的 AISAS 模型

互联网时代品牌的影响力通过网络具有极大的扩散效应，AISAS 模型的作用尤为明显。消费者购买行为可以用两个指标来衡量，即购买行动率（Purchase Action Ratio，简称 PAR）和品牌推荐率（Brand Advocacy Ratio，简称 BAR）。购买行动率反映了市场上消费者对某一产品或服务从了解到行动的比率，或者说对某品牌从了解到行动的比率，反映了顾客的品牌认知度；品牌推荐率则反映了顾客对某品牌的忠诚度。关于特定品牌的购买行动率和品牌推荐率的计算公式分别如下：

购买行动率（PAR）= 购买人数 / 自发想起品牌的人数

例如，市场中有 100 人，有 90 人能自发想起 A 品牌，而其中只有 18 人会购买，则购买行动率 PAR=18/90=0.2。

品牌推荐率（BAR）= 主动推荐人数 / 自发想起品牌的人数

例如，市场中有 100 人，有 90 人能自发想起 A 品牌，其中只有 9 人会推荐给他人，则品牌推荐率 BAR=9/90=0.1。

小案例

乔布斯创立苹果公司以后，在新产品上市时经常采用发布会形式。新品发布会召开之时，订单往往会纷至沓来。改革开放后，尤其是 20 世纪 90 年代中期以后，国内有很多公司在新品上市时也采用新产品发布会形式，但效果却不同。某市曾有一家公司召开了一次高规格的新品发布会，邀请了政界、媒体、学界、业界等众多代表参会，有一个代表询问主办方："我们的新品是什么？"主办方的答复是："暂时保密。"新品发布会后，大家对主办方推出的神秘新品产生极大的兴趣，纷纷打探各种消息。然而，预期中的订单却没有多少。

第三节　组织购买者行为分析

一、影响组织购买者行为的因素和组织购买决策过程

（一）影响组织购买者行为的因素

影响组织购买者行为的因素主要包括四个层面。

1. 环境层面

组织购买者的购买行为主要受到经济发展、市场供应条件、技术变化、政治与管制、竞争发展、文化与习俗等环境因素影响。环境层面的因素决定了组织市场购买的方向和规模。

2. 组织层面

组织自身的特征也会影响其购买行为。组织层面的影响因素主要包括组织的目标、政策、流程、结构以及制度等。例如组织本身倾向环保目标，坚决执行环保政策，组织购买者的购买行为也会青睐绿色环保产品，乐于执行国家的环保法律和政策，更愿意按照环保流程来进行购买决策等。

3. 人际关系层面

组织是“社会人”，处于特定的商业生态圈中；组织的购买行为会受到“社会人”如战略合作伙伴之间的人际关系影响。社会经济生活中的所有组织，都是构成大生态圈的成员，每个组织是产业链必不可少的环节，相互之间都有紧密的业务关系。因此，不管是出于成本、风险方面的考虑，还是情感方面的考虑，组织购买者往往会选择与自己存在良好人际关系的交易对象。此外，组织购买决策过程的参与者包括使用者、影响者、采购者、决定者、信息控制者等，这些参与者之间的关系也会影响组织购买决策和购买行为。

4. 个人层面

个人层面的影响主要指组织购买决策的各个参与者的情况，年龄、教育背景、个性等都会影响组织购买决策和行为。尽管购买者是组织，但是最终做出购买决策、执行购买过程的仍然是一个个独立的“人”，并非缺乏人情味、如计算机似的购买行为。因此，个人层面的影响不容忽视。

（二）组织购买者行为模型

组织购买者行为模型类似于消费者购买行为的刺激—反应模型。组织购买者在执行采购计划时，会受到经济、技术等环境影响，以及产品、价格等营销因素的刺激。组织购买者行为模型如图 4-4 所示。

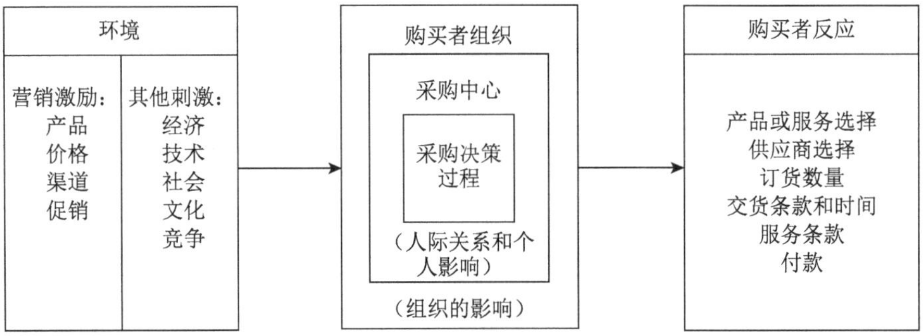

图 4-4　组织购买者行为模型

（资料来源：根据有关资料整理）

二、三种组织市场的购买行为分析

产业、中间商、政府等三种组织市场在购买行为过程有不同的内容。

（一）产业购买者

1. 产业购买者的概念

产业市场又叫生产者市场或业务市场，是由购买产品或服务并将其用于生产其他产品或服务，以供给他人的个人或组织组成的市场。产业购买者多数属于企业组织，主要购买产业用品，其购买行为类型有全新采购、修正重购、直接重购。

影响产业购买者决策的主要因素包括环境因素、组织因素、人际因素、个人因素。环境因素指企业的外部环境，包括经济前景、市场需求、技术发展、市场竞争、政治法律等。例如，经济前景看好，市场需求会增长，产业购买者可能会加大投资，从而增加对原料、原材料的采购。组织目标、政策、程序、结构、体制等自身因素会影响组织购买者行为。参与组织购买决策的成员之间的关系，以及各个参与者的个人情况等，也会影响组织购买者行为。

2. 产业购买者的决策过程

在直接重购这种最简单的行为类型下，产业购买者购买过程的阶段最少；在修正重购情况下，购买过程的阶段多一些；在全新采购这种最复杂的情况下，购买过程的阶段最多。

随着互联网的发展普及，B2B（Business-to-Business，企业对企业）电子商务成为组织购买的重要形式，它是指两个或两个以上的公司或组织之间利用互联网进行贸易的过程，包括信息、产品、服务的交换。互联网改变了公司之间的沟通方式，也改变了这些公司与员工共享信息的方式。大约有一半的 B2B 电子商务交易在许多供应商和采购商的互动过程中采用拍卖、投标和交换的方式。这就为合作的有关各方在产品开发、生产计划以及补充库存等方面协同工作提供了便利。

（二）中间商购买行为

中间商市场是指由购买产品或服务并将其转卖或出租给他人以获利为目的的个人或组织组成的市场。中间商市场主要提供时间效用、地点效用、占有效应等。中间商购买行为类型包括购买全新品种、选择最佳买主、寻求最佳条件。

中间商的主要购买决策包括：一是配货决策，决定预备经营的花色品种，即决定中间商的产品组合。配货决策方案包括独家配货、专深配货、广泛配货以及杂乱配货。二是供应商组合决策，即决定拟与之从事交换活动的各有关供应商。三是供货条件决策，决定具体采购时所要求的价格、交货期、相关服务及其他交易条件等。

（三）政府购买行为

1. 政府采购的基本概念与原则

政府采购涉及采购人、政府采购机构、招标代理机构、供应人等参与者或参与机构。

采购人是指使用财政性资金采购物资或者服务的国家机关、事业单位或者其他社会组织。政府采购机构是指政府设立的负责本级财政性资金的集中采购和招标组织工作的专门机构。招标代理机构是指依法取得招标代理资格，从事招标代理业务的社会中介组织。供应人是指与采购人可能或者已经签订采购合同的供应商或者承包商。

政府采购遵循的基本原则是：公开、公正、公平和效益原则；计划原则；勤俭节约原则。

2. 政府采购的方式

政府采购主要有招标和竞争性谈判两种方式。招标作为常用的政府采购方式，包括公开招标和邀请招标。公开招标是按照采购主管部门规定的方式向社会发布招标公告，并有至少三家符合投标资格的供应人参加投标。邀请招标是指，应当向三家以上的供应人发出投标邀请书，并至少有三家供应人参加投标。

本章小结

本章首先介绍了消费者市场与组织市场；然后分析了影响消费者购买行为的五大要素、消费者购买决策行为类型，以及消费者购买决策过程五阶段模型；最后分析了影响组织购买者行为的因素和购买决策过程，分别介绍了产业、中间商、政府等三种组织市场的购买行为。

思考题

1. 回忆自己的最近一次购买，分析影响你的购买行为的主要因素是什么，购买决策过程包括哪些阶段。

2. 分别选择一家消费者市场的企业和组织市场的企业，对比分析影响其购买行为的因素有什么不同，购买决策过程有什么差异性。

第五章　营销调研与方法

学习目标

1. 掌握营销调研的定义，了解营销调研目的和作用
2. 了解营销调研的类型，以及营销调研流程
3. 了解营销调研问题和管理问题的区别，掌握界定营销调研问题的主要步骤
4. 理解和掌握营销调研的定义和主要方法

开篇案例

直播助农——乡村振兴的电商新模式

直播助农新模式是乡村发展的主体行动者，通过网络/电视直播平台、软件推销和销售农副产品的形式，最终达到帮助农村脱贫和完成产业升级的目标。目前的直播平台，既有传统电商平台开辟的直播功能，如京东直播、淘宝直播、拼多多直播等，也有娱乐社交平台、功能软件平台开辟的直播购物功能，如抖音、快手、斗鱼等。助农直播用户购买农副产品的原因如图5-1所示。

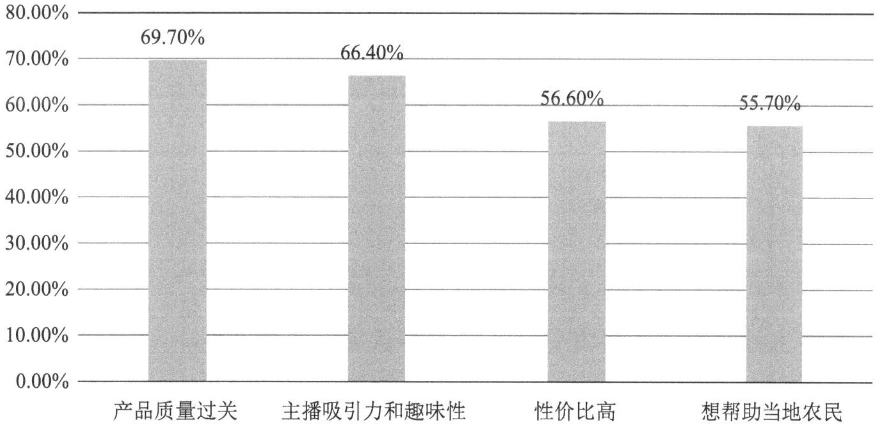

图5-1　2021年中国助农直播用户购买农副产品的原因

直播助农有如下特征：①手机平台、媒体平台迅速普及，立体丰富、互动参与感强的直播可以建立更广泛的人际交往关系并完成社交活动，使同步带货成为可能；②乡村空间通过直播和短视频的方式进入社交领域，农村风貌、农民生活、乡村空间等进入一种社会化、关系化、结构化的信息状态中；③直播助农模式不仅提供了一种产品快速销售渠道，使农户手中的农产品实现迅速转销，加速从产品到价值的转换，还满足了消费者对农副产品原生态化概念的需求。农副产品的效用和价值在直播助农这种新模式中产生的全新价值实现方式，使农副产品的生产者、购买者与消费者都能够从中获益。中国直播电商市场规模快速发展，根据艾媒咨询数据预测，2025 年市场规模将比 2021 年增长近 78%（见图 5-2）。

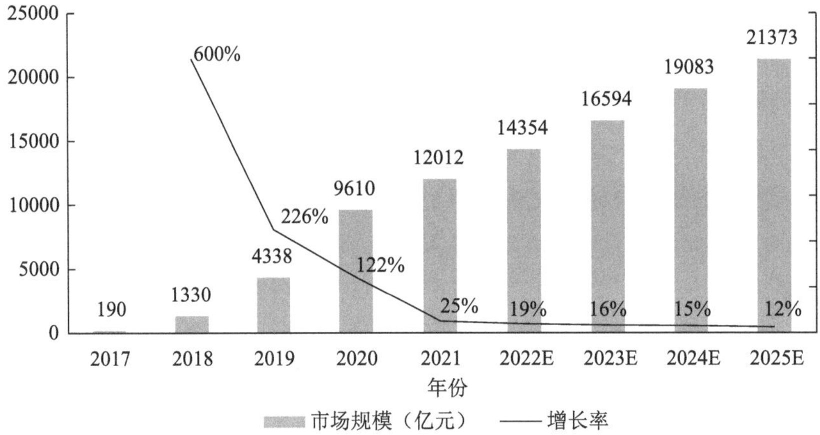

图 5-2　2017—2025 年中国直播电商市场规模预测

“直播 / 短视频 + 扶贫销售”的助农新模式，得到了整个社会的广泛认可。2018 年仅通过快手这一 APP 平台销售商品的用户中，就有 115 万人来自贫困县，全年销售额高达 193 亿元。农业农村部科技教育司于 2022 年 10 月 23 日印发《2022—2023 年国家乡村振兴重点帮扶县“农村青年主播”培育工作方案》，该方案聚焦农村电商短视频和直播领域，突出对“农村青年主播”的技能培养、实践转化，旨在推广直播助农、带动农民增收致富。如今，直播电商使数字农业、数字乡村建设有了落地的手段，也成为乡村振兴的重要方式。

案例问题：

1. 哪些产品更适合采用直播电商的销售形式？
2. 哪类主播更容易获得消费者的喜爱和认可？为什么？

第一节　营销调研概述

进行营销调研是营销人员的重要工作，营销人员通过营销调研识别重要的市场变化，寻求将环境机会变为企业市场机会。营销人员之所以能够识别市场变化的优势，主要在于采用严谨、专业的信息收集方法，拥有更多与顾客互动的机会，并能直接观察外部市场变化。企业应该面向市场、面向营销经理和营销人员持续发布市场信息。营销信息系统（Marketing Information System，简称 MIS）由人员、设备和程序构成，为营销决策者收集、分析、分类、评估和发布所需要的准确信息（见图 5-3）。企业 MIS 的数据来源于公司内部记录、营销情报活动和市场调研数据。

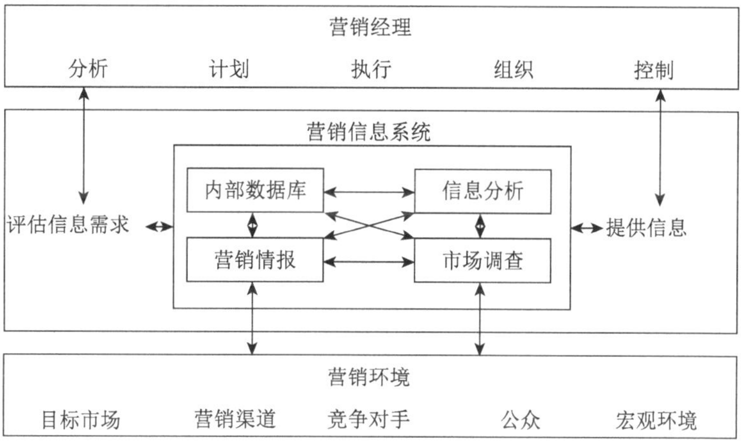

图 5-3　营销信息系统

（资料来源：菲利普·科特勒，加里·阿姆斯特朗. 市场营销原理 [M]. 赵平，王霞，等译. 北京：清华大学出版社，2003：123）

小案例

1925 年 10 月《生活》周刊在上海创刊。1926 年邹韬奋任主编后，开辟“读者信箱”“小言论”等专栏，建立了详细的读者卡，记录读者姓名、地址、通信往来等信息，使周刊的内容有很强的针对性，发行量上升很快。最初发行量为 2000 份，很快上升为 80000 份，1932 年为 155000 份，打破了当时期刊发行的最高纪录。而在今天，企业会借助计算机软件系统来建立和管理顾客信息，形成一套面向市场的营销信息系统。

在竞争环境中，企业建立营销信息系统，除了广泛收集和储存顾客和常规市场信息之外，还要及时获取营销情报。营销情报是在市场环境中潜藏的富有价值的特殊信息，它能帮助企业正确决策。营销情报收集能力提升方法如表 5-1 所示。

表 5-1 营销情报收集能力提升方法

行为方法	示例
训练和激励销售人员发现并报告市场最新动向	销售代表观察顾客对产品的使用情况
激励分销商、零售商和其他中间商提供重要情报	中间商离顾客最近，能够观察顾客在特定时期使用不同的产品
雇佣外部专家收集情报	雇佣神秘顾客来发现质量、服务和设施问题
利用内部和外部网络	购买竞争者产品，参与开发日和展销会活动，阅读竞争者发布的报告，收集竞争者广告
建立顾客咨询小组	邀请公司最大的、最直言不讳的、最富有经验的或者最有代表性的顾客来提供反馈信息
利用政府数据资源	例如政府统计部门、商务部门发布的年报
从外部研究机构和供应商购买信息	从知名咨询公司购买数据
收集互联网上的营销情报	通过网上论坛、分销商网站、顾客投诉网站、博客、社交媒体收集顾客对于竞争产品或服务的意见

一、营销调研的概念

企业的营销调研是在特定市场、特定时间段进行的市场信息采集、传递与分析、整理的过程，这属于常规的营销调研。企业在进入新市场或面临某一问题时也需要进行营销调研，这属于特殊的营销调研。营销调研是企业做出科学的营销决策的基本前提，是企业有效开展市场营销活动的重要基础。

（一）营销调研的含义

关于营销调研，不同的机构和学者从不同角度做出了不同的理论解释。

欧洲市场研究会（European Society for Opinion and Marketing Research，简称ESOMAR）关于营销调研的定义：营销调研，包括对社会和舆论观点的调查研究，是采用统计和分析方法针对个人或组织信息的系统收集及解释，并运用科学的技术来获得市场洞察力以及支持决策。

美国市场营销学会关于营销调研的定义：营销调研发挥通过信息将消费者、顾客、公众与营销人员联系起来的功能，用信息来识别和定义营销机遇及问题，设计、完善和评估营销行动。监控营销绩效，以提高对市场营销理解的过程。市场调研指定了解决这些问题所需的信息发布、设计信息收集方法、管理和实现数据收集过程、分析结果并沟通调研结论及其影响。

关于营销调研的其他定义：营销调研是与营销决策、数据分析结果、管理沟通有关的数据计划、收集和分析过程（McDaniel, Carl & Gates, Roger，2013）。

营销调研是系统、客观地鉴定、收集、分析、传播和利用信息，为改进有关信息识别和解决营销问题的决策（Malhotra，2013）。

综合上述定义，营销调研的含义可以概括为：营销调研是面向市场、通过不同的方法收集、传递、整理与分析市场信息，并服务于营销决策的工作与活动。

理解营销调研需要注意三点：一是从事营销调研的主体。尽管从理论上说，营销调研主体也包括“个人”，但在实际经济生活中，主要是“组织”且主要是企业组织，通过调研为企业制定营销策略服务。二是营销调研的对象。虽然营销调研对象包括市场运行的各种状况、各种问题以及影响市场运行状况的各种因素，但营销调研的重点应该是市场需求及其影响因素、消费者需求及其影响因素。三是营销调研工作。营销调研是一个收集、记录、整理、分析和研究市场信息，并得出调研结论的系统过程。营销调研的系统过程包括：企业需求—制订调研计划—制订调研方案—调研过程控制—得出调研结论—调研报告反馈给企业，并为企业制定营销策略服务。

营销调研过程中，必须采用科学的方法，只有全面、客观、真实、准确地反映市场信息，才能有效地服务于企业营销决策。

（二）营销调研类型

从性质上看，营销调研可分为以下四种类型。

1. 探索性调研

探索性调研是一种查找问题、发现问题、使问题更加明确的营销调研方式。这种调研方式可以把一个模糊不清的大问题，分成多个明确的、准确的小问题，并识别出需要进一步分析和研究的深层次问题。探索性调研具有灵活性的特点，适合于调查那些不太清楚、不太明确的现象和问题。例如，某公司在前一季度的市场份额、市场占有率下降，公司不清楚是什么原因导致的，对此就可以采用探索性调研的方法，去查找、发现、明确出现问题的原因。

2. 描述性调研

描述性调研是对市场现象、营销现象、顾客消费现象等进行事实性、经验性描述的调研方式。比如，它可以描述谁是消费者，消费者群体在什么时候、什么场合、什么地点表现出什么消费需要、什么消费行为和消费态度等。描述性调研反映的事实，可以为企业营销策略制定和调整提供启发。比如，某商店了解到本店60%左右的顾客是20岁到55岁的女士，并且经常带着家人、朋友来购物。这个事实性描述可以启发该商店重点针对女性消费者开展促销。

3. 因果性调研

因果性调研是对市场过程、市场现象中的因果关系进行调研的方式。它调研的是什么因素导致一种市场现象产生，这种现象又会带来什么结果，或者调研市场上一个因素的变化是否可能引起另一个因素的改变等。比如，当前市场上的猪肉价格非常高，从过去的几块钱一斤涨到目前的20多块钱一斤，这种高价格是什么原因造成的，猪肉的高价格对食品行业、对社会居民的日常生活带来什么影响；进一步地，猪肉价格大幅上涨了，是否可能导致各行各业给员工涨工资；如果各行各业员工工资提高了，是否可能导致市场物价水平普遍上升等。因果性调研有助于人们去认识和把握市场运行、市场变化的规律。

4. 预测性调研

预测性调研是针对企业未来的营销战略、营销策略选择而开展的市场调研活动。预测性调研包括宏观市场预测调研与微观市场预测调研两个层面。宏观市场预测调研是从总体上对市场运行状态、市场供求关系等进行预测调研，比如对未来的市场容量、市场规模、市场潜力、居民购买力、生产供应能力、经济增长率等进行预测调研。微观市场预测调研是对企业产品的市场需求、市场需求潜力、市场需求变化、产品价格变化、市场需求发展趋势等进行的预测调研。宏观市场预测调研与微观市场预测调研是相互联系、相互影响的，但预测性调研应该以微观市场预测调研为重点。

（三）营销调研的内容

1. 市场营销环境调研

（1）政策法令的变化。调研内容主要包括：与企业经营活动和市场活动有关的政策法规变化；有关政策法规的相关条文规定；企业应该如何遵守有关的政策法规等。

（2）经济和科技的发展。调研内容主要包括：经济周期性、政府经济政策、基础设施状况、市场供求状况、市场价格走势等；科技发展的最新趋势、科技发展的最新成果，以及可能出现的最新成果和科技创新成果的应用领域，企业应该如何应对和采用科技发展的最新成果等。

（3）人口状况调查。调研内容主要包括：区域性人口的年龄结构、性别结构、文化结构、从业结构、收入结构、人口结构的分布状态、人口结构的变化趋势等。

（4）社会时尚的变化。调研内容主要包括：社会居民的价值观念、消费观念、消费习惯、消费偏好等发生的新变化，以及这些新变化对消费行为、购买行为选择产生的影响等。

（5）竞争状况调查。调研内容主要包括：市场竞争的格局、市场竞争的手段与方式、市场竞争的策略、市场竞争的激烈程度、市场竞争的趋势等。

2. 市场需求调研

（1）市场需求总量及其构成。调研内容主要包括：市场需求容量、市场需求规模、市场需求结构、市场需求及其结构的变化趋势等。

（2）细分市场及目标市场的需求。调研内容主要包括：细分市场与目标市场的需求总量、需求特性、需求变化的趋势等。

（3）市场份额及其变化。调研内容主要包括：本行业的市场规模发生了哪些变化？本企业的市场份额、市场占有率有什么变化？影响市场份额、市场占有率发生变化的因素是什么？等等。

3. 产品状况调研

（1）产品本身调研。主要调研产品性能与产品质量的稳定性、顾客对产品性能与产品质量的认知与评价、产品组合与市场需求结构的对接程度、新产品开发的趋势等。

（2）产品形象调研。主要调研产品在市场上的知名度与美誉度、产品品牌建设状况与产品品牌传播状况等。

（3）产品服务调研。主要调研产品服务的渠道、产品服务的方式、产品服务的成本、产品服务的质量、产品服务的顾客满意度等。

4. 产品价格调研

（1）产品成本及比价。主要调研产品成本的构成、产品成本的高低、产品成本的控制、产品成本与产品价格的比例关系等。

（2）价格与供求关系。主要调研产品定价的合理性、产品价格是否反映供求关系、供求关系变化对产品价格的影响等。

（3）定价效果。主要调研产品定价对市场需求、产品销售、市场份额、市场占有率的影响等。

5. 营销渠道调研

（1）现有营销渠道调研。主要调研现有营销渠道选择的合理性、现有营销渠道的类型与层次、现有营销渠道的组合效应等。

（2）经销单位调研。主要调研总经销、总代理等中间商，以及配送商与零售商的分布和运营效率等。

（3）营销渠道调整的可行性调研。主要调研营销渠道调整的目标与方向、营销渠道调整的条件、影响营销渠道调整的因素等。

6. 广告及促销状况调研

（1）广告及促销客体调研。主要调研销售的有形产品和无形产品的质量与价格，以及广告在促销有形和无形产品中所发挥的功能。

（2）广告及促销主体调研。主要调研厂商、经销商、零售商的促销行为、促销能力，以及促销主体运用广告进行促销的状况。

（3）广告及促销媒体调研。主要调研广告与其他促销媒体的选择、广告的类型、各种促销媒体的组合及其效应。

（4）广告及促销受众调研。主要调研广告对促销受众的影响力、各种促销方式和促销手段对促销受众的感召力。

（5）广告及促销效果调研。主要调研广告及各种促销方式、促销手段的促销效果。

7. 企业形象调研

（1）企业理念调研。主要调研企业价值观、企业宗旨、企业经营理念及其语言文字表达的科学合理性。

（2）企业行为调研。主要调研企业经营行为、管理行为、员工行为的规范性。

（3）企业视觉系统调研。主要调研企业标识、企业口号、企业主题广告语、企业色以及各种应用场景的规范性。

二、营销调研的作用

（一）营销调研是实现企业经营目标的重要环节

从企业自身来说，企业的经营目标应该是生产高质量的产品，将产品实现为价值，增加销售收入和企业利润。达成这一目标的基础和前提就是开展营销调研，及时了解和把握市场需求信息，根据市场需求信息开展生产经营活动，以市场需求量、销售量来决定企业产量，也就是“以销定产”。消费者需求、市场需求是不断变化的，营销调研应该不断地去跟踪市场和消费者需求的变化。彼得·德鲁克认为，企业的目标是创造顾客。“创造顾客”就是通过营销调研，不断跟踪顾客需求的最新变化，超前性地发现潜在顾客需求，以超前的产品开发和营销，去创造顾客的消费需求。

（二）营销调研是企业正确决策或修正策略的基础

只有在开展营销调研、充分掌握市场信息的基础上，企业才能做出关于目标市场定位、市场销量、产品价格、营销渠道、营销策略等问题的正确决策。市场需求、市场状况是不断变化的，因此，企业应该及时地对市场变化进行跟踪调研，并适时地对上述问题决策进行调整和修正。

（三）营销调研是企业技术创新的前提

企业不断发展的根本动力是创新，通过技术创新推动新产品的开发，以实现企业的可持续发展。而企业的技术创新、新产品的开发不是盲目的。技术创新的方向是什么？新产品开发的目标是什么？这些问题都有赖于营销调研，通过营销调研去发现市场机会、发现消费者需求的最新动向，以此为前提进行技术创新和新产品开发。

（四）营销调研能促使企业提高经营管理水平

彼得·德鲁克认为市场调查的目的在于使推销成为多余。这句话的意思是说，充分的市场调查或营销调研，能够准确把握市场需求，使企业瞄准市场需求提供“适销对路”的产品，顺利地把产品实现为价值，达到这一目标，推销就成为多余。另一方面，通过营销调研，特别是通过对消费者需求的调研能够发现本企业产品存在的问题和不足，找到本企业产品的市场竞争力存在的问题。由此推动企业苦练内功、不断提高经营管理水平。企业各个方面的经营管理，最终都是围绕着生产高质量的产品展开的，而高质量产品的生产以及围绕产品生产进行的经营管理，要以市场需求为目标、以顾客需求为中心，这需要开展营销调研，反过来说，营销调研能够促使企业提高产品生产质量和经营管理水平。

三、营销调研的流程

营销调研有其自身的一般要求和一般规律，开展营销调研工作需要遵循一些基本的程序，这些程序构成营销调研的流程。营销调研的流程包括如下主要环节。

第一，界定问题和调研目的。明确调研的问题和目的是做好营销调研的首要前提，它要回答为什么要进行调研，调研要了解什么问题，了解问题后有什么用处，了解问题应该收集哪些方面的信息资料等。确定调研问题和目的，对于营销调研来说就是发现问题、提出问题。

第二，制订调研方案。制订调研方案是保证营销调研取得成功的关键性步骤，在开展营销调研之前，必须设计和编制详细、周密的调研方案。调研方案的设计包括总体方案的设计和具体调查指标的设计。设计出调研方案后，需要对方案进行可行性论证和评价，经过充分的研究、论证、比较和评价，确定科学合理、切实可行的调研方案。设计调研方案包括确定调查进度、数据来源、调研方法、调研工具、抽样计划和接触方法等。

第三，调研方法的选择。调研方法主要是指收集资料和信息的方法，包括观察法、焦点小组访谈法、问卷调查法、行为数据分析法、实验法等。同一个调研项目可以采用不同的调研方法，同一个调研方法可以应用到不同的调研项目中。选择科学合理的调研方式与方法，对于保证调研结论的真实可靠性十分重要。

第四，抽样程序的选择。抽样调查是从调查对象的总体中，按照随机原则抽取一部分单位作为样本进行调查，并根据样本调查的结果推断总体情况的调查方法。这里需要注意的是样本抽取的随机原则，随机原则即同等可能性原则，在抽取样本时，总体中的每一个单位都有同等被抽中的可能性。只有遵循随机原则，抽样调查的结果才具有普遍意义。抽样程序的选择，包括对抽样对象、样本容量（调查数量）和抽样过程的选择。

第五，收集数据。收集数据是营销调研的基本工作，营销调研的质量和水平主要体现为调研数据的完整性、真实性、可靠性与准确性。要保证调研数据的高质量，就必须对市场调研过程进行质量控制。质量控制是对调研过程的每一个阶段、每一个环节建立起质量标准，并通过管理制度加以落实。

第六，分析数据。数据分析就是运用统计分析、模型分析等方法，对调查数据进行统计和分析，按照调研目的、调研方案的目标要求，找到数据之间的关联，分析数据的结构与比例等，为进一步撰写调研报告提供系统、准确的数据信息。

第七，撰写与展示调研报告。调研报告是调查研究成果的集中体现，是营销调研工作最重要的总结。一项规范的营销调研，都要求撰写调研报告，并尽可能使调研报告在企业决策中发挥参考作用。市场调研报告，一般由引言、正文、结论、附件四个部分构成，其基本内容包括开展调研的目的、被调研对象的基本情况、调查问题的事实材料、调查分析过程说明、调查结论和建议等。

第八，跟踪和反馈。该项工作主要包括两个方面：一是跟踪和反馈营销调研所采用的技术路线和调查方法是否科学合理，进一步对营销调研反映的信息数据的可靠性进行评价；二是跟踪和反馈市场调研报告得出的结论、提出的建议是否有价值，调查结论和建议是否被企业重视、是否被企业采纳和被采纳的程度，以及采纳后的预期成效等。营销调研流程如图 5-4 所示。

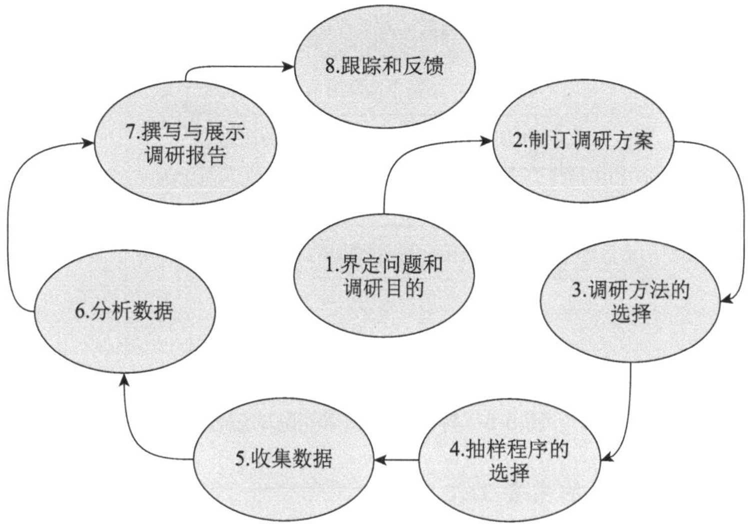

图 5-4 营销调研流程

四、界定调研问题

（一）界定调研问题的重要性

营销调研始于问题的识别与界定。任何一项营销调研，首先需要明确调查问题和目的，即调查工作要解决什么问题、解决到什么程度等。比如，海尔集团在关于“智能家电”的市场调查方案中，首先明确市场调查的目的是了解顾客对于智能家电在价格上的接受程度问题。只有明确了调查问题和目的，才能确定调查对象、调查单位和调查方式，也只有准确界定了调研的问题，才能保证调研工作的针对性与有效性。

（二）界定调研问题的过程

（1）理解问题的产生背景或环境，如宏观经济环境、科技创新环境、市场竞争环境、行业发展环境、行业竞争环境、企业目标市场等。

（2）采用问题或机会标志来进行问题分类，并确定管理决策问题。

（3）将管理决策问题转化为调研问题。

（4）将调研问题分解为不同的组成部分，并阐明调研目标。一个调研问题应该包括三至四个调研目的。

界定营销调研问题的过程如图 5-5 所示。

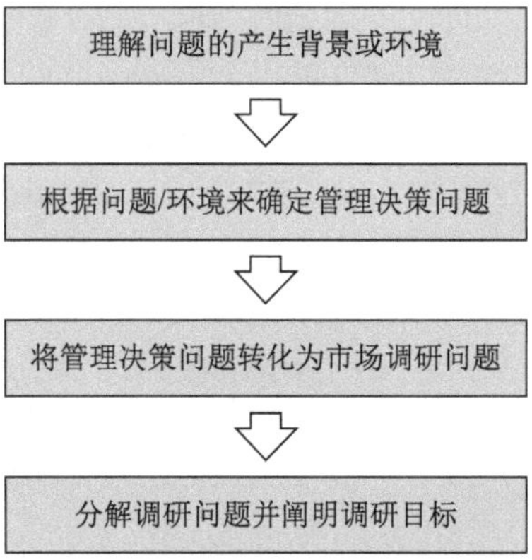

图 5-5 界定营销调研问题的过程

（三）界定调研问题的主要工作

理解问题的产生背景或环境，进行探索性研究，与决策者进行讨论，与行业专家访谈，进行二手数据分析，针对目标市场进行定性调查。

区分管理决策问题与调研问题。管理决策问题包括决策者应该做什么、决策的行动导向、决策聚焦于问题和机会的特点；营销调研问题包括决策者需要什么信息、如何获得信息、信息的服务导向、调研聚焦于产生问题的原因。

五、二手调研

二手调研也称为间接调研，是通过某些中介对调查对象开展的调研。比如，通过网上的各种信息，对本企业产品的市场需求状况、市场需求变化趋势等进行调查和分析。相比之下，一手调研能够获得全面的、准确的、真实的“第一手”信息和数据；而二手调研获得的“第二手”信息和资料，对企业决策只能起到辅助性、参考性作用。

二手调研的方法是指调研者通过收集和查阅有关文献资料，从中选取现成的信息和数据进行整理，通过归纳或演绎分析，从而进行市场调查的方法。在二手调研中，可以收集和查阅包括图书、期刊、报纸、网络信息、科研报告、会议文件、情况简报、经济年鉴、统计年鉴、学术论文、专利文献、电子图书、音像制品、公司内部资料等文献资料。这种营销调研不需要“出门入户”，在办公室就可以进行，因此也称为室内研究法。

二手调研的作用是通过查阅和分析文献资料，打破对市场调研的时间和空间的限制，为企业决策提供历史和现实的大跨度的信息。这种大跨度的文献信息，也能够为实地调查的信息和资料起到补充和论证作用。

二手调研的优势包括：一是适应面广，不论什么类型的市场调查，一般性市场调查或专业性市场调查、国内市场调查或国际市场调查等，都可以采用这种调查方法；二是受控因素较少，可以节省实地调查的时间和费用。

二手调研存在局限性。由于通过文献资料收集信息，二手调研提供的信息通常缺乏现实针对性和时效性。二手调研永远赶不上市场的动态变化，文献资料无法满足企业决策对信息的全面需求。

二手数据的类型如图 5-6 所示。

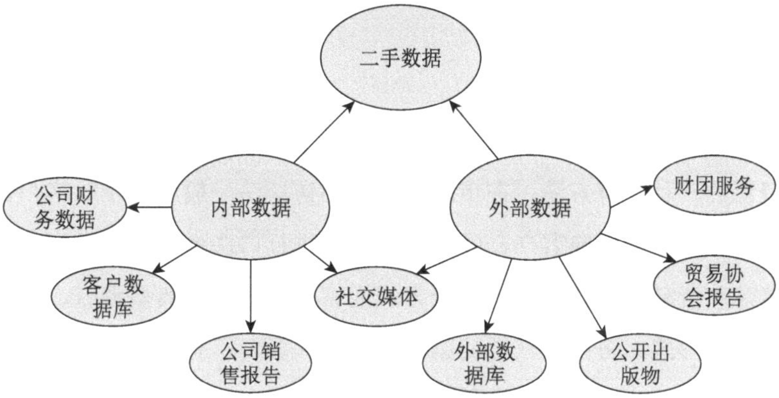

图 5-6　二手数据的类型

第二节　营销调研的方法

一、定性调研

（一）定性调研的概念

定性调研是指根据市场现象或问题的属性，对市场现象变化发展的性质和趋势进行调研的方法。比如，调研市场发展前景好坏、产品开发方向正确性、企业采取的价格策略合理性等都属于定性调研。定性调研适合于调查那些模糊的、无法计量的市场现象。比如，调研市场需求变化趋势、顾客消费个性特征、产业发展方向、市场竞争格局、产品价格走势、技术开发前景等，都适合于采用定性调研的方法。进行定性调研，要依据相关理论与方法，直接抓住市场现象或问题的主要特征与本质。定性调研一般贯彻逻辑推理与演绎的方法，得出的结论往往具有理论概括性的特点。

（二）定性调研的原因

一是在市场调研中，定性调研有助于了解和把握无法量化的消费者体验、消费者态度与消费动机；二是定性调研提供了对市场现象或问题的本质洞察与性质描述，为进一步的定量研究奠定了理论基础；三是定性调研与其他调研方法的混合运用，可以用来验证定量研究的结果；四是定性调研有助于揭示市场现象变化发展的规律和趋势。

定性调研方法的使用规则：①定性调研方法可以单独使用，也可以与其他方法结合使用；②在开展定性调研时，需要明确并精确定义调研的问题是什么；③在开展定性调研时，如果没有相关文献支持，可以提出关于研究主题的理论假设；④在开展定性调研时，应该注意意料之外的结果。

（三）定性调研的主要方法

1. 访谈法

访谈法是由调查者向被调查者提出问题，通过被调查者回答问题等形式来收集市场信息和资料的一种调研方法。在市场调研中，访谈法一般应用于对客户、顾客、消费者的调查中，它直接面向客户、顾客、消费者进行口头询问、问卷询问，能够获得第一手的信息和资料。就访谈法的调查方式而言，它包含了典型调查、个别调查、抽样调查等内容和形式。访谈法获得的第一手信息和资料，有助于企业制定和合理调整经营策略和市场策略。访谈法有多种多样的具体形式，这里主要介绍深度访谈、焦点小组访谈。

（1）深度访谈。深度访谈是由调查者与被调查者通过面对面交谈，询问被调查者关于特定问题的潜在动机、想法、态度和感受的一种访谈形式。深度访谈可以一对一，例如调查者针对一个顾客进行个人访谈，也可以一对多，例如调查者召开客户座谈会，调查者面对客户群体进行集体访谈。不论是个别询问还是群体访谈，都要求被调查者具有一定的代表性和典型性。深度访谈是调查者与被调查者的交流互动过程，它要求调查者必须掌握面谈互动的技巧，注意提出问题的角度、面谈交流的方式和方法，使被调查者自然而然地进入交流互动的状态，轻松愉快的交流互动过程，能够使询问调查的问题不断得到深化。深度访谈的一般技巧是：面谈一开始先不直奔主题，而是交流一些一般性的对方感兴趣的话题，而后交谈与询问主题有关的外围方面的问题，再进一步注意到哪一个外围话题与询问主题有关，一步一步地接近访谈主题。

深度访谈要达到预期效果，前提是调查者在询问调查一开始就去接近被访问者。接近被访问者的方法包括：一是自然接近，通过共同参与某项活动，如展销会、店庆、会员会、年会等，自然而然地接近被访问者。二是正面接近，即开门见山直接介绍自己，并说明访问的目的和内容等，以便节省时间、提高效率。正面接近，需判断询问的问题是不是被访问者关心的、感兴趣的。三是求同接近，即调查者主动寻找与被访问者的共同之处，例如同住一个小区、同一个学校毕业、同一个行业、同一个系统等，由此接近被访问者较为方便。四是友好接近，即调查者以友好的态度去关心、帮助被访问者，由此加以接近。比如在公共场合，搀扶一下行动不便的人，边搀扶边交流。深度访谈直接面对被访问者，能够获得真实的、时效性较强的信息。

（2）焦点小组访谈。焦点小组访谈，一般由一个经过训练的调查者主持，采用预先设定部分访谈问题的方式，与一组具有代表性的消费者或客户交谈，从而获得对有关问题的深入了解。焦点小组访谈的主要目的是听取被调查者对调研问题的看法，调查者可以从自由讨论中得到意想不到的发现。

焦点小组访谈的主要作用：一是深入探索知之不多的调研问题，进一步了解市场营销过程中潜在的问题，收集访谈参加者对特定现象或问题的看法和态度，形成研究假设；二是为大规模的定量调查提供补充。通过焦点小组访谈，可以在定量调查之后进一步收集信息，有助于更全面地解释定量调研的结果。

组织焦点小组访谈，需要做好以下几个方面的工作：一是做好小组访谈前的准备工作，例如确定访谈主题、确定访谈主持人、选择参加人员、选好访谈的场所和时间等；二是有效组织和控制访谈的全过程，重点是把握好访谈的主题、做好被访谈者之间的协调工作等；三是做好访谈后的有关工作，重点是及时整理和分析访谈记录。

焦点小组访谈的优点是：可以激发不同观点的碰撞、能够取得富有创造性的访谈结果；访谈成本低、效率高；调查者可以在群组讨论中获得启发等。焦点小组访谈的缺点是：参与者往往不愿意充分展示自己；不宜对敏感问题进行访谈；对主持人的要求较高，主持人的素质影响访谈质量，访谈容易产生判断偏差等。

2. 观察法

观察法是调查者有目的、有计划地凭借自己的感官并运用有关记录工具，深入调查现场，在被调查者未觉察的情况下，直接观察和记录被调查者行为，以收集市场信息的一种调研方法。

观察法具有以下几个方面的特点：①观察调查是有目的、有计划的调查行为。观察调查从表面看比较灵活，但它服从于调查方案的总要求和总目标，是一种有目的、有计划、自觉的调查行为。②观察活动具有系统性和全面性。在调查目的、调查计划的指引下，调查者在进行现场观察之前，要设计出具体的观察方案，对调查对象进行连续的、多角度和多层面的现场观察，避免随意性和表面化，体现观察活动的系统性和全面性。③观察调查是调查者凭借自己的感官并运用相应的观察工具进行的。

感官主要是眼睛，能够在实地观察中获得大量的信息。其他观察工具，如照相机、摄像机、望远镜、显微镜、探测器等，能够帮助调查者提高观察能力。观察调查不直接向调查对象提问，而是以旁观者的身份去观察调查对象的行为和表现。④观察调查的结果反映的是被调查者未觉察情况下的自然状态。在被调查者未觉察的情况下进行观察，获得的信息和资料是客观的、真实的、可靠的。

观察法的一般程序是：①选择观察对象。选择观察对象一要看它是否符合调查目的的要求，二要考虑观察对象是否便于观察。②确定观察时间和地点。选择观察时间和地点，要考虑调查对象在什么时间、什么地点所表现出来的现象和问题具有典型性、代表性。③合理安排观察顺序。安排观察顺序要按照观察对象的业务流程、发展演变逻辑来进行，在观察过程中可以根据情况变化对观察顺序做灵活调整。④做好观察记录。以做好现场记录为基础，将现场记录与事后追忆的记录进行全面系统的整理，形成观察记录文本。

观察法的优点是：操作简单、灵活，能够直接、具体、真实、生动地掌握调查对象的情况，了解和感受到市场现象发生的实际过程和现场环境氛围，观察结果可靠性高。观察法的缺点是：观察调查通常只能观察到调查对象的一些表面的甚至是偶然的现象，尽管要求观察过程做到深入细致，但也难以发现调查对象的内在动机。

3. 投射技术法

投射技术是一种非结构化的、非直接的调查询问形式，可以激发被调查者将他们所关心问题的潜在动机、态度、情感等投射出来。在投射技术法的运用过程中，不要求被调查者直接面对和描述自己的行为，而是让他们解释其他人的行为。在解释他人的行为时，被调查者将他们自己的动机、态度投射到了有关的情景中，他们的想法就被揭示出来了。比如，采用词语联想法，可以用于调查人们对特殊产品、品牌、包装、广告的态度和情感。当运用直接调查法无法获得所需要的信息时，可以考虑采用投射技术法。

投射技术法的优点是：可以获得被调查者在知道调查目的的情况下不愿意或不能提供的信息。这种非直接询问可以通过间接方式来增强调查的有效性。投射技术法的缺点是：对调查员和调查解释人员的个人专业素养要求高，产生的费用也较高，而且可能会出现解释的困难和偏差。

二、定量调研

（一）定量调研的概念

定量调研是对市场现象和问题进行数据收集和数据分析的调研方法。定量调研的一般工作是通过市场调查获取数据，对数据进行分析，保证数据的真实性和准确性。在获取数据、对数据进行整理和分析的基础上，找到相关变量和数据对产品销售量的因果关系或相关关系，通过建立数学模型对未来的销售量进行预测，在预测销售量以后，进一步建立数学模型来预测未来的销售额。

（二）定量调研的主要方法

1. 问卷调查法

问卷调查法是定量调研的主要方法。它是根据调查目的、围绕着调查主题，精心设计格式化的一系列问题，让被调查者填写答案，从而收集市场信息的一种调查方式。

（1）问卷设计。问卷设计的主要内容包括：问题设计、提问问题的方式、问卷的形式、问卷的语言表达等。问卷设计是否科学合理，关系到问卷能否达到预期的调查目的。

科学合理的问卷应该具备如下条件：一是问题设计准确，简明扼要，内容全面周到；二是问题设计便于评价和分析；三是问题设计应包括一些过滤性问题，排除非调查对象的介入，保证调查对象的准确性；四是要注意问题设计要符合伦理道德要求。

问卷设计的基本程序：第一，确定调查目的、调查对象、调查时间、调查方式（面谈问卷、信函问卷、网络问卷、电话问卷）等；第二，设计问题，问题设计要求全面准确，问题回答能够使调查者得到想要了解的全部信息；第三，对设计的一系列问题进行科学合理的排序，遵循由表及里、从外到内、由浅到深、层层递进的排列原则；第四，进行问卷实验，选择一个或几个拟调查的对象试答问卷；第五，根据问卷实验，对问卷设计进行进一步的修改完善。

（2）问题提问技巧。在问卷设计中，问题的设计是关键、是核心，而在问题的设计中，应该特别注意问题的提问技巧，即从什么角度提问题、以什么方式提问题、提问问题的前后逻辑等。问题的提问技巧应该注意：所提问题简短而明确，直接提问与间接提问相结合，所提问题避免过分专业性，所提问题避免歧义性，所提问题避免涉及个人隐私等。在问卷设计中，把被访问者的“个人信息”放到问卷的最后，也是一个值得注意的技巧性问题，这更有利于被访问者放开心态、放下包袱、没有任何负担地回答问题。

（3）问卷设计的形式。问卷设计在格式上是否规范漂亮，关系到问卷质量高低。高质量的问卷设计，能够激发受访者的兴致，从而能够让受访者认真对待答卷；不恰当的问卷设计可能会引起受访者的厌烦情绪。纸质问卷设计在形式上应该注意以下几点：第一，问卷纸张的设计要适中，纸张太大会给对方造成心理压力。第二，卷面设计要简洁明快、庄重大方。第三，问卷要单面印刷，双面印刷容易造成受访者在答题时的不便和疏漏。第四，问卷设计的问题要条理清楚、一目了然，以方便阅读和回答。第五，调查者要自己设计问卷，不要照抄照搬他人和网上的问卷。第六，问卷要统一编号。编号既方便查阅和管理，又给受访者一种规范严肃的印象。目前越来越多的企业采用线上问卷形式，但仍要遵循主题明确、简洁清晰、规范严肃的基本设计理念。

2. 实验调查法

实验调查法是调查者有目的、有意识地改变调查对象的一个或几个影响因素，来观察调查对象在这些因素影响下的变化情况，从而认识调查对象的本质特征和发展规律。实验调查法是一个实践操作过程，也是一个通过实践去认识调查对象的过程，是实践与认识的统一。实验调查法，是对市场进行探索、摸索的过程，比如一个企业在新产品正式上市之前，首先进行新产品试销的实验，将少量产品拿到市场上进行销售，观察价格、销售方式、服务等因素对产品销售的影响，以此来判断大批量产品上市后的销售趋势。

实验调查法按照实验场所的不同可以分为两种类型：一是实验室实验，二是现场实验。实验室实验是在人为设计的特定环境中进行的实验调查，实验过程可以严格控制，实验操作也较为简便。实验室实验是一种抽象的实验，它可以简便易行地得到一些一般性的实验结论，但它缺乏真切感。现场实验是在一种自然的、真实的环境中进行的实验，实验过程多为不可控制的因素，实验操作较为复杂。现场实验可以得到一些具有应用价值和推广价值的结论。

实验调查法在实施过程中的一般步骤：①根据调查目的提出实验假设，如情景假设、因素变化假设等；②根据实验假设进行实验设计，确定实验方法；③根据实验设计和实验方法，选择实验对象；④针对实验对象进行实验过程；⑤分析和整理实验资料，并对实验数据进行检测和对比，最后得出实验结论；⑥根据实验结论，分析和预测市场趋势。

实验调查法的优点：在实施市场策略之前开展实验调查，能够为市场策略的实施提供有效的可行性实验证据，从而避免市场策略实施的盲目性，减少和降低市场策略实施的额外成本。实验调查法的缺点：实验调查作为一种现场实验活动，尽管可以预先设计实验对象和实验环境，但在现场实验过程中，存在许多不可控制的因素，使实际的实验过程与实验设计方案之间存在一定的差异，从而使实验结论带有一定的特殊性。

本章小结

本章主要介绍了营销调研的概念、营销调研的类型、营销调研的内容、营销调研的作用、营销调研的流程，分析了界定调研问题和二手调研的方法和措施。同时，介绍了营销调研的两种方法类型，即定性调研和定量调研。

思考题

1. 什么是营销调研？营销调研的目的和类型是什么？

2. 营销调研流程主要包括哪些环节？各个环节的主要任务是什么？

3. 如何界定营销调研问题？管理问题与营销调研问题有什么区别？

4. 什么是定性调研？什么是定量调研？分别包括哪些调研方法？

5. 调查目标必须转化为具体的信息要求。假设你是联想电脑的市场调查负责人，为联想广泛受到学生欢迎的个人电脑选择两个颜色，你需要哪些具体信息？列出你的选择。

第六章　目标营销战略

学习目标

1. 掌握目标营销的含义和主要内容
2. 了解和掌握目标营销战略的三个子战略以及主要步骤
3. 了解和掌握市场细分的含义、层次、主要细分标准，以及市场细分战略步骤
4. 了解和掌握目标市场的主要选择模式
5. 掌握市场定位的定义和主要内容；理解和掌握市场定位的过程和步骤

开篇案例

大众甲壳虫"Think Small"

"二战"结束以后，美国迎来了经济高速发展阶段，收入水平和消费能力普遍提高，追求生活品质成为一种社会潮流。战后婴儿潮也使得越来越多的小家庭出现，相对于大家庭而言，小家庭更青睐操作方便、便宜耐用的经济型小型车。汽车从曾经的"奢侈品"演变为品质生活的"必需品"。

当时，美国市场上最常见的汽车款式是块头大、排气量大、功率大的"大"车。三大汽车公司一直在致力做大而豪华的车，而无视美国政府越来越严格的各类汽车排放法规和汽油标准规定。甲壳虫就是在这个背景下进入美国市场的。大众汽车于1935年制造出第一辆流线型汽车，满足了当时德国民众对质优价廉小轿车的需求，并将其命名为"大众汽车Ⅰ型"。进入美国市场后，美国人形容其外观像一只可爱的甲壳虫，1967年开始，这辆车正式被称为"甲壳虫"。甲壳虫外观独特，品质可靠，但美国消费者对其政治出身充满敌意。如何消除美国消费者的敌意，而让他们更多关注这款车本身呢？美国恒美广告公司的老板比尔·伯恩巴克接受了产品的市场推广任务。当时，美国汽车主流广告模式要么是当红女星演唱口水歌的电视广告，要么是以豪宅

为背景的彩色汽车印刷广告。恒美广告认为，只有创意广告才能让消费者以一种新的方式看待甲壳虫这款不错的小车。在艺术指导赫尔穆特·克朗和文案朱利安·柯尼格的共同努力下，他们将对甲壳虫的描述浓缩为两个单词“Think Small”（想想小的好处），黑白印刷的整版广告大部分是留白，只在一侧有一辆小小的甲壳虫图片。与传统的“越大越美”的汽车广告相比，甲壳虫的广告反其道而行之，一下抓住了人们的眼球，引发消费者的好奇心。另外，“想想小的好处”也凸显了这款车的独特之处，起到了“扬短”的良好效果。这则创意广告也使人们更关注这款车本身，而在一定程度上忽视了其身世背景，从而使甲壳虫顺利打开了美国市场，甲壳虫也成为世界上最成功的品牌之一。《广告时代》曾将“Think Small”评为“20 世纪最伟大的广告”。

案例问题：

1. 你认为大众甲壳虫的目标客户是谁？为什么？
2. 大众甲壳虫“小的好处”是什么？
3. 大众甲壳虫市场细分的标准是什么？为什么要选择这些市场细分标准？

目标营销（Target Marketing，简称 TM）就是企业针对所选定的目标市场开展有针对性的营销活动和过程。目标营销战略包括市场细分（Segmentation）、目标市场选择（Targeting）、市场定位（Positioning），简称 STP 战略。企业实施目标营销战略的目的是明确企业营销的战略方向和战略重点。目标营销战略的实施步骤如图 6-1 所示。

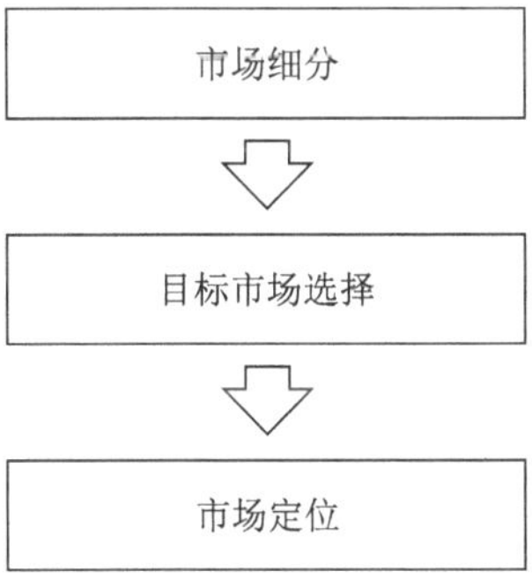

图 6-1　目标营销战略的实施步骤

市场细分主要包括识别市场细分的标准、开发市场细分标准两个步骤；目标市场选择包含衡量细分子市场的吸引力、根据衡量结果选择目标市场两个步骤；市场定位同样包含为所选的目标市场进行定位、为所选择的每个细分子市场制定营销组合策略两个步骤。

第一节　市场细分战略

一、市场细分的基本理论

市场细分是现代市场营销观念的产物，它克服了企业在面对大众市场营销时的盲目性。通过市场细分可以有效地选择企业能为之服务的最有吸引力的细分市场，从而扬长避短、有的放矢。

（一）市场细分的概念

1. 市场细分的含义

市场细分是企业根据消费者差异和不同特征，将整体市场划分为若干个消费者群的过程。每一个消费者群都是一个具有相同需求特征的细分子市场。

市场细分是美国营销学家温德尔·斯密（1956）根据营销实践归纳、总结出来的理论，该理论有三个要点：①根据消费者的不同需求，把整体市场划分为不同的消费者群；②每一个消费者群是由需求相同的消费者组成的；③市场细分的主要标准是地理细分、人口细分和心理细分。

小案例

1940 年，理查德·麦当劳与莫里斯·麦当劳兄弟在美国加利福尼亚州的圣贝纳迪诺创建了“Dick and Mac McDonald”餐厅，这是今日麦当劳餐厅的原型。1948 年，餐厅引入“快速度服务系统”，简称“快餐厅”。1960 年，餐厅行政总裁雷·克洛克正式将“Dick and Mac McDonald”餐厅更名为“McDonald’s”。1961 年，克洛克以 270 万美元买断麦当劳，并成立汉堡包大学。20 世纪 50 年代中期，麦当劳是世界上较早采用市场细分理论来指导自己营销活动的企业，主要为美国工薪阶层提供方便快捷的饮食。麦当劳运用市场细分理论将“快餐厅”服务市场进一步分割，以明确不同的服务风格。麦当劳的市场细分如表 6-1 所示。

表 6-1　麦当劳的市场细分

细分标准	具体标准	细分结果
地理细分	各地人群组合、文化背景、饮食习惯等	形成区域细分报告，使每一个国家、地区都有适合当地生活方式的营销策略组合

续表

细分标准	具体标准	细分结果
人口细分	以开车年龄（16 岁）划分市场，将 16 岁以下的少年市场，作为主要市场	针对青少年推出他们喜爱的餐饮组合，以及沟通方式
心理细分	追求方便 & 休闲	针对方便型市场，提供“59 秒快速服务”；针对休闲型市场，提供舒适的就餐环境

2. 市场细分的层次

从理论上说，市场细分包括如下基本层次：大众市场、细分市场、补缺市场、微市场。大众市场指市场没有细分，而微市场指的是市场实现了完全细分。

大众市场营销是指厂商面向所有的顾客，采用标准化的生产方式，大批量生产、大批量批发、大批量促销单一的产品。面向大众市场的营销模式，可以降低生产与营销成本，拓展利润空间。

细分市场营销是指厂商根据顾客购买与消费行为的不同特征，将大众市场进一步划分为若干不同的子市场并提供有针对性的产品与服务的过程。细分市场营销的目标明确，需要厂商采取产品组合营销策略。

补缺市场营销是指厂商根据自身的特有条件，选择被大企业忽视的小块市场作为其产品的服务对象。补缺市场营销，需要厂商采取专业化的经营与服务方式才能获得成功。

微市场营销是一种细化到个人的市场营销模式，是指厂商将顾客的个性化需求作为其产品的服务对象。微市场营销，一般采取个性化定制、“一对一营销”的方式。

3. 市场细分的作用

市场细分的作用主要体现在以下几个方面：第一，市场细分能够明确开拓目标市场的方向，从而提高营销活动的针对性。市场细分是选择目标市场的基础，通过对各个细分市场的分析，有利于选择目标市场，发现市场营销机会，开拓新市场。第二，市场细分有利于发现顾客的个性化需求，从而有效实现供需衔接。通过市场细分，针对各个细分市场的不同特点，为不同的细分市场提供不同的产品与服务，能够增强企业供给适应市场需求的能力。第三，市场细分通过合理选择细分变量，有利于优化企业资源配置，塑造企业竞争优势。市场细分能够使企业集中有限的资源投入目标市场中，以取得目标市场上的竞争优势。

（二）市场细分变量 / 标准

市场细分主要依靠一定的细分变量来进行市场划分，选择合适的细分变量，有助于了解市场的结构与特征。市场可以分为消费市场和产业市场两大类别，而消费市场与产业市场的细分变量有一定的差异。

消费市场的细分变量主要包括：①地理，如区域、地形地貌、气候条件、城市、农村等；②人口，如年龄、性别、收入、职业、教育水平、家庭等；③心理，如动机、生活方式、个性等；④行为，如追求利益、时机、使用率、待购阶段、忠诚度等。

产业市场的细分变量主要包括：①地理因素；②客户经营特点，如经营导向、发展定位、经营模式、经营范围、经营规模等；③经营管理能力，如技术水平、服务水平、生产能力、管理能力等；④行业与产品用途；⑤产品使用与购买状况；⑥采购方式等。

从一般意义上分析，市场细分变量 / 标准包括：

（1）人口统计和社会统计细分，主要是指年龄、性别、家庭人数、自然生命周期、收入水平、教育程度、社会阶层、宗教、种族等。在实际的市场细分中，企业可以依据一个细分变量也可以采用多个细分变量进行市场细分。

（2）心理因素细分，即根据顾客的生活方式或个性特点，将顾客划分为不同的群体。因为按照人口统计变量划分的同一群体可能表现出巨大的差异，心理变量此时就尤其重要。心理因素细分是关于生活方式特征、态度、个性的分析。生活方式细分可以根据“AIO”尺度，即活动（Activities）、兴趣（Interests）、意见（Opinions），以此来划分顾客群，也可以采用不同的场景细分。

（3）地理细分，即根据顾客工作和居住的地理位置进行市场细分。由于地理环境、自然气候、传统文化、风俗习惯和经济发展水平等的影响，同一地理区域的人们的消费需求有一定的相似性，而不同区域的人们则有不同的消费习惯和偏好。

（4）顾客利益细分，顾客购买服务的主要目的是获得某种利益，因此可以根据顾客追寻利益的不同来细分市场。利益细分可以适用于所有的服务企业。

（5）服务要素细分，需要考虑服务内容及其对顾客的重要性，以及企业在服务方面的表现。比如，居民需要物业公司提供的服务要素包括安保、绿化、清洁、房屋维修、停车、信息服务等。

（6）促销反应细分，即根据顾客对促销活动的反应来进行市场细分。比如，根据顾客对弹出广告的心理反应或情感反应来细分，根据顾客对不同促销信息的反应来细分等。

（7）顾客忠诚模式细分。根据顾客忠诚模式，可以把顾客分为四类：专一忠诚者（只喜欢一个品牌）、动摇忠诚者（喜欢两个或两个以上品牌）、转移忠诚者（不固定忠诚于一个品牌）、犹豫不定者（从来不忠诚于任何一个品牌）。

二、市场细分的条件和步骤

（一）市场细分的条件

第一，可衡量性。细分市场的大小、细分市场的边界、细分市场的顾客群以及细分市场的基本特征等都能够加以衡量。第二，可接近性。企业能够通过营销努力接触并到达细分市场，同时，顾客可以通过各种渠道了解企业信息，并在各个渠道产生购买行为。第三，有效性。细分市场应该具有规模效益和可持续发展的潜力，企业可以通过设计有效的营销方案服务于细分市场的目标顾客群。第四，差异性。细分市场在概念上应该可以区分，并对不同的营销要素及其组合方案具有差异性的反应。

（二）市场细分战略实施步骤

美国市场学家杰罗姆·麦卡锡提出市场细分战略按照一定步骤进行，才能保证其科学合理性。市场细分战略的实施步骤如下：

第一，选择行业与目标顾客。按照顾客需求来选定产品的市场范围，即确定进入什么行业，生产什么产品，为哪些顾客服务。如某建筑商准备在乡间建造简朴住宅，其顾客可以是乡村的低收入家庭，也可以是城市的高收入家庭。

第二，列出潜在顾客需求，包括心理的、地理的、行为的需求特征等。比如在住宅方面的顾客需求可能包括遮蔽风雨、安全、方便、经济、室内设施完备、房屋质量优等。

第三，由顾客选出最迫切需求。由不同类型的顾客选择最迫切的需求，最后确定两三个迫切需求作为细分标准。如在住宅方面，高收入家庭可能要求有停车库、室内设施完备等。

第四，寻找具有特性的顾客需求。每一细分市场的共同需求要剔除，寻找具有特性的需求作为市场细分的标准。如在住宅方面，遮风避雨等是住房者的共同需要，但是不可作为细分依据，而对辅助设施的要求则具有差异性，可以作为细分标准。

第五，分割市场。根据不同顾客特征，划分市场群并赋予其名称，从名称上联想细分市场特征，如新婚者市场、单身者市场。

第六，细分市场分析。分析每一细分市场的需求、购买者行为及原因，并了解要进入细分市场的新变量。

第七，选择目标市场。根据细分市场的大小及潜力，从中选择使企业获得有利机会的目标市场。如对于新婚者市场、单身者市场，企业应该选择哪一个？

小案例

“二战”后，日本的汽车行业几乎全部崩溃。在美国政府及其汽车行业的大力扶持下，经过一二十年的努力，日本汽车又重新振兴起来。从20世纪50年代中期以后直到70年代初期，日本汽车厂商一直瞄准美国市场，并将其扩展为最大的海外市场。在进入美国市场之前，日本汽车厂商的营销人员对美国市场进行了仔细研究，经过市场研究和进一步的市场细分，日本汽车厂商选择了美国廉价车市场作为自己的目标市场，其主要原因有四个方面：第一，家庭结构变化引发顾客需求变化。20世纪60年代末到70年代初，美国传统大家庭已经变成小家庭，美国市场对小型车（Mini Car）需求大增、对廉价汽车需求大增。第二，能源危机使顾客需求偏好发生变化。20世纪70年代初的石油危机，导致石油价格飞涨，美国汽车市场对节油型的小型车需求激增。第三，美国汽车行业缺乏创新。美国汽车行业的通用、福特、克莱斯勒等汽车巨头仍然坚持对汽车市场的固有判断。第四，日本汽车行业积累了研发小型车的经验。日本由于能源匮乏，总结积累了许多开发经营小型车、廉价车的经验。

日本汽车厂商根据美国目标市场的特点，根据美国人对汽车态度及信念的变化，以及美国潜在车主对小型车的偏好，开发符合美国人审美的家用小轿车，相应地制定、实施切实可行的营销组合策略，成功打开并占领了美国廉价小型轿车市场。其中，日本丰田成为当时美国市场的第一大进口小轿车品牌。日本汽车厂商对美国汽车市场的细分过程如图6-2所示。

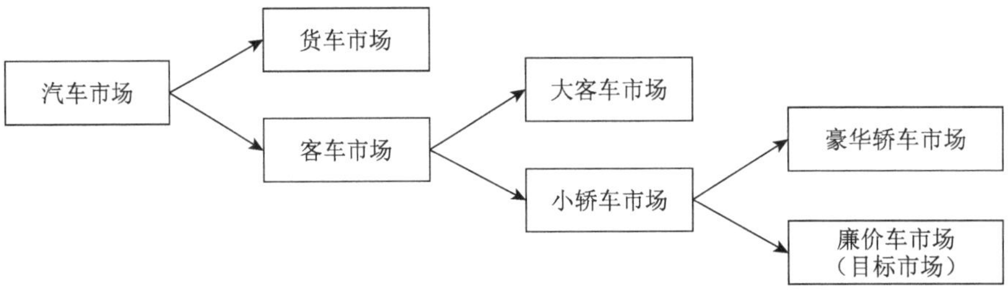

图6-2　日本汽车厂商对美国汽车市场的细分过程

第二节　目标市场选择战略

目标市场的选择要在精确的市场调查和市场细分的基础上进行，由此才能保证目标市场选择的科学合理性。企业在确定进入某一个细分市场时，必须对该市场进行综合评估、全面衡量，最终决定该市场是否能够成为企业的目标市场，企业是否应该进入该市场。

一、目标市场的评估和进入战略

（一）目标市场的评估

目标市场评估涉及许多因素，从总体上分析，主要包括两个方面：一是目标市场的吸引力；二是日标市场与企业资源和能力的匹配程度。

目标市场的吸引力主要包括：①市场规模，由消费者数量、购买能力、需求弹性、市场潜力等因素决定；②市场增长率，它是市场规模在一定时期的增长速度，是衡量市场发展潜力的重要指标；③市场竞争状况，主要评估现有竞争者的数量、市场份额、竞争能力和潜在竞争者进入目标市场的可能性及其威胁程度；④市场稳定性与可预测性，即目标市场是否能够保持长期的持续稳定发展、目标市场是否具有可预测的条件；⑤市场风险，主要评价目标市场可能存在的不确定性及其带来的风险程度。

目标市场的匹配程度主要包括：①与企业形象的适应性，即目标市场是否与企业品牌、商誉、社会影响力等相适应；②与企业目标的达成度，即目标市场的选择与开拓是否有利于企业发展目标的实现；③与企业资源的匹配度，即目标市场选择与开拓所需要的资源条件与企业拥有的资源和能力是否相适应；④分销渠道的可获得性，即目标市场的分销渠道是否能够开拓与构建；⑤获得持续竞争优势的可能性，即目标市场的选择与开拓是否能够使企业获得持续的竞争优势。

（二）目标市场的进入战略

企业确定了目标市场后，考虑到自身的资源和能力，同时为了保证进入目标市场能够取得最佳的营销效果，还需要选择合理的市场进入战略。目标市场的进入战略主要有无差异化战略、差异化战略、集中化战略三种类型。

无差异化战略，即企业不关注各细分市场之间的差异，只注重各细分市场之间的共同特征，推出一种产品，采用一种营销策略来满足整个市场上大多数顾客的需求。采取这种战略的企业，一般都具有强大的经营规模与竞争实力，有统一的市场规划与广泛的分销渠道。无差异化战略的优点是面向共性的广阔市场，大批量生产与营销，可以降低产品的平均成本和企业的经营管理成本；其缺点是市场风险较大，在需求日趋多样化、个性化的时代，无差异化的市场进入与营销策略，越来越难以适应迅速变化的个性化市场需求。

差异化战略，即企业以多个细分市场为目标，分别设计不同的产品，制定不同的产品组合与营销组合策略，以满足不同细分市场的顾客需求。如青岛啤酒股份有限公司分别以罐装啤酒、瓶装啤酒、散装啤酒等不同产品组合，去满足高端、中端、低端消费者的需求。差异化战略是在市场竞争日益激烈、市场需求和消费需求日趋多样化的情况下，企业采取的市场进入与营销战略。这种战略的优点是多品种，小批量，灵活性强，能够满足不同层次的消费需求，能够获得综合性的市场占有率；其缺点是针对不同的细分市场，生产与营销成本较高。

集中化战略，即企业选择一个或几个细分的专门市场，集中所有企业资源与能力提供产品与服务，集中满足专门市场的需求。采取这种战略的企业，不是追求在整体市场上的占有份额，而是谋求在一个或几个细分市场上取得较大的占有率。集中化战略通常是中小企业在资源有限的情况下进入目标市场的方式。这种战略的优点是能够发挥资源集中的优势，有利于节约经营成本；其缺点是市场风险较大，如果专门市场发生突变，消费者的需求发生转移，企业就会面临经营危机。

二、目标市场选择模式

目标市场选择模式主要有五种：

一是单一市场集中化。企业选择一个目标市场，集中力量为之服务。这种模式能使企业深刻了解目标市场的需求特点，有针对性地采取产品、价格、渠道和促销策略，更好地满足顾客需求。

二是选择性专业化。企业选择几个目标市场，各个目标市场之间少有关联性，但每个目标市场与企业的资源和能力都有较高的匹配度。这种模式能够使企业分散经营风险和市场风险。

三是产品专业化。企业集中生产一种产品，向所有的目标市场统一营销一种产品。这种模式有利于扩大和提升企业的市场声誉。

四是市场专业化。企业专门服务于某一特定的目标市场，集中力量满足目标市场顾客的各种需求。这种模式有利于企业在特定目标市场建立起良好的声誉。

五是全面进入。企业将所有细分市场都作为目标市场，用各种产品去满足所有目标市场的需求。这种模式能够使企业获得巨大的经营与市场规模效应。

目标市场选择模式如图 6-3 所示。

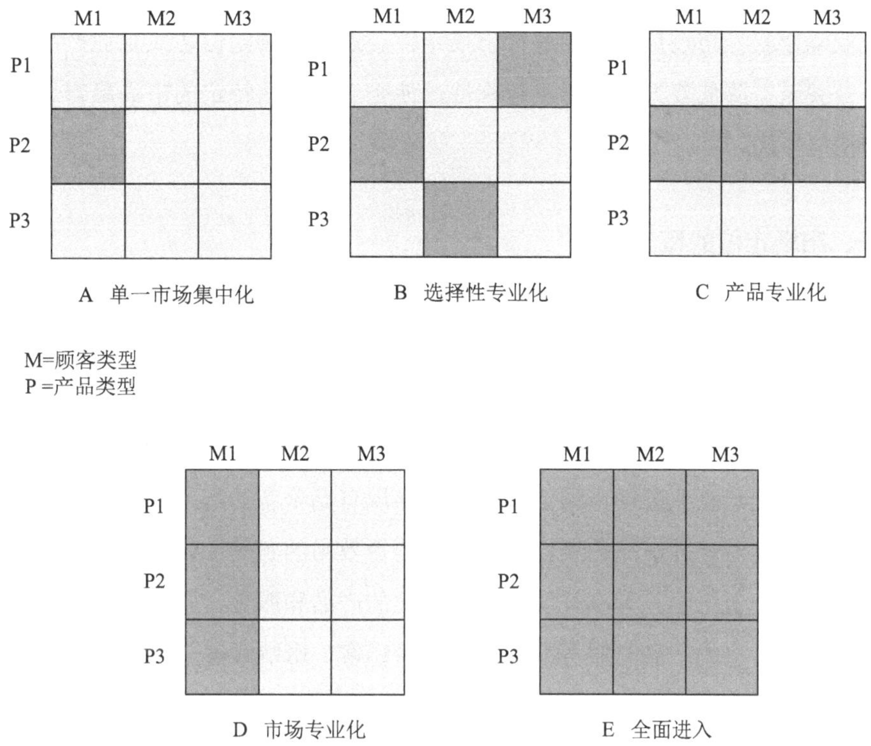

图 6-3　目标市场选择模式

三、进入目标市场的方式

企业选择特定的目标市场后，就要考虑如何采用合理的进入方式占领目标市场。进入目标市场的方式主要有两种。一是利用新产品、新服务进入目标市场。主要是在产业的创业期或成长期，利用进入市场的资本和能力门槛较低的条件，以新产品开发进入目标市场，同时建立起初步的产品体系。二是通过收购目标市场上的企业进入目标市场。这种进入方式，可以实现针对目标市场的直接生产和直接销售，是一种最便捷的市场进入方式。

阿里巴巴为了提升企业服务领域的能力，直接收购了数据处理解决方案服务商 Data Artisans、团队协作工具 Teambition、以技术为导向的安全公司长亭科技、身份认证服务提供商九州云腾等。通过收购目标市场上的企业进入目标市场，要避免陷入投资陷阱，同时需要考虑收购成本问题。

第三节 市场定位战略

企业确定目标市场后，需要进行市场定位。通过市场定位达成企业产品与市场需求的有效关系，降低双方的信息不对称性，使企业在某些特定的市场赢得顾客，为企业发展拓展空间。

一、市场定位的概念

（一）市场定位的内涵

市场定位是企业及其产品在目标市场上所确定的位置。市场定位就是企业及其产品与服务向目标顾客传送产品、服务的竞争优势信息，占据其心理选择列表的首选位置。企业向目标顾客传递自己的产品与服务并使之占据顾客心理选择列表中“独一无二”位置的过程，企业进行市场定位，要根据现有竞争者的产品在目标市场上所处的位置，针对顾客对该种产品的属性、特征与消费效用的感受，强有力地推出本企业与众不同的、独一无二的、具有鲜明特点与个性的产品和服务，并通过一套有效的营销组合策略，将自己的产品与服务准确地传递给顾客，影响顾客对该产品与服务的选择与评价。从本质上说，进行市场定位，就是企业的产品与服务在目标顾客心目中确立起独特的形象。

市场定位不是强调企业对产品本身做什么，而是注重企业在目标顾客心目中做什么。通过市场定位，让本企业的形象与其他竞争者区别开来，并使目标顾客鲜明地感知到这种差异，从而使本企业的产品与服务在目标顾客的心目中占据独特的位置。

（二）市场定位的内容

一是企业定位，即从企业经营理念、企业形象、企业文化、企业信誉等方面进行目标市场定位。二是品牌定位，即企业建立一种与目标市场相关的品牌形象，使企业品牌在目标顾客心目中占据一种特殊位置。三是产品定位，即企业根据目标市场的需求和消费者的偏好，通过一套营销策略使产品在目标顾客心目中占据特殊位置。四是服务定位，即企业以怎样的服务内容、服务方式、服务价格、服务信息、服务态度等去满足目标市场顾客的需求。五是渠道定位，即企业通过什么样的渠道模式、分销方式能够提供比竞争对手更便捷的产品与服务。六是促销定位，即企业选择什么样的促销方式、促销媒体、促销手段等才能在更大程度上赢得目标市场上的顾客。

（三）市场定位的基本要求

第一，差异性。进行市场定位，要求企业在目标市场上提供差异化的产品与服务，与竞争对手相比显示出企业的自我个性，追求“人无我有、人有我新”的市场目标。第二，优越性。在市场定位中，要求企业创造出比竞争对手更高的顾客价值，即企业提供的产品与服务能够更好地满足目标顾客的需求。第三，领先性。在目标市场上，企业通过产品与服务所体现的技术、产品性能、产品效用、服务模式、营销理念等领先于竞争对手，并使竞争对手难以模仿。第四，沟通性。即要求企业在目标市场上所采取的营销策略、营销方式所传递的产品与服务信息，能够让顾客真切地感知和感受到企业与顾客之间的高效、便捷的沟通渠道。第五，盈利性。进行市场定位，要求企业在目标市场上的产品与服务营销能够创造出显著的经济效益。

二、市场定位理论的演变

从 20 世纪中期以来，市场定位理论的演变经历了三个阶段。

第一阶段：20 世纪 50 年代的 USP（Unique Selling Proposition，独特卖点）理论。由美国人罗瑟·瑞夫斯提出的 USP 理论，主张每一种产品都应该突出自己的独特销售主题，并通过广告渠道反复传递给消费者。在推广独特销售主题的过程中，需要强调三个方面：一是通过有效沟通强调消费者购买行为能够获得独特的消费效用；二是产品要有独特性，明显区别于市场上的同类产品或替代品，产品特性是竞争对手无法提供的；三是推广手段必须能够触及顾客的消费心理与消费动机，从而影响消费者的购买决策。USP 理论强调的是针对特殊顾客的定位，这一定位通过差异化的产品及其效用来实现。

第二阶段：20 世纪 60 年代的品牌形象理论。由广告大师大卫·奥格威在 1960 年提出，他认为良好的品牌形象可以占据顾客心理选择序列中的“第一位”。该理论的基本观点：一是广告必须以维护一个品牌的良好形象为目的；二是广告作为一种长期投资，有时候应不惜以牺牲短期效益为代价来维持一个品牌的长远良好形象；三是塑造和描绘品牌的形象比强调产品的具体功能特征更为重要；四是消费者的购买行为不仅注重产品的功能特性，更重视产品品牌体现的企业形象。品牌形象理论强调通过品牌对消费者的购买行为进行分析，通过品牌形象进行市场定位。

第三阶段：20 世纪 70 年代的定位理论。由美国广告人 A. 里斯和 J. 特劳特根据长期观察与实践提出，其基本观点为：一是广告的目标是使某一个产品品牌或企业品牌在顾客心目中获得一个据点、一个认定区域；二是广告应致力于激发消费者的心理想象与动机，给消费者创造一个心理位置；三是产品的市场定位必须具有独创性；四是广告主要不是推介产品功能的差异，而是传播产品品牌的独特性。

三、确定差异化与定位战略

（一）确定可能的价值差异和竞争优势

市场定位本质上就是在目标市场上寻求和确立差异化，与竞争对手相比，体现本企业的自我个性，突出与众不同的价值追求，创造难以模仿的顾客价值，以差异化获得竞争优势。差异化，包括产品差异化、服务差异化、人员差异化、形象差异化等，每一种差异化都各有其具体内容和侧重点，如表 6-2 所示。在市场定位过程中，企业可以选择一个或者多个差异点，选择差异点应考虑其重要性、独特性、优越性、可沟通性、专有性、经济性、盈利性等，最终考虑差异点的选择能否确立企业的竞争优势。

表 6-2　差异化的类型与侧重点

差异化类型	差异化的侧重点
产品差异化	可以通过产品价格差异化定位中高低档产品、技术差异化体现不同用途、功能差异化增加产品的延伸功能、文化差异化体现不同价值等方式来实现
服务差异化	可以通过将无形服务转化成有形的产品、为顾客提供定制化的服务、定期对服务人员进行培训、提高管理水平等方式实现
人员差异化	包括礼貌、诚实、胜任力、沟通能力、反应速度等，可以通过聘用或者培养比竞争对手更优秀的人员、定期开展专业的知识培训，满足员工对知识的需要等方式来实现
形象差异化	可以通过设计易于记忆和传播的品牌形象或者品牌宣传语等方式来实现

（二）选择整体定位战略

企业的整体定位战略代表了企业的核心价值定位，体现了企业的发展方向与价值追求。选择和确立整体定位战略就是在对企业外部竞争环境进行战略分析和对企业内部资源与能力进行客观判断的基础上，选择和确定企业在目标市场上的价值主张和竞争地位。进行整体定位首先需要对企业的外部环境进行综合分析，如政府产业政策、技术发展趋势、行业竞争格局、市场容量、市场增长率等，通过外部环境分析寻求企业在目标市场上的发展机会。其次，需要分析和评价企业的内部环境，如企业的有形资产与无形资产、研发能力、生产能力、经营管理能力、人力资源开发能力、营销服务能力、文化能力等，通过内部环境分析发现和凝练企业的核心竞争力。最后，需要分析竞争对手的竞争能力与竞争策略，如竞争对手的产能、资本实力、技术水平、产品策略、渠道策略、价格策略等来发现自身的优劣势。

企业的整体定位战略主要表现为企业的核心价值主张。不同的价值主张在很大程度上决定了企业的竞争地位。企业在目标市场上的价值主张，具体表现为其产品与服务的质量、价格与获得利益的不同组合，如优质优价、优质同价、优质低价、同质低价、低质更低价等。

四、市场定位的层次和原则

（一）市场定位的层次

市场定位主要包括三个层次：

1. 产品定位

这是市场定位的基础性层次，产品定位涉及产品的性能、效用、规格、服务等，旨在通过差异化的产品来吸引目标顾客，使顾客一旦产生需求时就会在第一时间联想起这一产品。进行产品定位，需要研究如何针对目标市场的需求来开发和设计具有竞争力的产品。

2. 品牌定位

品牌代表一种产品，品牌定位与产品定位密切相关，品牌定位是对产品定位的形象化描述，用于识别产品经营者。品牌定位的本质是让品牌在顾客心目中占据一个不同于竞争对手的有利位置，使品牌成为企业及其产品竞争力的表征。

3. 企业形象定位

企业形象定位是企业组织的整体形象在目标市场、社会公众中的定位，它突出的是企业的整体优势和特点。企业形象定位关注的是企业形象在目标市场上的美誉度，它通过传播企业理念、企业精神、企业价值观、企业经营宗旨等，使企业形象在目标顾客心目中占据有利位置。

（二）市场定位的原则

市场定位的原则是制定市场策略的重要依据。不同的企业其市场定位可以有不同的选择，但在进行市场定位的过程中需要遵循共同的一般原则。

1. 价值性原则

市场定位对于企业和目标顾客都应该是有价值、有意义的：一方面，企业通过市场定位可以有针对性地为目标顾客提供产品与服务，精准地、高质量地满足目标顾客的需求，从而创造顾客价值；另一方面，企业通过市场定位在满足目标顾客需求、创造顾客价值的同时，也将自己的产品与服务实现为货币，从而创造企业价值。价值性原则是进行市场定位的基本要求。

2. 可信性原则

市场定位应该赢得目标顾客信赖，企业通过营销策略在目标市场上传递的产品与服务应该给顾客以真诚、可信、可靠的感受与印象。市场定位的可信性，要求企业在进行市场细分、目标市场选择的基础上，深入分析和研究目标顾客的需求、消费行为与消费习惯的差异，达成产品特性与顾客需求的一致性。可信性原则，强调企业专注于目标市场的某一特定领域，而不是无所不能。

3. 独特性原则

从本质上说，市场定位就是在目标市场上体现差异化，差异化就是追求区别于竞争对手的个性化、独特性，以此赢得顾客的认可与青睐。市场定位的独特性表现为产品、服务、品牌、价格、渠道等方面的差异化，以差异化确立企业在目标市场上的竞争地位。独特性原则是市场定位的本质要求。

五、市场定位的过程与步骤

市场定位是一个过程，定位过程分为若干步骤。具体过程与步骤如下：

第一步，确定定位层次。在分析目标市场的基础上，决定企业在哪个层次上进行定位，如产品定位、品牌定位、企业形象定位等。

第二步，确定定位特性。就是针对选定的目标市场确定一些被顾客所关注的产品与服务特性，尤其是那些影响和决定顾客购买行为的特性。

第三步，将定位特性置于图 6-4 的定位图。在定位图上，企业可以确定定位特性的位置，而且能够发现顾客的核心需求，从而沿着核心需求的路径对自己及产品或品牌进行定位。

第四步，评估定位选择。从差异性、盈利性、价值优越性、领先性、沟通性等方面，对市场定位选择的合理性、有效性进行全面的综合评估，并选择有利于传递企业优势信息的定位。

第五步，执行定位战略。针对定位选择，科学设计、有效提供产品与服务，从营销人员配备、营销渠道设计、营销策略组合等方面执行定位战略。

成功的市场定位，可以帮助企业塑造有别于其他竞争对手的市场形象，明确企业营销活动展开的方向，为制定和实施科学有效的营销策略奠定基础。

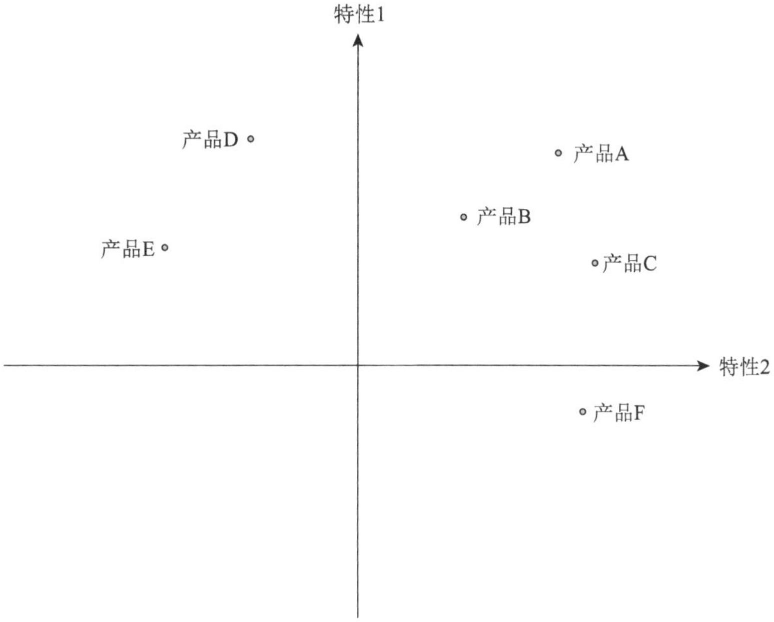

图 6-4 二维定位图

本章小结

目标营销战略为企业的营销活动确立了方向和重点，阐明了企业的价值主张。本章主要介绍了市场细分战略、目标市场选择战略、市场定位战略。重点内容是市场细分的条件与步骤、目标市场进入战略、目标市场选择模式、市场定位的内涵、市场定位的层次与原则、市场定位的过程与步骤等。

思考题

1. 企业在进行目标营销时，既要考虑营销的一般原理，也要关注个体差异，进行有效的市场细分。简要说明下列产品按照性别细分如何体现市场差异性：①棉织外套；②人寿保险；③新款太阳镜；④跑车。

2. 选择熟悉的企业，分析其目标营销战略的内容和效果。

第七章
创造和传递客户价值——开发营销组合策略

学习目标

1. 了解营销组合策略理论的演进
2. 理解营销组合策略的含义及内容
3. 了解和掌握营销组合策略的发展演进
4. 了解企业如何通过营销组合策略为顾客创造和传递价值

开篇案例

日本家电企业在中国市场的敏锐洞察与成功布局

1979年年初，中国对外开放政策为国际企业界打开了新的机遇窗口。针对这一政策，美国和欧洲诸国的家电企业就该政策对中国家电市场的影响进行了深入的市场调查与预测。这些企业注意到了中国当时的工资和收入状况，由于中国当时经济发展水平和人均收入水平较低，家庭消费主要集中在满足温饱型需求上。欧美国家认为，对于价格相对较高的家电产品，普通中国家庭难以承担，尤其是那些价格昂贵的家电超出了大部分中国家庭的日常消费支出水平。因此，中国的家电市场在5～7年内难以形成可观的消费需求。

与此同时，日本却对中国家电市场得出了与美国和欧洲不同的调查与分析结论，认为中国将是其家电企业的重要目标市场。首先，日本注意到了中国庞大的人口基数和可观的家庭数量。这意味着潜在消费者群体极为庞大，为家电市场提供了巨大的发展空间。其次，日本注意到中国居民虽然收入低，但中华民族具有勤俭节约的储蓄传统。这种攒钱习惯意味着一旦家庭积累了一定的财富，他们很可能会选择购买价格较高的家电产品来提升生活质量。这与欧美国家的即时消费观念形成了鲜明对比。再次，日本预测随着中国与发达国家和地区经济文化交流的增多，西方现代家庭消费模式将会逐渐影响中国，使得家电产品从奢侈品逐渐转变为必需品。最后，日本认为中国已经将工作重点转移到经济建设上来，预示着人民生活水平将会不断提高。随着经济的增长，人们的消费能力也会相应增强，家电市场的形成将是指日可待。基于以上分析，日本家电企业确定了将中国作为其主要目标市场，并迅速行动，打入中国市场。他们采取的策略是宜早宜快，先入为主，以抢占市场份额。事实证明，日本家电企业的预测和策略是成功的。随着中国的改革开放和经济快速增长，家电市场迅速崛起，为日本家电企业带来了巨大的商机。这也再次证明了在进行市场分析和预测时，需要综合考虑各种因素，并密切关注市场动态和趋势。

彼时，中国家电行业还未起步，日本家电巨头相当于担任了国人家电产品消费的启蒙工作，“冰箱、电视、洗衣机”逐渐成了20世纪八九十年代逐渐宽裕起来的中国人结婚时的“三大件”，高品质、高价格的日本家电几乎成了当时的最佳选择。当时，一台日本产电视机，最高能卖到数千甚至上万元的高价，但有钱还不一定能买到，还要凭票供应。日本家电，无论是电视机还是冰箱，成为一种身份和地位的象征。

此后的十多年里，在中国改革开放不断深入和中日友好关系升温的背景下，松下等日企在中国遍地开花，巅峰时期的松下，一度占据近20%的中国彩电市场份额。松下之后，东芝、日立、索尼、三洋等相继登陆中国，到了20世纪90年代，日本家电产品在中国市场上如日中天，而这些家电巨头的中国业务，纷纷成为各自增长最快、盈利最丰的板块。

（资料来源：根据网络资料整理）

案例问题：

1. 20世纪80年代初，日本家电为什么选择中国市场作为自己主要的海外市场？

2. 日本电视机能够顺利打开中国市场的关键是什么？

3. 日本家电企业是如何为客户创造和传递价值的？

第一节　营销组合策略的提出和演进

营销组合策略的提出是营销理论发展到一定阶段的产物。通过目标营销战略确立了企业的目标市场和市场定位后，企业还要设计和实施有效的营销组合策略，保证战略目标的实现。

一、4Ps营销组合策略的提出

市场营销策略是企业营销战略实施手段，必须具有环境适应性，要适应营销理念的演变。与外部不可控的环境因素（Uncontrollable Factors-PEST）相比，企业可控因素（Controllable Factors）很多。1948年，詹姆斯·卡林顿教授在研究营销成本时，提出了“营销要素”概念；在此理论基础上，1953年，尼尔·鲍敦教授提出了市场营销组合（Marketing Mix）概念，它实际上是一系列营销变量的罗列。鲍敦认为，指导企业营销实践的市场营销组合有12个关键要素，即产品计划、定价、厂牌、供销路线、人员销售、广告、促销、包装、陈列、扶持、实体分配、市场调研。

综合前人研究成果，营销学大师杰罗姆·麦卡锡于1960年在《基础营销》中提出了4Ps营销理论，即产品（Product）、价格（Price）、地点（Place）、促销（Promotion）。这四个因素的适当组合与搭配构成了传统的营销组合，它体现了现代营销中整体营销思想。麦卡锡的4Ps营销理论将营销重点内容进行了高度概括和精炼。

（一）4Ps营销理论的贡献

4Ps营销理论是营销理论划时代的变革，使营销管理成为企业管理的一部分，深刻影响了营销实践。4Ps营销理论不仅是营销教科书和课程教学的基本内容，也是企业市场营销工作的基本运作方法，以及企业营销实践的基本工具和手段。

（二）4Ps营销理论要点

第一，企业要开发产品功能，使产品具有独特的卖点，把产品的功能性诉求放在第一位。这是营销成功的基础和条件。第二，企业在营销中要根据不同的市场定位和品牌策略，制定不同的价格策略。第三，企业要设计规划合理的渠道策略，回答如下问题：企业应该如何面对消费者？企业应直接面对消费者，还是依赖经销商的培育或是建立销售网络和消费者联系？第四，企业应该通过促销改变销售行为来刺激消费者，以短期行为促进销售增长。

（三）4Ps营销理论奠定了营销管理的理论框架

麦卡锡的4Ps营销理论系统介绍了影响企业营销活动效果的主要因素。一是企业不可控的因素，包括政治、法律、人口、经济、社会、文化、技术、自然等环境因素。二是企业在一定程度上可控的因素，如产品、价格、渠道、促销等。

企业营销活动的实质，就是利用内部可控因素适应外部环境的过程。因此，成功营销的核心在于制定并实施有效的市场营销组合策略。

（四）4Ps 营销理论的评价

4Ps 营销理论主要关注卖方（即企业）的视角，忽略了买方（即消费者）的需求和期望。这种单向的视角可能导致企业过度关注自身的营销策略，而忽视市场的真实反馈和消费者的真实需求。

4Ps 营销理论将营销视为一种孤立的职能活动，与企业其他活动相分离。这种分离可能导致营销策略与其他部门（如生产、财务、人力资源等）的策略之间存在脱节，影响企业的整体运营效率。

4Ps 营销理论主要关注工业生产品和快消品的营销活动，这在某种程度上限制了理论的适用范围。

4Ps 营销理论作为一种基础的营销理论框架，至今仍然具有一定的指导意义。它可以帮助企业从产品、价格、促销和渠道等方面来思考营销策略，确保营销活动的协调性和一致性。同时，随着市场环境的变化和消费者需求的多样化，企业可以根据实际情况对 4Ps 营销理论进行拓展和补充，以更好地适应市场变化。

二、营销组合策略理论的演进

4Ps 营销组合理论提出后得到了业界和学界的推崇，但是由于其局限性的存在，很多学者尝试从不同角度对 4Ps 营销理论进行完善和发展。

（一）从 4Ps 营销理论到 11Ps 营销理论

以菲利普·科特勒为代表的学者们首先从 4Ps 营销理论的适用性出发来发展营销组合策略理论。1984 年，菲利普·科特勒提出 6Ps 营销理论，针对被封闭和被保护的市场，增加了政治力量（Political Power）和公共关系（Public Relation）两个因素。随后，菲利普·科特勒提出 10Ps 营销理论，又增加了市场探查（Probing）、市场细分（Partitioning）、目标优选（Prioritizing）、市场定位（Positioning）。1998 年，他提出了 11Ps 营销理论，即把人（People）作为一个单独要素列出来。这在营销理论发展史上，被称为“增加 P 的游戏”，如图 7-1 所示。

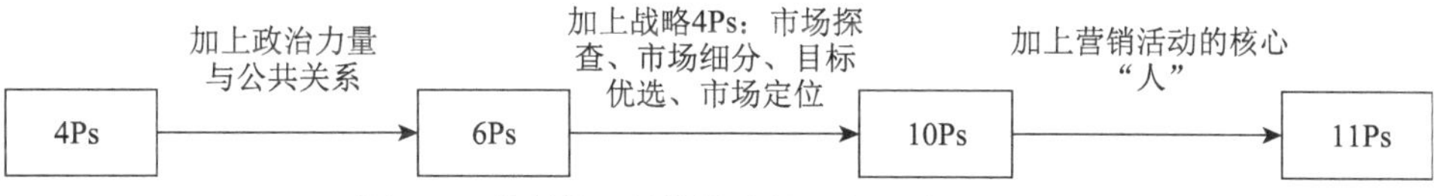

图 7-1 菲利普·科特勒营销组合理论发展图示

（二）从4Ps营销理论到4Cs营销理论

为了弥补4Ps营销理论的缺陷，学者们对4Ps模型不断进行充实，形成了产品组合、价格组合、分销组合、促销组合等较完整的营销组合体系。随后，基于研究视角的创新，罗伯特·劳特朋（1990）提出了与传统4Ps营销理论对应的4Cs营销理论。

表7-1　4Ps营销理论与4Cs营销理论的对应关系

项目	创新内容
从Product到Consumer	产品策略的创新
从Price到Cost	价格策略的创新
从Place到Convenience	渠道策略的创新
从Promotion到Communication	促销策略的创新

1. 4Cs营销理论的要点

首先要关注作为消费者（Consumer）的客户需求。企业要先了解和研究客户，根据客户需求提供产品或服务，并且在提供产品或服务的过程中创造客户价值。其次，要考虑客户成本（Cost）。成本不仅包含企业生产成本，还要包括客户的其他购买成本（时间、精力和体力的耗费、购买风险等）。再次，企业要尽可能降低客户购买总成本，通过提高工作效率、提供充分信息等尽可能提供便利性（Convenience）。最后，企业应该与客户进行积极的双向沟通（Communication）。

2. 4Cs营销理论的意义

4Cs营销理论的核心是客户战略。4Cs营销理论的基本原则是以客户为中心进行企业营销活动的规划设计，实现营销目标。

客户需求层次是市场细分的重要依据之一。满足何种层次的需求，直接决定了企业目标市场的定位抉择。客户成本是客户购买和使用产品时所发生的所有费用总和。客户便利性的目标是缩短客户与产品的物理距离和心理距离，提高产品被选择的概率。客户沟通要在沟通过程中强调客户的参与和互动。

3. 4Cs营销理论的评价

在竞争激烈的市场上，仅关注客户导向是不够的，还需要关注竞争者导向。这意味着企业不仅要了解并满足客户的需求，还要密切关注竞争对手的策略和行动，以确保自己在市场中保持竞争优势。

4Cs营销理论容易被模仿，可能导致企业在市场上难以形成独特的营销个性和优势。为了克服这一局限性，企业需要在实施4Cs营销策略时结合自身的特点和市场环境，创造出独特的营销方式和体验以吸引和留住客户。

此外，虽然4Cs营销理论强调以客户需求为导向，但也需要审视客户的需求是否合理。企业需要通过有效的沟通和引导，帮助客户明确真实、合理的需求，并寻求双方都能接受的解决方案。

最后，4Cs营销理论并没有完全体现出关系营销的思想。为了弥补这一不足，企业需要在营销策略中注重建立和维护与客户的长期关系，通过提供优质的服务和体验，增强客户的忠诚度和黏性。

4. 4Cs营销理论与4Ps营销理论的关系

4Cs营销理论与4Ps营销理论是互补的，而非替代的关系。从客户需求角度看，4Ps营销理论中的产品（Product）需要与4Cs营销理论中的消费者（Consumer）相结合。其次，关于价格（Price）与成本（Cost）的关系，企业在制定价格策略时，不仅要考虑产品的成本，还要从客户的角度出发，思考客户愿意为产品或服务支付的成本。在渠道（Place）与便利（Convenience）方面，企业需要从客户购买的便利性角度来确定渠道选择。传统的促销方式可能更侧重于单向的信息传递，而沟通则强调双向的互动和反馈。最后，在促销（Promotion）与沟通（Communication）方面，企业需要从与客户如何沟通的角度来思考促销策略。

（三）从4Ps营销理论到7Ps营销理论

经典的4Ps营销理论适用于有形产品的营销活动。服务不同于有形产品，服务与产品相比，有无形性、异质性、生产消费的同时性、易逝性等特点。4Ps营销理论不完全适用于服务营销，Booms & Bitner（1981）提出7Ps服务营销组合，在传统的产品、价格、渠道、促销之外，增加了人员、过程、有形展示三个新的要素。

7Ps服务营销组合如表7-2所示。

表7-2　7Ps服务营销组合

产品	价格	渠道	促销	人员	过程	有形展示
实体产品 特性 质量水平 附属产品 包装 产品保证 产品线 品牌	灵活性 价格水平 期限 区别对待 折扣 折让	渠道类型 商品陈列 中间商 店面位置 运输 仓储 渠道管理	促销组合 销售人员： 挑选 培训 激励 广告： 媒介类型 广告类型 促销活动 公共关系 互联网战略	员工： 招聘 培训 激励 奖励 团队 顾客： 教育 培训	活动物流： 标准化 定制化 步骤数目： 简单 复杂 顾客参与度	设施设置 设备 招牌 员工服装 其他有形物： 报告 名片 声明 保证书

（四）从 4Cs 营销理论到 4Rs 营销理论

4Cs 营销理论使企业营销管理视角发生了根本改变。但是，4Cs 营销理论过于关注目标顾客，而忽视对竞争者等群体关系的研究。艾略特·艾登伯格、唐·舒尔茨（2001）等从关系营销视角，在《4R 营销》中提出了 4Rs 营销组合理论，认为同客户的长期关系而不是暂时利益是企业生存发展的根本，也是营销管理的重要内容。4Rs 营销理论强调建立在品牌之上的客户关系，与客户的品牌关系更牢固、更有竞争性。

1. 4Rs 营销理论的内容

关联（Relevancy）：认为企业与客户是一个命运共同体，建立并发展与客户互助、互求、互需的长期关系是企业经营的核心理念和最重要内容。

反应（Response）：在相互影响的市场中，经营者最重要的是站在客户角度来及时倾听，从“推测性”的商业模式转变为“高度回应需求”的商业模式。

关系（Relation）：抢占市场的关键是与客户建立长期而稳固的关系。

回报（Return）：任何交易和合作关系的巩固和发展，都是经济利益问题；合理的回报是营销的出发点，也是落脚点。

2. 4Rs 营销理论的意义

4Rs 营销理论的最大特点是以竞争为导向，它为企业提供了一个全新的视角来审视和应对市场竞争。该理论在新层次上概括了营销的新框架，将企业与客户的互动和双赢作为核心，通过积极适应并主动创造客户需求，实现营销的优化和系统化。

3. 4Ps 营销理论、4Cs 营销理论与 4Rs 营销理论的比较

4Ps 营销理论、4Cs 营销理论和 4Rs 营销理论的比较如表 7-3 所示。

表 7-3　三个代表性营销组合理论的对比

	4Ps 营销理论	4Cs 营销理论	4Rs 营销理论
营销理念	生产者导向	消费者导向	竞争者导向
营销模式	推动型	拉动型	供应链
满足需求	相同或相近需求	个性化需求	感觉需求
营销方式	规模营销	差异化营销	整合营销
营销目标	满足现实的、具有相同或相近的顾客需求，并获得目标利润最大化	满足现实和潜在的个性化需求，培养顾客忠诚度	适应需求变化，并创造需求，追求各方互惠关系最大化
营销工具	4Ps	4Cs	4Rs
顾客沟通	“一对多”单向沟通	“一对多”双向沟通	“一对多”双向或多向沟通或合作
投资成本和时间	短期低，长期高	短期较低，长期较高	短期高，长期低

第二节　经典4Ps营销理论

企业营销活动通过创造和传递价值满足顾客需求的同时，实现企业价值目标。顾客购买和消费是为了获得满足自己需要的价值，价值决定购买行为。价值创造和传递是多方参与的过程，是企业营销活动的中心。在经典的4Ps营销理论中，产品是价值载体；价格是价值尺度；营销渠道创造并传递价值；促销通过创造和传播价值，达成营销目标。

一、产品策略

产品是价值的载体，决定满足顾客需要的价值内容和层次，包含有形产品和无形服务。杰克·韦尔奇说过，一项好的产品，不论是过去、现在还是将来，都是市场营销中最重要的。

（一）产品整体概念

1. 产品整体概念的三层次说

核心产品（Core Product）是整个产品的中心，是消费者购买产品或服务时所寻求的解决问题的核心利益构成。实体产品（Actual Product）是围绕核心产品构造的，包括质量、特色、设计、品牌、包装等五个特征。扩展产品（Augmented Product）是向消费者提供的一些附加服务利益。

2. 产品整体概念的五层次说

五层次说认为产品包含五个方面：实质产品，包括基本效用或利益；形式产品，包括品质、设计、包装、品牌、特征；期望产品，包括对产品属性或条件的期望；延伸产品，包括售后服务和保障；潜在产品，是指可能的产品发展前景。

（二）产品组合策略

1. 产品组合的宽度、长度、深度和关联度

产品组合的宽度是指一个企业有多少产品大类。产品组合的长度是指一个企业的产品组合中所包含的产品项目的总数。产品组合的深度是指产品大类中每种产品项目有多少花色、品种、规格。产品组合的关联度是指一个企业的各个产品大类在最终使用、生产条件、分销渠道等方面的密切相关程度。

企业产品组合取决于其发展战略、资源优势、资源整合、市场细分及定位、交叉效应和整体效益等因素。

2. 产品组合的调整和优化

（1）扩大产品组合。拓展产品组合宽度，增强产品组合深度。具体做法：①在维持原有产品品质和价格的前提下，增加同一产品规格、型号和款式；②增加不同品质和不同价格的同一种产品；③增加与原产品类似的产品；④增加与原产品毫不相关的产品。

（2）缩减产品组合。当市场不景气或能源紧张时，缩减产品大类，可以提高企业效益。具体做法为：①减少产品线数量，实现专业化生产经营；②保留原产品线，削减产品项目，停止生产某类产品，外购同类产品继续销售。

（3）产品组合向上或向下延伸。具体做法为：①向上延伸，在原有的产品线内增加高档次、高价格的产品项目；②向下延伸，在原有的产品线中增加低档次、低价格的产品项目。

小案例

美国宝洁公司的众多产品线中，有一条牙膏产品线，生产格利、克雷丝、登奎尔三种品牌牙膏。那么宝洁牙膏产品线长度是3。其中克雷丝牙膏有三种规格和两种配方，则克雷丝牙膏的深度是多少？产品组合的长度和深度意味着什么？

（三）新产品开发策略

1. 新产品的概念

新产品是指与旧产品相比，具有新功能、新结构和新用途，能在某方面满足顾客新价值需求的产品。

2. 新产品开发的动因与基本战略

（1）新产品开发的动因，分为客观和主观两个方面。

客观动因主要有以下几点：①技术与经验积累。随着科技的不断进步和企业的长期运营，技术和经验积累为新产品开发提供了坚实的基础。企业可以利用先进的技术手段，结合过往的成功经验，研发出更具竞争力的新产品。②顾客需求。顾客需求是新产品开发的重要驱动力。随着市场变化和消费者偏好的转移，企业需要不断关注并把握顾客的真实需求，通过开发新产品来满足这些需求，从而赢得市场份额和顾客信任。③竞争需要。在激烈的市场竞争中，企业需要不断创新和进步，以应对竞争挑战。通过开发新产品，企业可以提升竞争力，赢得更多市场份额和利润。

主观动因主要有以下几点：①利益增长。新产品开发是企业实现利益增长的重要途径。通过推出新产品，企业可以拓展新的市场领域，增加销售额和利润，实现企业的可持续发展。②战略发展。新产品开发有助于企业实现战略发展目标。通过不断优化产品结构和提升产品竞争力，企业可以巩固市场地位，提升品牌形象，为未来的战略扩张奠定基础。③资源利用。企业内部的技术、人才、资金等资源，需要通过组合利用才能实现其价值。新产品开发可以将这些资源进行有效整合和配置，提高资源利用效率，实现企业价值最大化。

（2）新产品开发的基本战略。企业市场定位不同，新产品开发战略不同。对于市场主导者、先驱者而言，新产品开发战略应该是高度化、标准化、同质化；对于市场挑战者而言，则遵循差异化原则；市场跟随者则是模仿、改进；市场补缺者的战略是特定化。

（3）新产品开发的过程 / 步骤。新产品开发成功的条件多种多样，其中与客户保持密切联系以及加强跨部门沟通交流至关重要。

首先，与客户保持密切联系是确保新产品能够满足市场需求的关键。通过深入了解客户的真实需求、期望和痛点，企业可以精准地定位新产品的功能和特点。在与客户的沟通过程中，企业可以通过多种方式收集反馈和意见，例如市场调研、客户访谈、问卷调查等。

其次，跨部门沟通交流对于新产品开发的成功同样重要。新产品开发往往涉及多个部门和团队的协作，包括研发、设计、生产、营销等。如果各部门之间缺乏有效的沟通和协作，可能导致信息不畅、资源浪费和决策失误等问题。因此，企业需要建立有效的跨部门沟通机制，促进各部门之间的信息共享和合作。这可以通过定期召开跨部门会议、建立信息共享平台、设立联合工作小组等方式实现。通过以上措施，企业确保各部门在新产品开发过程中能够协同工作，形成合力，从而提高新产品的成功率和市场竞争力。新产品开发的过程 / 步骤如图 7-2 所示。

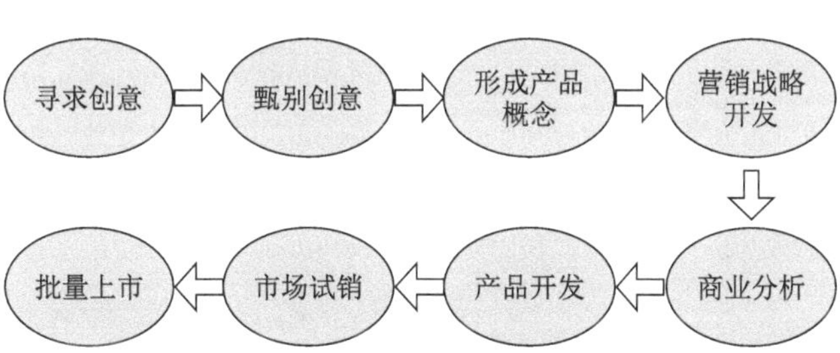

图 7-2　新产品开发的过程 / 步骤

（4）导致新产品开发失败的营销因素[①]。①差异点传递不明晰。新产品要想在市场上取得成功，其独特性和差异化是至关重要的。如果新产品的差异点没有被清晰、准确地传达给目标消费者，消费者可能无法感知到产品的独特价值，导致其购买意愿下降。②市场与产品的界定不精准。准确的市场和产品定位是新产品成功的基石。如果市场与产品的界定不准确，可能导致目标消费者与实际购买者之间存在较大差异，从而影响新产品的市场表现。③市场吸引力太小。新产品的成功往往取决于市场的整体吸引力。如果市场规模过小或增长缓慢，新产品的推广难度会相应增加。此外，如果市场上存在强大的竞争对手或替代品，也可能导致新产品的市场份额难以扩大。④营销组合的执行不力。营销组合包括产品、价格、渠道和促销等多个方面。如果营销组合的执行不力，可能导致新产品的推广效果不佳。⑤时间安排不合理，渠道成本过高。新产品的推出需要合理的时间安排和成本控制。如果时间安排过于紧凑或过于宽松，都可能影响新产品的推广效果。同时，渠道成本过高也会增加新产品的推广难度，降低企业的盈利能力。

（四）产品生命周期策略

随着企业的产品、市场和竞争对手在产品生命周期（Product Life Cycle，简称PLC）不同阶段的变化，企业的定位和差异化战略也必须做相应调整。产品生命周期包括以下四方面含义：①产品的市场生命有时间限度；②产品销售经历不同阶段，每个阶段都面临不同的挑战和机遇；③产品在生命周期的不同阶段利润水平不同；④在产品生命周期的不同阶段，需要不同的营销、财务、生产、采购和人力资源战略[②]。

1. 概念及决定因素

产品生命周期是指产品在市场上从出现、发展到被淘汰的过程，是产品更新换代的基本过程。决定产品生命周期长度的因素包括市场需求变化，产品本身性质、特点，竞争，技术发展，企业营销努力程度。

---

① 郭国庆. 市场营销学通论 [M]. 8 版. 北京：中国人民大学出版社，2021：183.

② 菲利普・科特勒，凯文・莱恩・凯勒. 营销管理 [M]. 王永贵，华迎，译. 北京：清华大学出版社，2017：15-16.

2. 典型产品生命周期的阶段

典型产品生命周期的阶段如图 7-3 所示。

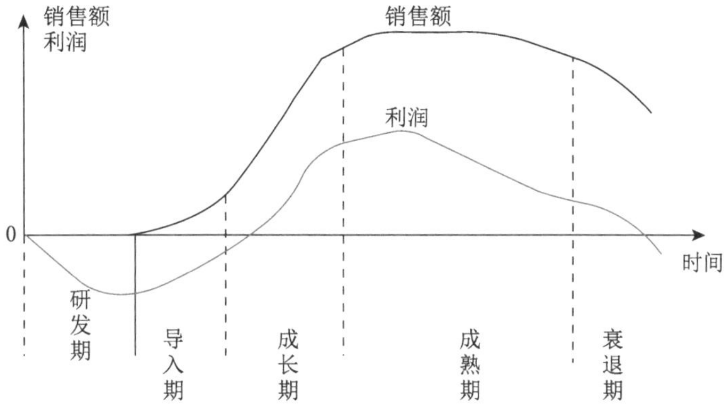

图 7-3　典型产品生命周期的阶段

在产品生命周期不同阶段，应该采取不同的营销原则和策略，如表 7-4 所示。

表 7-4　产品生命周期不同阶段营销原则及其策略

生命周期阶段	导入期	成长期	成熟期	衰退期
原则	缩短导入期	延长成长期	提升成熟期	争取获利
策略	在产品投放市场的试销过程中，企业盈利很少甚至亏损，可强化广告宣传、人员推广，设立分支机构，加强渠道网络建设	在产品成长阶段，企业的利润增长率最大。企业应尽力将产品保持在成长状态，可通过开发新的渠道形式和开拓新的地区市场等方式使产品的销售再次出现转机	产品处于成熟期时，企业拥有稳定的销售量，但利润率已经逐渐走低，可采取以新代旧实现新的循环，同时还可采取强化品牌的方式提升产品成熟期的收益	产品进入衰退期时仍有可能获利，这时还有一些“保守型”的购买者会排斥新产品而愿意购买老产品，因此不再需要市场推广费用

3. 产品生命周期的其他形式

风格是一种在人类生活中基本的但又特点突出的表现方式。风格一旦产生，可能会延续数代，呈现出一种循环再循环的模式。时尚 / 流行型指在某一领域里为大家所接受且欢迎的风格。时髦 / 热潮型是一种来势汹汹且很快就吸引大众注意的时尚，俗称时髦。扇贝型指产品生命周期不断延伸再延伸，原因在于产品创新或不时发现新的用途。

二、价格策略

（一）价格策略的概念

价格衡量价值创造的结果，是企业价值获取的尺度，也是顾客判断获取价值多少的依据。价格策略是指企业通过对顾客需求的估量和成本分析，选择一种能吸引顾客、实现市场营销目标的策略。价格策略合适与否直接决定企业的生存能力和盈利水平。

1. 定价目标与产品定价

企业定价目标包括维持企业生存、当期利润最大化、市场占有率最大化、产品质量最优化。企业在制定相关战略时，必须考虑时间周期的因素，对已有产品或新产品在生产、销售等经营过程中涉及的各种直接成本和间接成本进行合理的分配和规划，以实现企业利润最大化①。定价过程如图 7-4 所示。

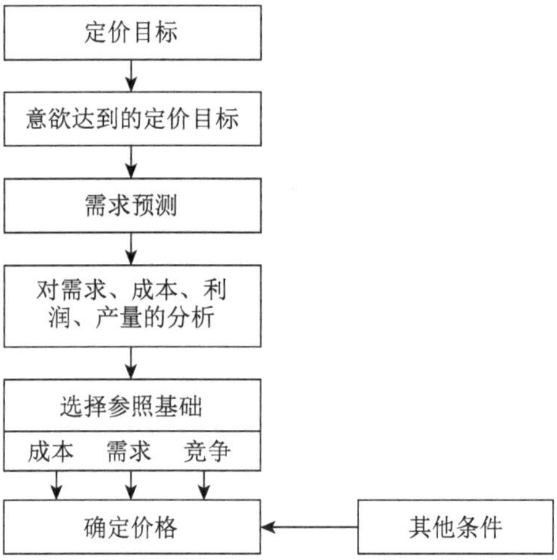

图 7-4　定价过程

（二）影响定价策略的主要因素

影响产品定价策略的主要因素包括成本、需求和竞争者价格。其中，成本是价格构成的基本因素和制定价格的基础。需求状况受价格和需求变动的影响，需求决定产品最高价。竞争者价格也影响企业定价策略。竞争方式除了价格外，还有其他方式。如交通运输业，除价格外还有运输工具、时间、效率等方面。

除了以上三个因素，影响定价策略的因素还包括企业整体营销战略和外部环境。在企业整体营销战略中，目标市场与市场定位是影响定价的关键因素。不同的目标市场有不同的需求和期望，因此定价策略需要与之相匹配。市场定位也会直接影响定

① Kotler P. Principles of marketing[M]. 17th ed. Harlow：Pearson Education，Inc.，2018：320-331.

价。其次，营销目标也是企业定价时需要考虑的重要因素，不同的营销目标将直接影响企业的定价策略。此外，企业在制定定价策略时还需要考虑与其他营销组合因素的一致性。这些因素包括产品、分销、促销等。定价策略应该与这些因素相互协调，以形成统一高效的营销方案。

外部环境对定价策略的影响，主要体现在经济形势方面。通货膨胀、供求关系等都会影响企业的成本和市场需求，进而影响定价决策。此外，其他外部因素的影响也越来越受到企业的关注。如随着社会环保意识的提高，企业在定价时需要考虑到产品的环境影响和可持续性，这可能会涉及使用环保材料、减少包装废弃物等方面的成本增加，进而影响到产品的定价。

（三）定价策略

根据企业的经营目标，企业可以选择多种定价方法，如成本加成定价法、需求导向定价法等。除了基本定价方法外，企业需要考虑和利用灵活多变的定价策略，修正和调整产品价格。

1. 折扣与折让定价策略

价格折扣的主要类型包括现金折扣、数量折扣、功能折扣、季节折扣、让价策略。影响折扣定价策略的主要因素有竞争对手以及联合竞争的实力、折扣的成本均衡性、市场总体价格水平下降。

2. 地区定价策略

地区定价策略包括原产地定价、基于地区差异的分区定价、以某一城市为基点的基点定价、运费免收定价、统一交货定价等。

3. 心理定价策略

（1）声望定价，是指企业利用消费者仰慕名牌商品或名店声望所产生的某种心理来确定商品的价格，故意把价格定成整数或高价。

（2）尾数定价，又称奇数定价，即利用消费者数字认知的特殊心理制定带有零头的价格，使消费者产生价格较廉的感觉，还能使消费者产生卖主定价认真的印象。

（3）招徕定价，是指零售商利用部分顾客求廉的心理，特意将某几种商品的价格定得较低以吸引顾客。

4. 差别定价策略

差别定价，又称弹性定价，是一种基于顾客支付意愿制定不同价格的定价方法。其目的在于建立基本需求，缓和需求波动，并刺激消费需求。差别定价的适用条件主要包括以下几个方面。

（1）市场细分。市场细分是差别定价的前提条件。差别定价要求市场必须是可以细分的，并且各个子市场之间不能倒卖产品。各个子市场必须表现出不同的需求程度，才能针对不同的市场、客户提供不同的价格策略。

（2）价格敏感度。价格敏感度是指不同客户或市场对价格变化的敏感程度。价格敏感度越高的客户或市场，越适合采取差别定价策略。

（3）成本差异。只有在不同的市场、客户、产品或时间等条件下，成本存在差异，才有差别定价的必要性和可行性。

（4）竞争环境。在高价市场上，竞争者无法与企业进行价格竞争。如果竞争者能以低价竞销，那么差别定价策略可能难以实施。

（5）客户接受度。顾客能够理解或接受差别定价，不会产生过多反感情绪，导致放弃购买，影响销售。

（6）法律合规。差别定价必须遵守市场公平竞争的原则，不得存在价格歧视、滥用市场支配地位等行为，否则会违反反垄断法规定，产生法律风险。

5. 新产品定价策略

新产品定价策略包括撇脂定价、渗透定价和君子定价三种方式。

（1）撇脂定价。撇脂定价是高价定价策略，目的是在产品生命周期早期阶段通过高价迅速收回投资，并获得高利润。撇脂定价需要几个条件：首先，市场上有足够的购买者，且需求缺乏弹性。其次，需要确保销量减少的情况下，单位成本增加也不会抵消高价收益。最后，企业还需要确保在定价期间内能够独家经营，没有竞争对手，可以通过高价策略获取最大利润。

（2）渗透定价。市场需求对价格极为敏感时，低价会刺激需求迅速增长，此时企业可采取渗透定价。生产成本和经营费用会随产量增加而下降，因此低价在一段时间内不会引起实际和潜在竞争。

（3）君子定价。为了不刺激现有竞争者，企业也会在高价和低价中间取一个安全定价水平，即君子定价，或温和定价。

6. 产品组合定价策略

产品组合定价策略包括选择品定价、分部定价、产品捆绑定价、副产品定价、补充产品定价、产品大类定价。

7. 互联网免费定价策略

互联网免费定价策略包括依托用户行为、基于零边际成本、交叉补助、依托增值服务等的免费定价。

三、渠道策略

渠道策略主要包括渠道设计、渠道管理等内容。

1. 影响分销渠道设计的因素

影响分销渠道设计的因素包括顾客特性、产品特性、竞争特性，以及环境特性、企业特性、中间商特性等，如图 7-5 所示。

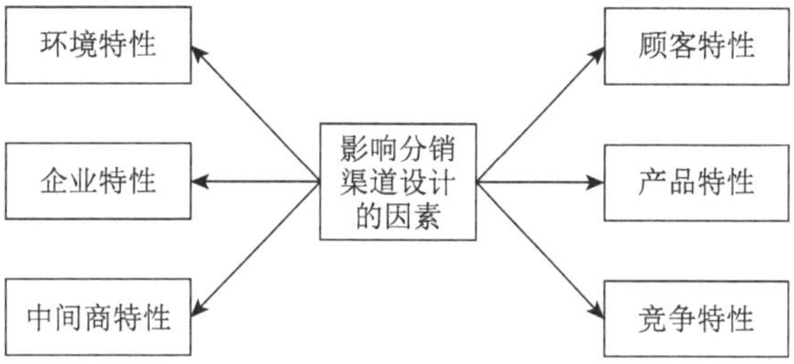

图 7-5 影响分销渠道设计的因素

2. 分销渠道设计

（1）确定渠道目标与限制条件。

（2）明确各种渠道方案，包括中间商类型，每一层级中间商的数目、任务，生产者与中间商的交易条件和相互责任等。

（3）从经济性、控制性、适应性等方面评估各种渠道方案，选出最佳方案。

3. 分销渠道的管理

第一，选择渠道成员。生产者要按照一定标准来评估中间商经营时间长短及成长记录、清偿能力、合作态度、声望等。第二，激励渠道成员。通过经济激励和精神激励鼓励中间商付出更大努力。第三，评估渠道成员，如图 7-6 所示。

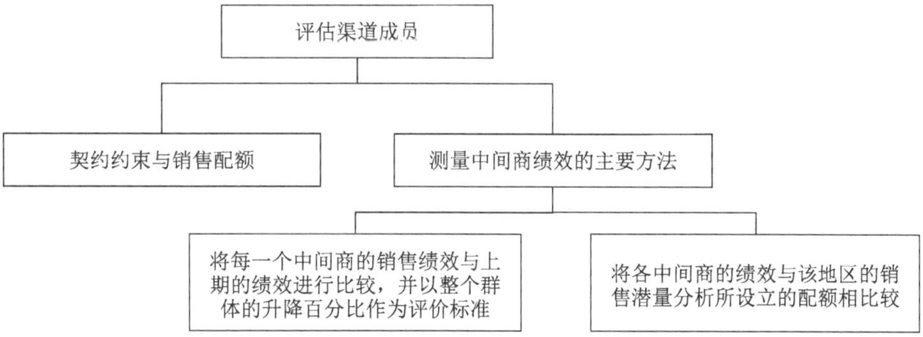

图 7-6 评估渠道成员

4. 渠道冲突管理

渠道冲突管理，主要是了解造成不同渠道冲突的原因及解决对策。水平渠道冲突是指在同一渠道系统中同一层次中间商之间的冲突，产生的原因多是对目标市场的中间商数量及其分管区域缺乏合理的规划。垂直渠道冲突是指在同一渠道系统中不同层次企业之间的冲突，即渠道上下游的冲突，产生的主要原因是供应链设置不科学。

（三）新零售及发展趋势

1. 新零售现状

新零售概念被提出以来，已有包括阿里巴巴、腾讯、百度、京东、小米、网易等在内的企业开始了新零售的探索之路。这些新零售企业的共同特性是以大数据、人工智能等核心技术为基础营造消费场景，迎合新一代消费群体的消费升级需求；打通线上线下之间的数据连接，自建物流或者合作物流，追求极高的物流效率以提升消费者体验。

2. 新零售的未来趋势

（1）更加以消费者为中心。如何用特色产品、服务、体验打动消费者，触动消费者的心智，已经成为零售经营成功的关键。

（2）精准与场景零售。竞争取胜的重要基础是精准定位目标消费者，聚焦目标消费者的需求场景。

（3）流量销售。流量是零售企业销售的基础，流量也反映了零售企业的市场影响力。

（4）社交与社群零售。在互联网环境下，社群影响已经成为消费购买的主要影响要素，零售具备了更多的社交属性。

四、促销策略

促销是价值创造、传播过程，也是促进价值交换活动顺利完成的过程。在此过程中需要明确获得价值与付出价值，应避免给顾客以负价值。促销可以对顾客的态度及消费观念施加影响。

（一）促销组合概述

1. 促销组合的构成

促销组合是指企业根据促销的需要，对广告、销售促进、人员推销、直复营销与公共关系等各种促销方式进行的适当选择和综合编配[①]。从广义上讲，营销组合各个因素都可归为促销组合；从狭义来看，促销组合只包括广告、包装、展销会、购买现

① 郭国庆. 市场营销学通论 [M]. 8 版. 北京：中国人民大学出版社，2021：243.

场陈列、销售辅助物（目录、说明书、影片等）、劝诱工具（竞赛、赠品券、赠奖、赠送样品、彩券）以及公共关系等具有沟通性质的促销工具。

2. 影响促销组合策略的因素

（1）产品类型。产品是消费品还是产业用品会影响企业促销组合策略的选择。

（2）促销组合策略的类型。推式策略还是拉式策略影响促销组合。推式策略是指利用推销人员与中间商促销将产品推入渠道；拉式策略是指企业针对最后消费者，花费大量的资金从事广告及消费促进活动，以吸引消费者主动购买。

（3）促销目标。促销目标不同，相同促销工具的成本效益会有所不同。

（4）产品生命周期阶段。在不同的产品生命周期阶段，促销目标及促销组合策略不同。

（5）经济前景。随着经济前景的变化，企业也会及时改变促销组合。

3. 促销策略新趋势——整合营销传播

（1）整合营销传播。整合营销传播是一个对现有顾客和潜在顾客制订并实施各种形式的说服性沟通计划的长期过程。其强调在所有顾客接触点上都必须具有引人注目的沟通影响力，强调由顾客决定沟通方式。

（2）整合营销传播的阶段性和层次性。①整合营销传播的阶段性。整合营销传播之父唐·舒尔茨把整合营销传播归纳为四个阶段：第一阶段，战术性协调。在此阶段，主要任务是对组织内的各种营销传播活动进行战术性的协调，以确保信息的一致性和高效传递。这涉及不同产品、部门、地区和国家之间的营销活动协调，确保它们在统一的战略指导下进行。第二阶段，重新界定营销传播范围。此阶段主要致力于拓展营销传播的范围，将更多的传播活动纳入整合营销传播的框架内。第三阶段，信息技术的应用。随着信息技术的迅猛发展，整合营销传播进入了一个新的阶段。在这一阶段，组织开始广泛采用各种信息技术工具来支持营销传播活动，如大数据分析、云计算、人工智能等。第四阶段，财务和战略的整合。此阶段强调营销传播与财务和战略的深度整合。通过整合营销传播与财务资源，组织可以更加科学地制定预算和投入策略，实现资源最优配置。同时，整合营销传播应与企业战略目标相一致，确保所有的传播活动都围绕着实现企业的长期发展目标而展开。②整合营销传播的层次性。科罗拉多大学汤姆·邓肯教授从传播领域的角度提出了整合营销传播的四种整合层次，如表 7-5 所示。

表 7-5　整合营销传播的四种整合层次

层次	名称	描述 / 重点	实例
1	统一形象	一个面孔、一种声音、注意强烈的品牌形象	3M
2	一致声音	前后一致的声音和面孔，对不同受众（顾客、同行、供应商等）采取相应信息回应	Hallmark
3	好听众	采取双向传播：通过免费电话号码、调查、商展等获取反馈，注重长期联系	可口可乐、安德森
4	世界级公民	关注广阔的社会；建设自身环保、健全的企业文化	苹果、本田

（3）企业实施整合营销传播的效果。国内外企业的营销实践证明，实施整合营销传播可收到整合传播工具、优化传播、减少交易费用、聚焦目标受众等效果。

（4）网络整合营销传播的“4I 原则”。在互联网时代，企业进行整合营销传播应遵循 4I 原则，即趣味原则（Interesting）、利益原则（Interests）、互动原则（Interaction）和个性原则（Individuality）。

（二）广告策略

1. 广告媒体的特性

传统的广告媒体包括报纸、杂志、广播、电视、直接邮寄、户外广告等，其优缺点如表 7-6 所示。

表 7-6　广告媒体的特性

媒体	优点	缺点
报纸	弹性大、及时，对当地市场的覆盖率高，易被接受和被信任	时效短，传阅读者少
杂志	可选择适当的地区和对象	广告购买前置时间长，有些发行量是无效的
广播	大量使用，可选择适当的地区和对象，成本低	仅有音响效果，不如电视吸引人，时效短
电视	视、听、动作紧密结合且引人注意，送达率高	绝对成本高，展示时间短，对观众无选择
直接邮寄	沟通对象已经过选择，而且媒体形式灵活	成本比较高，容易造成滥寄的现象
户外广告	比较灵活，展露重复性强，成本低，竞争少	不能选择对象，创造力受到局限等

2. 广告媒体的选择依据

广告媒体的选择依据包括成本、媒体的传播范围和影响力、信息类型、产品特性、目标沟通对象的媒体习惯。

3. 网络广告的优势和局限

网络广告的优势：①经济性。与传统媒体广告相比，网络广告制作和发布成本相对较低。中小企业和个人也有机会在网络上展示自己的产品和服务，从而吸引更多潜在客户。②形式多样。网络广告可以采用文字、图片、视频、音频等多种形式，甚至可以与游戏、社交应用等结合，创造丰富多样的体验，使广告更具吸引力和创新性。③广泛性。网络广告的受众范围广泛，可以覆盖全球范围内的潜在客户。无论是国内还是国际市场，只要有网络覆盖的地方，都可以成为网络广告的投放地。④非强迫性。网络广告通常不会打断用户的正常浏览或使用行为，用户可以根据自己的兴趣和需求选择是否看广告，非强迫性有助于提高用户的广告接受度。⑤交互性。网络广告可以实现与用户的实时互动，如点击、评论、分享等。这种交互性不仅有助于增强用户体验，收集用户反馈，还为广告效果优化提供依据。⑥实时性。网络广告可以迅速更新和调整，以适应市场变化和用户需求。广告主可以根据实时数据调整投放策略，提高广告效果。

网络广告的局限：①网民对网络广告的反感情绪。随着网络广告的普及，一些用户开始对频繁弹出的广告产生反感，甚至采取屏蔽广告的措施。这可能导致广告效果下降，甚至对品牌形象造成负面影响。②广告位置有限。虽然网络广告可以覆盖多个平台和渠道，但每个平台或渠道的广告位置都是有限的。广告主需要竞争有限资源，才能获得更好的曝光效果。③广告受众情况难以统计调研。虽然网络广告可以收集丰富的用户数据，但由于隐私保护和数据安全等问题，广告主在获取和使用这些数据时面临一定的限制。这可能导致对广告受众情况的了解不够深入和准确。④创意设计空间和能力的局限。虽然网络广告形式多样，但创意设计空间和能力也受到一定限制。一些平台或渠道对广告的内容和形式有严格的规定和限制，这可能限制了广告主的创意发挥。

4. 广告设计与广告效果

（1）基于产品生命周期的广告设计

一般而言，在产品生命周期不同阶段，企业所选择的广告类型会有所不同：导入期，一般设计开拓性广告，吸引客户以帮助新产品开拓市场；成长期，一般设计竞争性广告或说服性广告，以吸引更多客户；成熟期，多设计刺激需求、促进销售的广告；衰退期，多是倾向于设计理性诉求的广告。

（2）广告效果评估

广告效果的评估包括两方面：一是沟通效果评估，常用的预测方法主要有直接评分、组合测试、实验室测试，还包括广告的后测，例如回忆测试、识别测试；二是销售效果评估，主要包括历史资料分析法、实验设计分析法。

（三）人员推销策略

1. 销售人员的工作任务

①销售人员需要积极寻找和发现更多潜在顾客。②销售人员需要把企业产品和服务信息传递给现有及潜在的顾客。③销售人员要运用推销技术（包括接近顾客、展示产品、回答异议、结束销售等）千方百计推销产品。④客户购买过程中，销售人员需要向顾客提供咨询、技术支持、融资等各种服务。⑤销售人员还要定期进行工作汇报，并进行市场调查和收集市场情报。

2. 人员推销的优点

（1）注重人际关系。人员推销的核心是销售人员与潜在客户之间的直接接触和沟通。这种互动有助于建立信任关系，增强客户对企业的好感和忠诚度。这种良好关系可以帮助销售人员更好理解客户需求，从而提供更符合客户期望的产品或服务。

（2）具有较大的灵活性。与其他促销方式相比，人员推销可以根据客户的具体需求和反馈进行实时调整。销售人员可以根据客户的反应灵活改变销售策略、展示方式，或提供个性化的解决方案，从而更有效地促成交易。

（3）针对性强，无效劳动较少。人员推销通常针对具有明确购买意愿或潜在需求的客户，因此销售人员可以集中精力在这些目标客户上，避免在无关人群中浪费时间和精力，提高销售效率。

（4）大多数情况下能实现潜在交换。人员推销可以实时了解客户的购买意愿和支付能力，从而更有效地促成交易。这种即时反馈机制有助于减少交易的不确定性，提高潜在交换的成功率。

（5）有利于企业了解市场，提高决策水平。销售人员在与客户的接触过程中，可以收集到大量关于市场需求、竞争态势和客户反馈的信息。这些信息对于企业制定市场策略、调整产品结构和改进服务质量具有重要价值，有助于提高企业的决策水平。

（6）人员推销经常用于竞争激烈的市场。在竞争激烈的市场环境中，人员推销可以作为一种有效的竞争手段。销售人员可以通过提供专业的产品知识、个性化的服务以及灵活的谈判技巧，来争取客户的青睐和信任，从而在竞争中脱颖而出。

3. 人员推销策略的决策类型

推销策略决策主要包括三项工作。

（1）确定推销队伍规模。采用销售百分比法、分解法、工作量法等确定企业推销队伍的人数、构成等。

（2）安排推销工作。主要包括推销人员关于不同顾客的时间安排，以及不同类别产品的推销资源安排。

（3）销售区域设计。销售区域设计要考虑几个问题：各销售区域要易于管理；各销售区域的销售潜量要容易估算；能够严格控制推销费用；对推销人员而言，各区域的销售潜量和本人的工作量要对等。

（四）销售促进策略

销售促进是指企业运用各种短期诱因，促进消费者和商业用户更快或更多地购买特定产品或服务；它为购买行为提供激励。①

1. 销售促进的分类

①针对消费者的促销工具有样品、折价券、以旧换新、减价、赠奖、竞赛、商品示范等。②针对产业用品的促销工具包括折扣、赠品、特殊服务等。③针对中间商的促销工具有购买折让、免费货品、商品推广津贴、合作广告、推销金、经销商销售竞赛等。④针对推销人员的促销工具有红利、竞赛等。

2. 销售促进策略的实施步骤

（1）确定销售促进目标。销售促进策略的首要目标是明确销售目标，包括销售额增长、市场份额提升、新客户获取等。明确的目标有助于企业更有针对性地制定后续的促销策略。

（2）选择销售促进工具。选择销售促进工具时，企业需要考虑市场类型、销售促进目标、预算分配、销售促进工具费用以及竞争者的促销情况等。不同的目标市场需要不同类型的促销工具，而销售促进的目标和预算分配也会制约工具类型的选择和使用规模。

（3）制订销售促进方案。根据确定的目标和所选工具，企业需要制订具体的销售促进方案。这包括确定促销活动的具体内容、形式、时间、地点等，以及制订相应的执行计划和预算。

（4）预试销售促进方案。虽然销售促进方案是在经验基础上制订的，但仍应经过

① 菲利普·科特勒，凯文·莱恩·凯勒. 营销管理 [M]. 王永贵，华迎，译. 北京：清华大学出版社，2017：244.

预试来确认所选用的工具是否适当，诱因是否最佳，实施途径效率如何。这可以通过邀请消费者对不同的优惠方法进行评价，或在有限的地区范围内进行试验性测试等方式进行。

（5）实施和控制销售促进方案。在正式实施销售促进方案过程中，企业需要严格控制各项工作的执行，确保方案能够按照预定的计划和目标进行。同时，还要对实施过程进行监控、调整。

（6）评价销售促进结果。促销活动结束后，企业需要评价销售促进是否达到了预期目标、效果如何。评价可以通过销售额、客户反馈等数据来进行，也可以采用前后比较法、市场调查法、观察法等。评价结果将为企业未来的销售促进活动提供宝贵的经验和参考。

（五）公共关系策略

1. 公共关系的含义和内容

公共关系是指某一组织为改善与社会公众的关系，促进公众认识、理解及支持，树立良好形象，实现组织与公众的共同利益与目标的管理活动[①]。公共关系策略有调研活动、专题活动、事件策划、外联协调、媒体传播、其他日常活动。

2. 公共关系评估

（1）信息传播频率。信息传播频率主要衡量公关信息传播的广度和深度。广度指信息覆盖的受众范围，即信息传播是否达到了预期的目标群体。深度是指信息被受众接收和理解的程度，包括信息清晰度、易懂性以及受众对信息的记忆度。企业可以通过媒体曝光量、网络点击率、转发量等指标评估信息传播频率。

（2）受众反响。受众反响评估涉及受众对公关活动的认知、态度和行为变化。评估受众反响时，可以通过问卷调查、访谈、社交媒体评论等方式收集受众的反馈意见。这些反馈可以揭示受众对公关活动的满意度、认可度以及可能的改进建议。

（3）公关对公众行为产生的影响。企业可以通过对比公关活动前后公众行为的变化，或通过市场调研和数据分析法，对公关活动效果进行量化评估。公关活动的评估是一个持续的过程，需要定期进行，以便调整、优化，并为未来公关活动策划提供决策依据。评估公关对公众行为影响时，要控制其他促销策略的影响，以便准确衡量公关活动效果。

---

① 郭国庆. 市场营销学通论 [M]. 8 版. 北京：中国人民大学出版社，2021：255.

本章小结

本章介绍了营销组合策略理论的发展、演变，主要营销组合策略理论的内容；重点介绍了产品、价格、渠道和促销等经典 4Ps 营销理论的含义、内容、意义和实施方案。

思考题

1. 市场竞争下，企业制定营销组合策略需要考虑哪些条件？
2. 不同营销组合策略适用条件是什么？怎样进行营销策略创新？
3. 你所在的企业目前采用的营销组合策略是什么？可以从哪些方面进行创新？

第八章　服务营销组合策略

学习目标

1. 了解服务营销的概念及特征

2. 掌握服务营销组合策略的内容

开篇案例

IBM 从硬件供应商转变为服务型企业

“服务将会步入产业的前沿”，IBM 前总裁路易斯·郭士纳的观点精准捕捉到了 21 世纪席卷全球各个产业的深刻变革。自 1911 年 IBM 在美国创立以来，它已逐渐发展成为业务遍布 160 多个国家和地区的全球计算机产业领导者。在大型机、小型机和便携机等多个领域，IBM 都取得了举世瞩目的成就。随着时代变迁，许多曾以制造业为主导的巨头企业将目光转向服务业。IBM 前总裁山姆·帕米萨诺在 2003—2012 年的任期内，强化了公司对服务业的重视。2005 年，IBM 将个人电脑业务出售给中国联想集团，这一举措标志公司正式从硬件产品业务向高价值服务业务全面转型。到 2011 年，IBM 的服务业务收入已占公司总收入的近 60%，基本完成了从产品向服务的转变。

在 20 世纪 90 年代初，微软、英特尔、戴尔等 IT 巨头的激烈竞争曾一度使 IBM 陷入困境。当时，计算机行业正处于更新换代的关键时期，硬件产品利润率不断下降，市场竞争也日趋激烈。新兴企业凭借快速的市场反应和强大的生命力不断蚕食市场份额，IBM 的传统大型主机销售急剧下滑，个人电脑业务也一直不景气。

然而，在郭士纳领导下，IBM 拉开了转型的序幕。公司开始实施服务化转型战略，不断深化企业服务化转型的理念，并在领导团队以及研发、主机业务、软件业务、市场、营销、服务等部门采取了一系列以市场为导向、以客户为导向的战略调整举措。IBM 逐渐从以产品为中心转变为以客户为中心，开始树立和推广服务导向的品牌新形象。为了实现这一转变，IBM 构建了基于服务的企业组织新架构，并成立了面向商业咨询、战略外包、集成技术服务和系统维护四个层次的信息技术服务体系。通过积累不同行业的信息化解决经验，不断整合内外部资源，深化技术、产品、服务等多层面的融合。此外，IBM 还加强了网络、业务、内容和终端的互动发展，重构和延展了业务体系，打造全业务流程的综合集成能力。兼并重组是 IBM 推进服务化战略转型的基本途径。在服务转型的历史进程中，IBM 既有加减也有乘除。公司主动剥离了硬件业务，如 2002 年将硬盘业务出售给日立，2005 年将全球个人电脑业务出售给中国联想，2007 年将商用打印机业务出售给日本理光。同时，IBM 积极收购重组服务和软件业务，如 2002 年收购了普华永道的咨询部门等。

通过服务化转型，IBM 重新引领了全球信息产业的发展。公司构建了面向服务的具有独特优势的新商业模式，建立了集“问题分析 + 战略规划 + 方案设计 + 关键软硬件产品开发 + 项目实施 + 业务外包 + 人才培训”为一体的全业务综合集成服务体系。IBM 的成功来自服务文化的变革、员工工作的变化以及服务流程的变化等多个方面。公司始终坚信，销售和提供一台计算机与销售和提供一项解决顾客问题的服务是截然不同的。正是这种对服务的深刻理解和执着追求，使得 IBM 能够在激烈的市场竞争中脱颖而出，成为全球信息产业的佼佼者。

（资料来源：吉林省制造业与服务业融合公共服务平台典型案例）

案例问题：

1. 在企业营销中，服务的重要性体现在哪些方面？

2. IBM 如何通过服务化转型来应对市场竞争和硬件利润率下降的挑战？

3. 在服务化转型过程中，IBM 采取了哪些关键战略和措施来确保转型的成功，并且如何将这些战略和措施与市场需求和客户导向相结合？

第一节　服务及服务的特征

一、服务的营销学定义

瓦拉瑞尔·泽丝曼尔和玛丽·乔·比特纳（2023）提出，服务是行动、过程和表现，是由一个实体或个人为另一个实体所提供或联合生产或创造的绩效。泽丝曼尔还提出一个更宽泛的服务定义：服务作为一种经济活动，其特点在于不产出有形的产品或构造，而是在生产过程中便实现了消费，同时提供便利、娱乐、省时、舒适或健康等各种形式的附加值[①]。1990 年，国际化标准组织把服务定义为“为满足顾客的需要，供方与顾客接触的活动或供方内部活动所产生的结果”。尽管不同学者对于服务定义存在差异，但从根本上来说，服务是以满足消费者的需要为目的、以人的活动为基础的满足消费者的过程。

根据产品（Products）有形和无形属性的程度，可以将其划分为两大类：有形性主导的产品（Goods）和无形性主导的产品（Services）。有形产品具有明确尺寸、材质、外观和性能等可感知的特性。Grönroos（1990）指出服务是一系列或多或少带有无形本质的活动，实际上很少有产品是完全无形或完全有形的。简单来说，服务就是行动、过程和表现，它是无形的，既无法触及也无法看见。[②]

（一）服务的营销学定义

从营销学上讲，服务是所有以无形产品或无形生产为产出的经济活动，其生产与消费往往同时进行，通常能提供诸如便利性、娱乐性、及时性、舒适性或健康等附加价值。

（二）服务的类型

按照服务与有形物质在产品中大致所占比重，可以把产品分为四种[③]。

（1）纯有形商品状态：肥皂、牙膏、盐等产品中无附加服务。

（2）附带服务的商品状态：空调、电脑等。

（3）附带少部分商品的服务状态：如飞机头等舱，在提供服务之外还提供食品、杂志等。

（4）纯服务状态：投资管理、家政服务、心理咨询等。

二、服务的特征

（一）有形产品与服务的区别

与有形产品相比，服务更加异质、无形，更难做出评估，如表 8-1 所示。

① 瓦拉瑞尔·泽丝曼尔，玛丽·乔·比特纳，德韦恩·D. 格兰姆勒. 服务营销 [M]. 张金成，白长虹，译. 北京：机械工业出版社，2023：3-4.

② Zeithaml V A，Bitner M J，Gremler D D. Services marketing: integrating customer focus across the firm[M]. New York: The McGraw-Hill Company，2009：4.

③ 叶万春. 服务营销管理 [M]. 北京：中国人民大学出版社，2003：24.

表 8-1　产品与服务的区别

产品	服务	服务特征的相应含义
有形性	无形性	服务不可储存 服务不容易申请专利 服务不容易进行展示或沟通 难以定价
标准化	差异性	服务的程度与顾客的满意取决于员工和顾客的互动 服务质量取决于许多不可控因素 无法确知提供的服务是否与计划或宣传相符
生产与消费相分离	生产与消费的不可分离性	顾客参与并影响交易 顾客之间相互影响 员工影响服务的结果 分权可能是必要的 难以进行大规模生产
可储存	易逝性	服务的供应和需求难以同步进行 服务不能退货或转售 服务在给定时期不能延期销售或交付

（资料来源：Parasuraman A，Zeithaml V A，Berry L L. A conceptual model of service quality and its implications for future research[J]. Journal of marketing，1985，49（4）：41-50）

（二）服务的特征

1. 无形性

无形性是所有独特差异性的基础，它主要表现为不能像有形产品那样被感知和触摸。例如人们在预订酒店住宿时，购买的是住宿体验和服务，而非物理房间。在入住前，顾客只能通过描述和评价来预测服务质量。实际体验后，顾客才能感受到房间的舒适度和服务的专业度。

2. 差异性

差异性是指服务构成因素和质量水平所呈现出的变化。这种变化主要源于在提供服务过程中，涉及的多重“人”的要素，如顾客、员工、管理人员等，以及环境等外部因素的变化。这些变化对服务过程和服务结果产生影响，导致服务提供商每次提供的服务都可能存在细微或显著的差异。

3. 生产与消费的不可分离性

大多有形商品是先生产，后消费，而服务产品具有不可分离的特征，即服务的生产与消费过程同时进行，以产生服务价值。

4. 易逝性

服务的无形性及其生产与消费同步性，显著区别于产品可以储存以备日后销售的特点。服务一旦被生产出来，若未能得到及时的消费，便会不可避免地流失。

三、服务营销产生的缘由

（一）服务业的发展需要

改革开放以来，我国服务业进入快速发展期。1978—2012 年，我国服务业增加值从 905 亿元增长到 244852 亿元，年均增长 10.8%。1985 年服务业增加值占 GDP 的比重超过第一产业，2012 年超过第二产业。2012—2018 年，我国服务业增加值从 244852 亿元增长到 469575 亿元，年均增长 7.9%，2018 年在国内生产总值中的比重达到 52.2%，占据国民经济半壁江山。另外，服务业成为吸纳就业的主要渠道。到 2018 年年底，服务业就业人员达到 35938 万人，比重达到 46.3%，成为我国吸纳就业最多的产业[①]。

当前，我国已步入社会主义新时代，社会的主要矛盾已然转变，从过去的需求与供给之间的矛盾，转变为人民日益增长的美好生活需要和不平衡不充分的发展之间的矛盾。这一重大转变对服务业的发展提出了更为严格的要求，同时也为其赋予了更为重大的使命。在此背景下，“十四五”规划纲要为服务业的繁荣发展提出了明确的总体要求，这不仅为服务业指明了前进的方向，也为服务营销的发展与实践带来了前所未有的新机遇和新挑战。

（二）服务营销具有特殊性

早期学者们主要关注服务与产品的区别。服务通常被视为一种无形活动或行为，与有形产品相比，其特性更加难以捉摸和量化。随后，学者们开始将焦点转向服务营销与产品营销之间的区别：第一，新的服务营销组合变量要比产品营销组合变量多。相对于产品营销组合的产品、价格、渠道和促销四个方面，服务营销组合还需要考虑人员、过程、有形展示等因素。第二，顾客参与程度不同。产品营销中顾客参与互动相对较少。而在服务营销中，顾客往往直接参与到服务过程中。第三，服务定价策略更困难。服务无形性导致难以进行准确的服务定价。

因此，服务的营销与管理需要新的观念和方法。服务提供者需要更加注重顾客的需求和体验，制定更加灵活和个性化的营销策略。

---

① 国家统计局 . 服务业风雨砥砺七十载 新时代踏浪潮头领航行——新中国成立 70 周年经济社会发展成就系列报告之六 [R/OL]. 2019-07-22.

第二节 以顾客为中心的服务营销4Ps组合策略

一、服务营销和技术

（一）服务营销面临的挑战

在服务营销的成功道路上，技术和方法固然重要，但更重要的是创造顾客满意的能力。然而要实现成功的服务营销面临了两大挑战：一是服务质量管理问题，二是服务的市场推广问题。

服务营销不同于产品营销：产品营销通过4Ps营销工具将生产和消费联系起来，侧重于结果消费；而服务营销则强调生产与消费同步进行，将生产过程与消费过程有机结合，创造良好的互动关系。这种互动关系使顾客能够感知到良好的服务质量，从而完成服务有效传递。因此，服务不仅是过程消费，也是结果消费。

（二）服务营销深受技术的影响①

1. 技术对服务营销的积极影响

（1）促进新服务的出现。技术成为服务创新背后的基础力量，许多新服务都离不开技术支持，如外卖、远程会诊等服务。

（2）提供新服务的新方式。为现存服务在可获得性、便利性和效率性的提升方面提供了支持，同时技术加速了基本的顾客服务职能（支付、咨询、核对账目、跟踪订单）、交易，以及学习和搜寻能力。

（3）提高员工与顾客双方的效率。顾客与员工在获得和提供服务的过程中更加高效。如智能客服机器人，可以快速响应顾客的咨询，并处理订单问题，缩短了顾客等待时间，也减轻了员工的工作压力，提升了整体服务效率。

（4）实现服务的全球扩张。互联网本身的无障碍特征，使信息、顾客服务、交易能够跨国家、跨洲来进行；技术也使跨国公司的员工轻易地进行接触——分享信息、咨询问题、作为虚拟团队的成员一起工作。

2. 技术对服务营销的消极影响

（1）对于顾客隐私的过度关注。企业在收集和分析顾客数据方面具有强大的能力。然而，这种能力也引发了关于顾客隐私保护的担忧。

---

① 瓦拉瑞尔·泽丝曼尔，玛丽·乔·比特纳，德韦恩·D. 格兰姆勒. 服务营销[M]. 张金成，白长虹，译. 北京：机械工业出版社，2023：12-15.

（2）技术应用降低了人际接触的机会。许多服务可以通过自动化系统或在线平台提供，提高服务效率的同时，也减少了顾客与服务提供者之间的人际接触机会，可能导致服务体验的情感层面缺失，从而影响顾客的满意度和忠诚度。

（3）技术的投资回报是不确定的。一方面，新技术的引入可能带来市场份额的增长和顾客满意度的提升；另一方面，如果技术应用不当或市场反应不佳，企业可能面临巨大的经济损失。

二、服务产品策略

（一）服务产品的营销概念

1. 四层次说

四层次说认为服务包括四个层次：提供核心利益的核心服务；提供一整套属性和条件的期望服务；超出顾客所期望或所习惯的增值服务；潜在增加的特征和利益的潜在服务。

2. 二层次说

克里斯廷·格罗鲁斯（2002）提出服务包概念，认为服务包应该包括核心服务、便利性服务、支持性服务三个层层包裹、密切关联的内容。[①] 克里斯托弗·洛夫洛克把能帮助顾客使用核心服务或者增加核心服务价值的各种活动，统称为附加服务。他把附加服务归为八种，分为支撑性服务与增强性服务两大类[②]。便利性服务与支持性服务的具体内容如表 8-2 所示。

表 8-2　便利性服务与支持性服务

便利性服务	支持性服务
信息服务	咨询服务
订单处理服务	接待服务
账单服务	保管服务
付款服务	额外服务

① 克里斯廷·格罗鲁斯. 服务管理与营销：基于顾客关系的管理策略 [M]. 韩经纶，译. 北京：电子工业出版社，2002：124.

② 克里斯托弗·H. 洛夫洛克. 服务营销 [M]. 韦福祥，等译. 北京：中国人民大学出版社，2018：93.

（二）服务产品组合策略

1. 服务产品组合概念

服务产品组合是服务企业提供给购买者的一组服务产品，这些服务产品包括所有的服务产品线和服务项目。服务产品组合也有类似于有形产品组合的长度、宽度、深度（关联度）等概念[①]。酒店服务产品组合的宽度和长度如表 8-3 所示。

表 8-3　酒店服务产品组合的宽度和长度

服务产品组合的宽度			
	客房服务	餐饮服务	会务服务
服务产品组合的长度	单人间 标准间 双人间 双套间 多套间 总统套房	中餐服务 西餐服务 风味食品服务 酒吧服务 咖啡厅	贸易展销会 化装舞会 宴会 冷餐会 鸡尾酒会

2. 服务产品组合策略的内容

（1）服务组合的宽度：指企业的服务产品线总数。拓宽服务组合宽度有助于服务企业展现专业优势，使得企业资源得以高效利用，从而实现范围经济效益的提升。

（2）服务组合的长度：指服务组合中各类服务产品线所包含的服务产品项目总数。当市场不景气或能源紧张时，缩减服务产品数量，聚焦于核心业务和核心产品，提高资源利用效率，可以提高企业效益。

（3）服务组合相关策略：扩大服务组合策略是指扩展服务组合的宽度；削减服务组合策略是根据企业自身发展的需要，对产品服务组合的宽度进行削减；向下延伸策略是指企业以高档品牌推出中低档的服务产品，以吸引中低端消费者，扩大市场份额和品牌影响力；向上延伸是指企业以中低档向高档服务产品延伸，进入高档市场；双向延伸是指企业同时推出高端和低端产品，以最大限度覆盖目标市场。

3. 服务产品生命周期策略

服务产品生命周期是从服务产品正式进入市场开始，到产品被市场所淘汰，最终退出市场为止的过程。服务产品生命周期阶段一般也包括导入、成长（发展）、成熟、衰退四个阶段。在服务产品生命周期的不同阶段应该采取不同的营销策略，如表 8-4 所示。

① 郑锐洪. 服务营销：理论、方法与案例 [M]. 北京：机械工业出版社，2014：108.

表 8-4　服务产品生命周期阶段的特点和营销策略

生命周期阶段	主要特点	营销策略
导入期	购买者少，销售增长缓慢，促销费用大，竞争者少	1. 促销宣传：认知度、知名度 2. 价格策略：撇脂（快速、慢速）；市场渗透（快速、慢速） 3. 跟踪问效
成长期	顾客认知度、销售额快速提高，竞争者进入	服务产品再设计；培育市场偏好；撇脂，适时降价
成熟期	销售额、利润达到高峰，竞争者多	改进市场：改进服务产品（差异化）；增加服务产品项目或内容；调整服务营销策略组合
衰退期	销售额、利润明显或急剧下降，竞争者退出	继续策略（再营销）（新用途、新概念等服务再设计）；集中策略；收割，退出

4. 新服务开发策略

服务企业要在激烈的市场竞争中生存与发展，必须不断地拓展新服务。根据新产品理论，新服务开发包括完全创新的服务、进入新市场的服务、服务扩展、服务改善、风格变化等五种类型[①]。同时，新服务的开发也要遵循科学合理的流程。另外，服务的无形性特征使其难以像有形产品那样直接展示给消费者。因此，为了有效地传达新服务的外观特征，企业需要借助其他载体来呈现和诠释这些特征，比如采用包括品牌创新、服务产品专利、售前与售后服务、服务产品保证等载体。

5. 服务品牌策略

服务品牌是一种特殊的品牌形式，其主要特征在于提供“服务”而非有形产品。在经济活动中，服务品牌通过企业设计的服务流程来满足顾客的功能需求与心理需求。

（1）服务品牌的类型与作用。①服务品牌的类型。第一种是以店名或企业名称为品牌，如同仁堂、小红书、爱奇艺等；第二种是以产品发明人或直接以特色服务的创立者为品牌，如张小泉剪刀、公交张锋、海滨小金等；第三种就是以企业服务内容来概括、归纳出企业服务品牌，如海尔“真诚到永远”、青岛交运“情满旅途”、青岛电信“情传万家”等。②服务品牌的作用。一是广告效用。服务品牌通过广告宣传和营销活动，能够吸引潜在消费者的注意，提高品牌知名度和曝光率。二是标记作用。独特的标识和形象设计能够帮助消费者辨别出服务提供者。三是保值增值。企业通过长期对服务品牌的建设和维护，形成品牌资产，增加企业的价值。例如迪士尼在《商

① 郑锐洪. 服务营销：理论、方法与案例 [M]. 北京：机械工业出版社，2014：112.

业周刊》评选的十大最有价值品牌中名列前茅，其品牌价值高达数百亿美元，成为企业的重要资产。四是美化作用。优质的服务和产品，能够提升消费者的体验和满意度，美化消费者的生活。

（2）服务产品的品牌策略。①品牌化策略：给所有的服务产品都加上个性化品牌名称或品牌标识，增强品牌吸引力，吸引消费者，塑造良好的企业形象。②品牌质量策略：将好的品牌与过硬的质量密切关联。③单一品牌 / 多品牌策略：所有服务使用单一品牌或一类服务使用多个品牌，必须根据企业实际情况来决策。④系列品牌策略：是一种多品牌策略，其中企业推出多个品牌，这些品牌都属于同一系列或产品线，但各有其独特的定位和特点。如宝洁旗下的“护舒宝”“帮宝适”“汰渍”等，都是各自领域的佼佼者，这些品牌虽然都属于宝洁公司，但每个品牌都有其独特的品牌故事、定位和市场策略。

三、服务价格策略

小案例

广州“好又多”旗舰店经常进行特价促销活动。有一次，有个顾客到该店闲逛，发现一款黑色牛筋公文包质感不错，特价 75 元促销。该顾客有点心动，但是要去买其他东西，就暂时没买。一个月后，又到该店，发现那款公文包还在特价促销，但是特价为 150 元。该顾客赶紧买了，心里也在后悔上次没买。三个月后，该客户又到这家店溜达，发现那款包还在搞特价，但是特价已经变成了 199 元。

（资料来源：郑锐洪. 服务营销：理论、方法与案例 [M]. 北京：机械工业出版社，2014）

（一）服务定价的特殊性

服务定价具有特殊性，具体包括：一是定价形式丰富多样，服务供应商根据服务形式的不同，采取了诸如运费、医疗费等多种价格表现形式。二是具有滞后性。由于服务的时间、过程和内容常常存在差异，服务提供者往往难以在服务提供前就制定出精确的价格，有时甚至需要在服务结束后才能确定最终价格。三是具有复杂性。除了考虑成本、需求和竞争者等基本因素外，还需综合考虑定价目标、人员、时间、便利性等多种因素的影响。四是服务价格调整频繁，需要紧跟市场变化。五是服务价格管制严格，必须遵守相关法规和政策规定。

（二）服务定价的主要方法

1. 成本导向定价法

企业依据服务成本，在服务成本基础上通过利润加成来决定服务价格的定价方法。具体的方法有两种：①成本加成定价法：服务产品单价 = 单位成本 *（1+ 加成率）。②边际成本定价法：服务价格 = 变动成本 + 边际贡献。

2. 需求导向定价法

该方法也称为感知价值定价法。一般采用的定价方法有：①理解价值定价法（婚纱摄影、家政行业、旅游、医疗卫生、教育等）。②需求差异定价法：基于时间差异的差别定价（旅游旺季与淡季）；基于不同位置的差别定价（剧院或赛场）；基于顾客差异的差别定价（教师、学生与其他顾客）；基于交易条件差异的差别定价（批零定价）。③反向定价法（高铁、空乘服务）。

3. 竞争导向定价

主要包括：随行就市定价法（同行价格定价法）；投标定价法，如央视黄金广告段位招标。

（三）服务定价策略

1. 折扣定价策略

包括现金折扣、数量折扣、季节折扣、价格折让（以旧换新）等。

2. 新产品定价策略

撇脂定价，即高价策略，是企业为新产品设定较高的价格，以迅速回收研发投资并获取丰厚的利润回报。相比之下，渗透定价则是一种低价策略。企业选择以较低的价格推出新产品，旨在迅速占领市场份额并吸引大量消费者。而温和定价则是一种折中的策略。企业在推出新产品时，将价格设定在一个适中的水平，旨在在市场份额和利润之间取得平衡。

3. 心理定价策略

包括非整数定价（零数定价）、整数定价、声望定价、招徕定价等。

四、服务渠道策略

服务渠道指的是企业在为目标顾客提供服务时所精心挑选的交付地点与传递方式，包括企业如何有效地将服务传递给顾客，以及应选择哪些地点进行服务的交付。服务渠道策略要保证顾客在购买和使用服务时能够享受到最大程度的便利。

服务特点对服务渠道的影响如表 8-5 所示。

表 8-5　服务特点对服务渠道的影响作用梳理

服务特点 / 性质	对于销售渠道的影响作用
1. 没有所有权转移	渠道转移的不是所有权，而是使用权，例如我们购买的不是邮票的所有权，而是邮局提供的服务
2. 服务的无形性	没有库存，中介作用因此减弱
3. 大部分服务的生产、消费同时进行	服务中介有两种：一是不参加服务的生产，只销售服务的使用权（邮票）；另一种是参加服务的生产过程，如销售剧院门票，甚至代客订座，属于服务系统的一部分
4. 服务很难标准化，因此经常变化不定	难以通过中介控制质量，生产者直接销售服务，如搬家公司
5. 一些服务很复杂、专业化很强	中介对促销那些需要强化培训的不断需要知识更新的服务不感兴趣
6. 已经成为“商品”的服务	价格竞争激烈，利润空间很小，中介活动没有好处，服务企业自营，如干洗店
7. 政策和法律态度	有的国家政府和行业协会限制，甚至禁止使用中介，如有的国家不允许银行使用中介收集储蓄存款

（一）服务位置和渠道设计

服务渠道策略主要是服务位置要便于消费者进入。为目标顾客提供服务的合适位置与渠道设计是服务营销组合决策中的关键之一。位置是企业关于经营地点和员工驻点的重要决策，其重要性因顾客与企业之间互动的类型和频率而异。互动方式和互动程度不同，决定了位置选择对企业运营和顾客体验的影响程度。

服务企业有三种服务位置选择策略：一是顾客主动前往服务提供者所在地，如充电桩和停车场等；二是服务提供者主动寻找顾客，如保洁服务；三是服务提供者与顾客在广泛可达的范围内进行交易，如电气和保险服务。

（二）服务位置选择策略

（1）集中策略：适用于集中化的服务业（金融街 / 小商品市场等），企业可以在特定区域内集中资源，提供高效、专业的服务，以满足客户的多样化需求。

（2）分散策略：适用于分散的服务业，如连锁药店及其分支机构，有助于提升企业的市场渗透率。

（3）替代策略：企业利用第三方的网点或技术手段来替代自身服务网点的策略，如 ATM 机联网、网上银行等使得各大银行能在更大范围内为顾客提供便利服务，这种策略不仅可以降低运营成本，还可以扩大服务范围，提升客户满意度。

五、服务促销策略

服务促销目标都在于通过传达、说服、提醒等方法来促进服务销售。服务产品、服务价格、服务渠道、服务人员、服务过程、服务有形展示都可以起到促销的作用。传统意义上的服务促销组合策略如表 8-6 所示；服务促销还能保持或提高企业形象，企业形象的构成如表 8-7 所示。

表 8-6　服务促销组合策略

人员沟通	广告	销售促进	宣传与公共关系	指导材料	企业形象设计
销售	印刷品	优惠券	新闻稿	网站	企业 / 品牌标志
顾客服务	广播	价格促销	媒体报道	宣传册	企业形象设计
培训	户外广告	试用	新闻发布会	服务手册	室内装潢
电话销售	直邮广告	注册返利	赞助	软件	交通工具
口碑	互联网广告	礼品赠送	展销展览会	光盘	设备和设施

表 8-7　企业形象的构成

类别	构成要素
产品形象	质量、款式、包装、商标、服务
组织形象	体制、制度、方针、政策、程序、流程、效率、效益、信用、承诺、服务、保障、规模、实力
人员形象	领导层、管理层、员工
文化形象	历史传统、价值观念、企业精神、英雄人物、群体风格、职业道德、言行规范、公司礼仪
环境形象	企业门面、建筑物、标志物、布局装潢、展示系统、环保绿化
社区形象	社区关系、公众舆论等

（一）服务广告

服务广告的目标是吸引顾客注意（Attention）、兴趣（Interest）、需求（Desire）和行动（Action），简称为 AIDA。由于服务的无形性，企业通过广告宣传的是服务过程而不是物体，但是也要展示服务员工、服务设施等有形线索。

服务广告具有渗透性，消费者可以多次接触广告信息，将这些信息渗透到头脑中，潜移默化地影响消费者的行为。同时，它借助夸张的表现力来吸引观众眼球。另外，服务广告还倾向于非人格化的呈现方式，广告受众只能独白而非对话。

1. 服务广告的指导原则

一是使用明确广告目标，决定广告整体方向和内容。二是准确广告定位，明确“说什么”。三是恰当的广告表现，即“如何说”，广告表现手法包括写实、对比和科学证据。四是适宜的广告媒体，要根据目标受众的特点、广告预算以及广告内容的性质来综合考虑。五是合宜的广告时机，企业可以根据市场状况、竞争对手的动态以及自身的发展策略来选择提前推出、即时推出还是延时推出。六是符合广告法，保证广告内容的真实性、合法性以及不侵犯他人权益等方面。

2. 服务广告的任务

服务广告的主要任务是获得顾客的认同，塑造企业的个性，指导员工如何对待顾客并协助其工作。

（二）人员沟通

1. 人员沟通的作用

人员沟通是一种有效的推广手段。积极的人员沟通不仅有助于培养顾客的偏好和信任，更能激发他们的购买行动。面对面的接触使得服务人员能够深入洞察顾客需求，从而提供更加个性化的服务，同时也有助于建立和维护员工与顾客之间的良好关系。此外，人员沟通还能即时获取顾客反馈，从而调整和优化服务，提升质量。

2. 人员沟通应该注意的问题

一是为服务人员编制服务购买过程指导手册；二要简化服务质量评价；三是促使服务有形化；四是充分利用口碑效应；五要注意采纳顾客反馈。

3. 人员沟通的沟通原则

注意发展与顾客的个人关系；服务者的言行举止要符合专业化标准；灵活运用多种促销方式；帮助企业创造和维持好形象；销售多种服务而不是单项服务；以专业方式做好服务，使得采购简单化。

（三）服务的公共关系决策

公共关系作为一种具有连续性和计划性的管理功能，其核心在于通过精心制定的政策和程序，旨在获得公众的谅解与接纳。这一理念最早由美国总统托马斯·杰斐逊在 1807 年提出，强调了组织与公众之间建立良好关系的重要性。

服务公关决策涉及媒体关系、服务产品公关、内外部组织沟通和游说工作。通过紧密合作保障信息准确传播，设计推广服务满足客户需求，形成协同效应提升服务质量，并说服利益相关者创造有利条件。

制定服务公关策略时，需关注三个决策点：一是明确公关目标，要与整体战略一致；二是选择适当的公关信息和工具，包括传播渠道和信息内容，确保信息准确有效传达；三是评估公关效果，收集和分析公众反馈，监测影响力，及时调整优化策略。

影响服务公关效果的显著性要素包括：公关内容要有可信度，需要解除顾客的戒备心理，并运用戏剧化的效果引起公众的关注和兴趣。

小案例

2013 年 4 月加多宝在微博创造了“对不起”系列公关行动。“# 对不起 #，是我们太笨，用了 17 年的时间才把中国的凉茶做成唯一可比肩可口可乐的品牌”；“# 对不起 #，是我们太自私，连续 6 年全国销量领先，没有帮助竞争队友修建工厂、完善渠道、快速成长”；“# 对不起 #，是我们无能，卖凉茶可以，打官司不行”；“# 对不起 #，是我们出身草根，彻彻底底是民企的基因”……加多宝凭借“# 对不起 #”获得金投赏年度创意营销金奖、梅花网年度公关创新金奖、金蜜蜂网络营销互动营销文案类金奖及全场唯一大奖。加多宝“对不起”系列公关活动对于品牌定位、品牌推广都起到了巨大作用。

（四）销售促进

1. 服务促销中运用销售促进的原因

一是为了平衡需求数量，通过销售促进刺激购买意愿来调整供需关系；二是为了解决市场低迷问题，增加销量并提升消费者关注度和兴趣，帮助商家渡过难关。

2. 服务促销中运用销售促进的策略

服务销售促进策略包括免费试用、价格或数量折扣、赠送优惠券、礼品赠送、有奖销售、公益促销等。

第三节　服务营销的 3Ps 组合策略

一、服务过程策略

服务过程（Process）是指顾客在购买与消费服务时所经历的一系列连贯的程序、任务或活动，涵盖了服务生产、服务交易、服务交付以及交付后的消费体验等主要环节[①]。高效的服务过程有利于弥补服务绩效差距。

① 王永贵. 服务营销 [M]. 北京：清华大学出版社，2023：327.

（一）过程策略的内容

过程策略主要是为了解决服务营销中服务运作能力和服务供求短期平衡的问题，以及解决服务过程的时间矛盾和空间矛盾。

1. 决定服务运作能力

主要设计人力资源和服务生产过程，确定服务产出。其限制因素包括时间、人力资源、顾客、设备、工具及服务设施。

2. 预测需求水平和需求走势

包括可预测的和难以预测的需求水平。如健身房、商业中心、建筑设计等可以预测周期性的需求变动，而消防需求不可预测。

3. 协调供求之间的关系

在尽量准确预测服务需求水平的基础上，确定服务运作能力水平，尽量围绕该水平运用各种杠杆调节需求，使服务生产能力适应需求的变化。

（二）服务过程的管理——需求管理

1. 均衡需求

均衡需求是在可以预见需求走势时采取的改变需求变化趋势的措施，利用各种方式调节需求的时间分布。

均衡需求的主要方法包括：①改变服务感受。可以在需求淡季通过改变服务特点来吸引其他顾客，或者改变服务的附加成分，如冬季滑雪场的夏季营销。②操纵价格。操纵价格是为了使需求的时间分布更加均匀，在高峰期提价，在低谷期降价。③改变进入地点。改变顾客接受服务的地点，以缓解需求压力，例如外卖。④促进沟通宣传。通过开展宣传活动以改变需求；与顾客沟通以便顾客自行做出选择决定。例如，公园、博物馆等场所的预先提醒。⑤分解需求。把需求进行分解，使表面上不可预见的需求的一部分或若干部分变得可以预见，如银行机构对客户的金融业务需求的分解。

2. 推迟需求

当某个阶段的服务运作能力低于需求时，唯一的办法就是尽量通过预订或排队管理来推迟需求。推迟需求有利于提前安排好未来的运作能力，减少经营的不确定性和顾客的不确定性。但顾客可能会质疑企业运作能力，还会丧失一些市场机会。

推迟需求的方法包括：①预订。预订能使顾客得到确切的服务时间，如就医挂号、税收咨询等。②排队管理，这是一种效果相对比较差的服务过程需求管理方法。由于期望和现实的差距，顾客会产生不良心理状态，包括对企业服务能力不足的担忧、不确定和被遗忘、不公平的感觉等。成功管理排队需提升员工技能、转移顾客注意力、创造服务假象、确保公平排队并透明通报等待时间。

3. 使运作能力适应需求

企业在规划服务运作能力时，应以平均需求量为基础，同时兼顾未来发展趋势和竞争格局，预留一定的余地。若运作能力过剩，将产生两大负面影响：一是由于固定成本未得到合理覆盖导致利润下滑；二是服务质量下降影响客户满意度。反之，若运作能力过度使用，同样会导致服务质量下降，如火车超载、旅游景点排队过长等问题，引发顾客不满。

因此，有效管理需求，避免运作能力过度使用，是保证服务质量和客户满意度的重要手段。当最大服务能力与最佳服务能力相匹配时，服务企业能够降低闲置成本，确保运作能力得到最优利用，并维持高水平的服务质量。

（三）服务过程中对运作能力的操作

对运作能力的操作包含以下六个方面。第一是计划工作，精心策划以减轻需求波动带来的压力。第二是调整运作能力，根据需求变化，灵活调整企业服务能力。第三是人力资源培训和管理，实施交叉培训和灵活用工策略，保障服务质量的稳定。第四是分摊能力，需求周期不同的服务企业可以达成互助协议，相互交换运作能力。第五是顾客参与，鼓励顾客使用自助服务参与服务过程。第六是收益管理，利用预订系统、价格调节等手段，有效管理收益。

对运作能力的操作如图 8-1 所示。

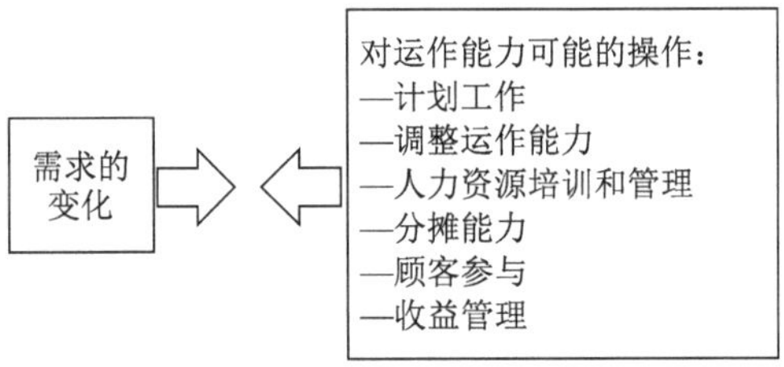

图 8-1　对运作能力的操作

（四）服务过程设计与控制

在服务过程中，要了解顾客在每个环节的真实需求，识别出哪些因素最可能引起顾客不满，关注顾客在每个环节的互动和参与度，优化服务流程，减少不必要的时间和精力浪费，以及化解潜在冲突，从而提升服务感知质量和顾客满意度。

1. 服务过程的设计方法

（1）流水线法是一种通过绘制服务流程图来清晰展示服务过程中各个步骤及其顺序的方法。这种方法能为顾客提供标准化和程序化的服务，从而确保服务的质量和一致性，其核心在于提升服务的速度和效率，以满足顾客的需求并优化服务体验。

（2）用户画像，又称为人物志、用户角色、角色扮演。它是与服务系统相关的一组虚拟人物档案，是人格化的用户类型，用来代表某类具有共同利益和特征的潜在客户群。主要内容包括获取用户数据，掌握关键信息；提炼归类信息，明确用户画像。它有三个描述维度：一是人物基本特征，如年龄、性别、职业、家庭情况等；二是人物心理特征，如价值取向、态度、兴趣、生活方式等；三是人物行为特征，如动机、智力、情感等。

（3）服务触点是服务对象（客户、用户）和服务提供者（服务商）在行为上相互接触的地方。服务触点有三种类型，包括物理触点、数字触点、人际触点。

（4）用户体验地图，也称顾客旅程地图，是将整个服务过程按获知、接近、交互、离开的步骤进行分解的方法，全面表述触点交互过程中的顾客体验感受。

2. 流水线法的实施工具——服务流程图

（1）服务流程图。服务流程图是流水线法实施的工具，可以用来管理和提高服务质量，同时服务流程图作为设计和沟通工具，可以预先设计并管理服务过程的一切细节，包括与顾客接触的过程。

排队自助餐厅采用排队自助式的方式向顾客销售，即顾客按照顺序经过每一个取食点，服务员则不间断为每一个取食点提供相应食品。表 8-8 是自助餐厅设置的 6 个服务点的时间测算。图 8-2 和图 8-3 分别是自助餐厅调整前后的流程。

表 8-8 服务点的时间测算

步骤	服务内容	平均服务时间（秒）
1	供应蔬菜	20
2	供应主菜、烧烤、海鲜等	30
3	供应各类汤	20
4	供应甜点	15
5	供应饮料	10
6	结账	60

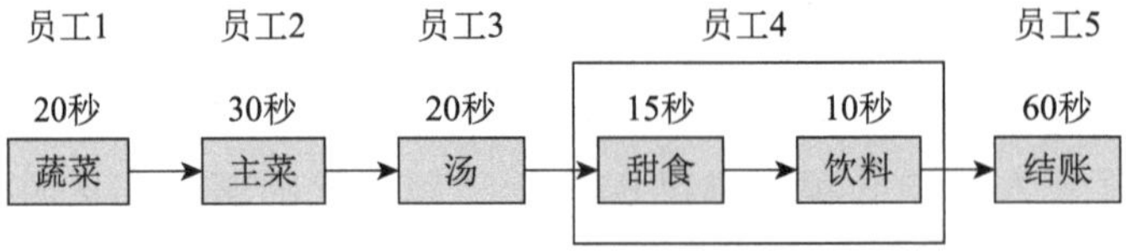

图 8-2　自助餐厅原来的服务流程

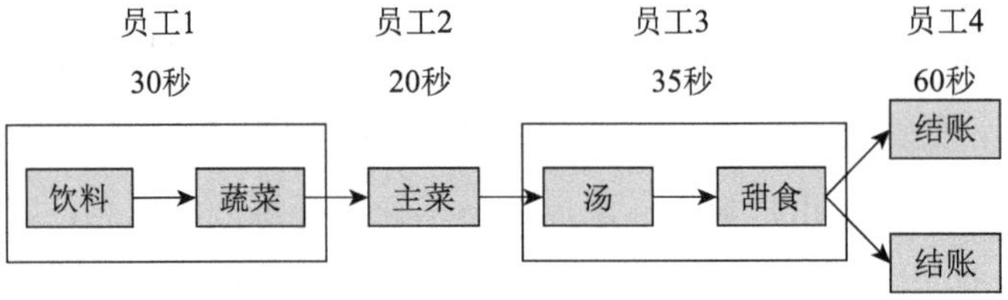

图 8-3　自助餐厅调整后的服务流程

问题：服务流程调整后，该自助餐厅 1 小时能服务多少顾客？

（2）流水线法的实施步骤。制造行业生产过程和服务行业生产过程都可以采用流水线法。流水线法包括四个关键步骤：一是个人只有有限授权；二是严格的劳动分工；三是用技术设备代替人力；四是服务标准化[①]。例如，麦当劳只提供几种有限的食品保证了服务快捷性，服务变成了事前设定好的常规工作，保证了服务在不同地点的一致性。

3. 服务过程的管理和控制

包括服务质量管理和有效的组织内部冲突的解决。在多数服务接触场景中，服务人员往往只经过基本的培训便迅速投入工作，这导致了服务人员、服务提供机构和顾客之间的冲突频发。

（1）冲突存在的原因。①服务人员与组织机构的冲突。其一是服务人员站在顾客角度处理问题，提供了企业不愿提供的服务。其二是组织期望员工满足顾客需求，但过于僵化的操作规定限制了员工的灵活性和自主权，引发员工与组织之间的摩擦。②服务人员与顾客的冲突。服务人员站在企业角度，认为顾客的要求超出规定范围，或要求不当。③顾客之间的冲突。在服务环境中，不同顾客对于服务标准、个人权益和责任的理解可能存在差异，这可能导致他们之间的冲突和误解。

（2）解决冲突的途径。①员工培训与职责明确。对员工进行系统的培训，明确员工职责和服务标准。②发挥员工能力。在设计服务流程时，充分考虑员工的技能和专长，使其能够最大限度地发挥自身能力。③明确服务优先顺序。为员工提供明确的指导，使其在面临多项服务任务时，能够优先处理对顾客满意度影响最大的任务。④满

① 王永贵. 服务营销 [M]. 北京：清华大学出版社，2023：340.

足顾客预期。深入了解顾客需求，确保所提供的服务能够满足顾客预期。

二、服务人员策略

在服务营销领域，人员策略一般包括两个部分：一是服务员工的内部营销，二是企业顾客的人员策略。对于服务员工的内部营销，包括员工招聘、培训、定岗、激励等人力资源管理的内容，也包括员工角色扮演及员工授权等问题。对于企业顾客的人员策略则主要包括顾客参与和顾客互动的有效管理。

值得注意的是，服务文化在服务组织中扮演着重要的角色。它塑造并影响着个体和团队的行为模式，是“围绕组织做事的方式”。人力资源管理与内部营销的协同，有助于服务文化建设，并指导员工有效开展工作。

（一）服务营销中员工的重要性

员工是服务的一部分，服务人员的表现会直接影响到顾客对服务的整体评价。员工是企业与顾客的联结者、沟通者，是服务生产与传递的实施者。

1. 员工对于企业信守承诺具有重要作用

在企业的营销活动中，通过外部营销向顾客传递承诺，而内部营销则保证员工具备履行承诺的能力，并且通过有效的互动营销，促使员工信守承诺。

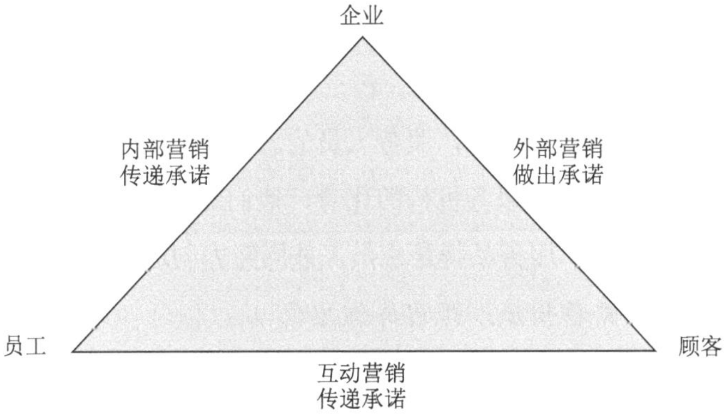

图 8-4　服务营销三角形

（资料来源：Grönroos C. Relationship marketing logic[J]. Asia-Australia marketing journal，1996，4（1）：7-18）

2. 员工影响顾客满意度和企业利润

赫斯科特、萨赛（1994）等人通过对上千家服务企业近 20 年的跟踪研究，提出服务利润链模型（见图 8-5）。服务利润链模型指出员工满意、顾客满意、企业利润之间存在一定的逻辑关系。

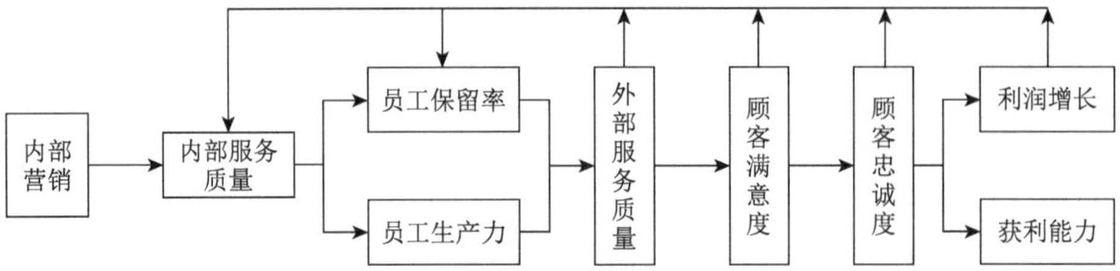

图 8-5　服务利润链模型

（资料来源：Heskett J L，Jones T O，Loveman G W，et al. Putting the service-profit chain to work[J]. Harvard business review，1994，72(2)：164-174）

3. 员工行为直接影响服务质量

员工行为在服务质量的五个关键维度中扮演着至关重要的角色。

（1）可靠性。员工的行为和态度决定了服务是否可靠。

（2）响应性。服务人员的态度和能力影响他们对顾客需求的反应速度和处理效率。

（3）保证性 / 安全性。员工的专业知识和职业素养影响顾客对服务安全性和信心的感受。

（4）移情性。服务人员是否能够设身处地地理解并满足顾客的需求，会影响到对服务的情感连接和顾客满意度。

（5）有形性。员工的个人形象以及员工整体的服务态度都体现了服务的有形性。

4. 服务人员是服务营销的人格化

首先，服务人员就是服务本身，服务人员的态度、技能和专业知识是服务质量的直接体现。其次，服务人员是服务机构的化身，他们的行为和形象影响着顾客对服务机构的认知和评价。最后，服务品牌是由员工共同努力创造的。

（二）服务人员的角色扮演：跨边界的角色

1. 跨边界的角色

跨边界的角色是指连接组织和外部环境的人。这些员工通过与外部实体的互动，构建了组织与外部环境之间的桥梁。跨边界的角色是信息的传输者和组织的代表。

2. 跨边界的角色会遇到的压力

跨边界角色在工作中面临着多方面的压力。第一，他们需要投入大量的情感，以建立和维护与外部实体的关系。第二，跨边界角色经常面临多种冲突，这些冲突可能源于个人角色之间的冲突，也可能源于企业与顾客之间的冲突，甚至可能涉及顾客内部的冲突。此外，跨边界角色在追求服务质量和服务效率之间常常面临平衡的挑战，提高服务质量可能意味着增加人力、物力和时间的投入，而这可能会降低服务效率。反之，提高服务效率可能会牺牲一定的服务质量。

（三）针对服务员工的内部营销

内部营销是指企业把营销的观念引入企业内部，认为只有首先在企业内部开展积极的营销活动，才能更好地在外部为顾客提供更好的服务。内部营销包括两个管理过程：一是态度管理，包括对所有员工的态度和他们的顾客意识、服务意识产生的动机进行管理；二是沟通管理，有效的信息沟通是这一环节的关键，它要求经理、主管、一线员工以及支持人员与管理层之间，就各自的需求、期望、对提升业绩的见解以及顾客需求等多元内容进行顺畅而深入的交流。通常，内部营销管理会通过一系列精心设计的活动来具体实施和推进。

（四）通过服务人员传递服务质量的战略

通过服务人员传递服务质量的战略，实际上就是以激励和促使员工成功实现顾客导向的服务承诺为目标，进行的人力资源决策和战略制定，并通过服务人员来传递服务质量。

该战略的主要内容[①]：雇佣正确的员工；为提供优质服务而开发员工；提供必要的支持系统；留住最好的员工。

1. 雇佣正确的员工

提供卓越的服务，必须吸引并雇佣最优秀的人才，这是所谓的“智能市场份额的竞争”。在人员选拔时，要关注候选人的专业能力和服务意识，确保为顾客带来优质体验。同时，要成为受欢迎和具有吸引力的雇主，为员工提供有竞争力的薪酬福利、良好的工作环境和职业发展机会，吸引和留住优秀的服务人才[②]。

2. 为提供优质服务而开发员工

为了发展和维护一支以顾客为中心、高度关注服务质量的员工队伍，组织必须致力于员工的全面开发。这包括技术和互动能力培训、员工授权。

（1）技术和互动能力培训。为了提供优质的服务，员工必须接受全面的技术培训和互动能力提升。在技术技能与知识方面，他们应熟悉并掌握与岗位相关的专业系统、流程和程序。同时，通过互动能力培训，员工应学会以礼貌、热情、关心和负责任的态度对待每一位顾客。

（2）员工授权。授权是指为了保持一线员工的灵活性，组织赋予员工一定的决策

① 郑锐洪. 服务营销：理论、方法与案例 [M]. 北京：机械工业出版社，2014：17-178.

② 郑锐洪. 服务营销：理论、方法与案例 [M]. 北京：机械工业出版社，2014：178.

权力，鼓励他们打破僵化程序，以更加灵活和高效的方式为顾客提供服务。授权意味着把为顾客服务的意愿、技能、工具和权力下放给一线员工。

①授权的作用。员工能及时回应超出服务规则的顾客要求和投诉，服务人员主动性更强，激发员工创造性和积极性，进而形成员工满意，并实现顾客满意。②授权的原则和方法。不当的授权决策可能会带来灾难性的后果，因此在实施员工授权时务必慎重行事。应明确区分哪些员工可以赋予更多权力，哪些员工应限制其权力范围。谨慎原则就是让信任的员工做不确定的事情，让不信任的员工做确定的事情，如表 8-9 所示。

表 8-9　授权的方法

业绩 / 能力	认同核心价值观	不认同核心价值观
优秀	创造性授权	常规授权 / 利用
差	培养 / 常规授权	离开

3. 建立必要的支持系统

必要的支持系统是企业提供优质服务的基础和前提，这一系统涵盖了技术支持、信息支持、后勤服务等。为了确保这些支持服务能够真正以顾客为中心，需要采取一系列策略和方法，包括度量内部服务质量、提供支持性技术和设施、开发服务导向的内部流程。

4. 留住最好的员工

最好的员工是企业竞争力之所在，留住最好的员工是保持竞争力的有效方法。要将员工纳入企业愿景与使命，视员工为顾客并提供满足其需求的服务和支持，评估并奖励优秀员工，确保评估体系的公平、透明和客观[①]。

三、服务有形展示策略

（一）有形展示和服务场景策略

顾客对服务环境和环境设计的反应在很大程度上受到他们自身生活经验、文化背景和个人期望的影响。

小案例

优衣库（UNIQLO）的有形展示堪称典范，其橱窗设计简约而国际化，后背封闭

① 郑锐洪. 服务营销：理论、方法与案例 [M]. 北京：机械工业出版社，2014：179-180.

式的设计凸显了品牌的神秘感和专业性。模特的着装简约而不简单，橱窗内的灯饰艺术效果醒目。在空间布局方面，1000 平方米以上的卖场面积，为顾客提供了宽敞的购物环境。明亮的灯光营造出舒适、温馨的购物氛围。规范的卖场分布使得顾客能够轻松找到所需的商品，提升了购物体验。优衣库的陈列展示同样洋气上档次。从色彩搭配到产品摆放，每一个细节都经过精心策划，为顾客带来一场视觉盛宴。

（二）有形展示概述

服务的无形性给其推广带来一系列难题。因此，可以借助有形物搭建服务场景，传递服务价值，从而克服服务的无形性带来的营销问题。

1. 有形展示的定义

“有形展示”涵盖了企业与顾客交互过程中所使用的实际设施，以及一切有利于服务执行或信息交流的有形元素。这些元素不仅包括服务场景，还涉及其他多种形式的有形媒介，共同构成了服务传递的重要载体[①]。服务场景要素又包括外部特征和内部特征两部分，如表 8-10 所示。

表 8-10　有形展示的要素

服务场景	其他有形物	服务场景	其他有形物
外部设施 外部设计 标志 停车场 景观 周围环境	名片 文具 账单 报告 员工着装 制服	内部设施 内部设计 设备 指示标志 布局 空气质量 / 温度 声音 / 音乐 / 气味 / 光照	宣传册 网站页面 虚拟服务场景

（资料来源：瓦拉瑞尔·泽丝曼尔，玛丽·乔·比特纳，德韦恩·D. 格兰姆勒. 服务营销 [M]. 张金成，白长虹，译. 北京：机械工业出版社，2023：238）

2. 有形展示的内容

产品营销中有形展示基本上就是产品本身，服务营销的有形展示包括与服务有关的全部有形因素。一般而言，服务有形展示包括服务场景，即外部有形设施和内部有形设施，以及其他有形要素内容，如表 8-11 所示。

① 郑锐洪. 服务营销：理论、方法与案例 [M]. 北京：机械工业出版社，2014.

表 8-11　有形展示的构成要素

有形展示	具体要素
外部设施	外部设计、标志、停车场、景观、周围环境
内部设施	内部设计、标志、设备、布局、空气质量、温度
其他有形要素	名片、文具、账单、报告、宣传册、员工着装、网站页面、虚拟服务场景

3. 有形展示的作用

有形展示在营销中具有重要作用，它不仅能够使消费者形成对品牌的初步印象，还能够激发顾客的信任感。通过精心设计的展示，企业能够显著提高顾客对服务质量的感知，进而塑造积极的市场形象，这样的展示不仅能够为顾客提供美的享受，还能激励员工提供更优质的服务。

（三）服务场景模型

服务场景是指服务企业与顾客进行交互所处的环境。服务场景包括服务执行、传递和消费者所处的外部设施和内部设施，即有形展示中的所有有形设施。在环境心理学基础上，Bitner（1992）提出了服务场景模型，以模型解释服务场景对顾客行为的影响模式，如图 8-6 所示。

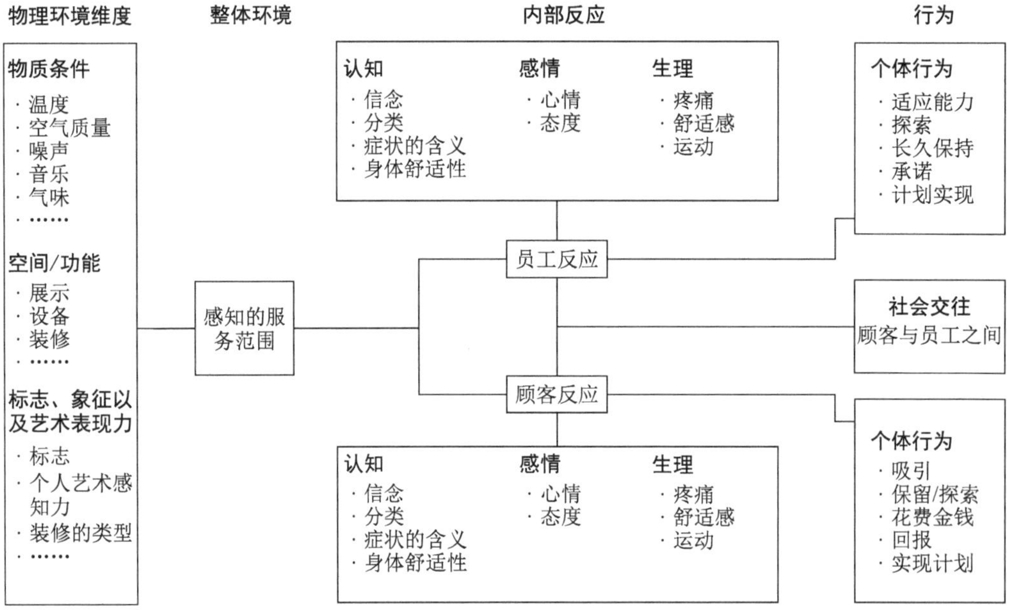

图 8-6　服务场景模型

（资料来源：Bitner M J. Servicescapes：the impact of physical surroundings on customers and employees [J]. Journal of marketing，1992，56（2）：57-71）

本章小结

本章聚焦于服务特性，介绍以顾客为导向的4Ps服务营销组合策略，以及凸显服务特色的3Ps营销组合策略。服务营销的7Ps策略组合不仅是服务市场推广的有力工具，更是传达卓越服务质量、精准满足顾客需求的手段。

思考题

1. 什么是服务？服务的特性有哪些？

2. 服务企业应该如何制定并实施7Ps服务营销组合策略？主要难点是什么？为什么？

3. 员工在服务营销中有什么作用？作为企业的员工，你认为企业在实际中如何开展内部营销？

第九章
核心价值营销管理——品牌营销管理

学习目标

1. 了解品牌的产生与发展
2. 学习品牌定位策略的内容
3. 学习如何进行品牌策略选择

开篇案例

蒙牛乳业的崛起：创新引领，铸就中国乳品行业领军品牌

蒙牛集团1999年成立于内蒙古自治区，以其市场洞察力和产品质量为核心竞争力，迅速在中国乳制品行业中崭露头角。在初创阶段，蒙牛深入市场进行调研，准确把握消费者对高品质乳制品的需求，从而明确了产品战略方向。随着业务的快速发展，蒙牛于2004年在香港成功上市，这标志着其开始融入国际资本市场，为未来的全球化发展奠定了基础。此后，蒙牛不断扩大生产规模，丰富产品线，并将产品销往全国各地，逐渐树立起强大的品牌形象。

在品牌建设方面，蒙牛品牌定位明确，根据消费者需求和偏好，确定以高品质、高附加值的乳制品为主打产品的战略方向。进入互联网时代，蒙牛利用新媒体进行营销和推广，通过线上线下相结合的方式，扩大品牌知名度和影响力。同时，蒙牛积极开展跨界合作，与其他知名品牌打造联名产品，进一步提升品牌形象和吸引力。蒙牛品牌还十分注重品质保障和消费者体验。蒙牛坚持“以品质为根基”，从产品研发、生产到销售等各个环节都严格把控质量，确保产品品质。同时，蒙牛还关注消费者的需求和反馈，不断优化产品和服务，提升消费者体验。

在品牌管理方面，蒙牛以“长期主义价值”为轴，围绕“营养、智慧、绿色”三大战略方向不断努力。特别是“智慧科技”方面，蒙牛将数智化覆盖到全产业链，全面聚焦“一滴奶的全生命周期”到“消费者的全域体验”，这种前瞻性的战略布局使得蒙牛在乳制品行业中保持领先地位。最后，蒙牛品牌着眼于全球视野和国际化战略，明确要从“草原牛”“中国牛”成长为“世界牛”。它不仅致力于在中国市场取得成功，还积极拓展海外市场，将中国乳业带向世界。这种全球格局和国际化战略使得蒙牛能够在更广阔的市场范围内发挥品牌影响力，进一步提升品牌价值和竞争力。

总的来说，凭借其强大的品牌实力、优质的产品和不断创新的营销策略，蒙牛已发展成为中国乳制品行业的领军企业，并在全球市场上展现出强大的竞争力。

（资料来源：根据网络资料整理）

案例问题：

1. 蒙牛是如何利用新兴媒体和互联网技术来提升品牌知名度和影响力的？

2. 蒙牛在跨界合作和联名产品方面有哪些成功的案例？这些合作对品牌形象和吸引力有何影响？

3. 蒙牛的品牌建设是如何围绕“营养、智慧、绿色”三大战略方向展开的？

第一节 品牌的产生与发展

一、品牌的含义及其发展演进

1. 品牌的含义

（1）品牌的概念。品牌是一种名称、术语、标记、符号、设计或其组合，其目的是借以辨认某个或某群消费者的产品及服务，并使之与竞争对手的产品和服务区别开来[①]。

最早的品牌概念是广告大师大卫·奥格威在 20 世纪 50 年代提出的。美国市场营销协会认为，品牌是一个名称、专有名词、标记、符号，或是上述元素的设计或组合，用于识别一个销售者或某销售商群体的产品或服务，并且使之与竞争者的产品或

① 郭国庆. 市场营销学通论 [M]. 8 版. 北京：中国人民大学出版社，2021：195.

服务区分开来。

（2）品牌的六层含义。品牌包含六层含义：属性、利益、价值、文化、个性、顾客。①属性。品牌属性是品牌为顾客和社会提供价值的载体。这些属性可以是产品的物理特性、服务的质量标准，或者是品牌所代表的某种理念或价值观。品牌属性是品牌存在的基础，它们决定了品牌能够满足哪些需求，以及品牌在市场中的定位。②利益。品牌利益指的是品牌为顾客带来的实际好处和效用。这些利益可以是功能性的，如产品的性能提升或服务的便捷性，也可以是情感性的，如品牌给顾客带来的认同感、归属感或自豪感。品牌利益是吸引和留住顾客的关键因素。③价值。品牌价值是品牌所传达的价值观，它代表了品牌拥有者的理念和追求。这些价值观可能与产品的质量、企业的社会责任、环保理念等相关。品牌价值是品牌与顾客建立情感连接的基础，也是品牌差异化的重要来源。④文化。品牌是一种文化传播的载体。品牌文化包括品牌的历史、传统、故事以及所代表的特定文化元素。品牌文化能够增强品牌的辨识度和吸引力，使品牌与顾客之间建立更深层次的情感联系。⑤个性。品牌个性是品牌竞争优势的体现。每个品牌都有其独特的个性和特点，这些个性使得品牌在市场上具有辨识度和吸引力。品牌个性可能表现为品牌的形象、语言风格、视觉设计等。一个具有鲜明个性的品牌更容易在竞争激烈的市场中脱颖而出。⑥顾客。好的品牌具有明确的顾客群体。了解并满足目标顾客的需求和期望是品牌成功的关键。品牌需要与顾客建立紧密的关系，通过提供优质的产品和服务来赢得顾客的信任和忠诚。同时，品牌还需要不断关注顾客的变化和需求升级，以便及时调整品牌策略以保持竞争力。

2. 品牌的发展演进

公元前 2000 多年前，生活在两河流域的人们发明了楔形文字，这是一种由图形演变出来的文字，人类利用抽象的符号记录事件和思想。人类最早的视觉传达方式基本是利用图形进行的。

美国宝洁公司认识到记号的重要性，将早期装卸工人画的记号演变成为公司品牌，并通过申请注册成为公司商标。1907 年德国设计师贝伦斯为德国电器公司（AEG）设计公司标志，这个标志和其他与此有关的设计应用是世界平面设计史上最早的企业形象系统设计，奠定了企业形象设计的基础。这个设计也成为全世界第一个完整的现代企业形象设计（Corporate ldentity，简称 CI）。

品牌的发展演进包括四个阶段：

（1）以符号标记设计形成视觉冲击。强调统一标准的符号，追求简单。以标准字和标志吸引客户视觉注意力，并将其作为企业对外沟通的主要手段和方式。

（2）赋予品牌丰富的文化内涵，形成心理上的冲击。将品牌塑造和识别的重心从“视觉”转移到“品牌文化”，强调“文化”是“心”，视觉识别只是品牌的“脸”，将企业文化居于品牌核心识别的地位。

（3）品牌商标化阶段：品牌成为商标，是企业重要的无形资产。“与消费者建立关系”成为中心，品牌传播导向从“消费者请注意”转向“请注意消费者”，传播方式从单一趋向整合，传播效果的积累最受关注。品牌从单纯的符号、标志设计发展为整体品牌设计。

（4）品牌资产。品牌资产是指一个品牌的名称与标识相关，是增加（或减少）由一项产品或服务为公司或公司顾客带来价值的一系列资产（负债）。品牌资产的资产项目包括品牌认知度、品牌忠诚度、认知质量和品牌联想。

二、品牌营销的内涵

品牌营销（Brand Marketing）：通过相应的营销策略使客户形成对企业品牌和产品品牌的认知和联想，并为顾客创造独特价值的过程。品牌营销实际上就是促使顾客对品牌的认知—认识—认可的过程。

第二节　品牌营销管理的内容

一、建立品牌的驱动因素

影响企业创建品牌的驱动因素如下。

（一）认知质量

认知质量是消费者对产品适用性及其功能特性是否适合其使用目的的主观理解。认知质量以产品内在质量为基础，是对产品内在质量的主观判断。品牌创建首先以可靠的质量为前提，产品质量、服务水平、价格信息等都能影响消费者的品牌认知质量。

顾客对品牌的认知质量可以推动企业财务绩效，是组织战略的关键驱动力。认知质量是公司品牌和其他产品大类共同使用品牌的定位尺度。认知质量通常是顾客决定是否购买的核心，它是品牌识别建立的重要策略之一。

1. 认知质量的战略作用

认知质量是很多公司重要的战略变量。许多公司明确地将其列入自己的主要价值观，并出现在公司任务报告书中。对许多品牌而言，认知质量确定了他们所处的竞争环境及其在环境中的战略定位。

2. 建立良好品牌质量感知的方法

（1）要保证“好品牌 = 好质量”。品牌的核心是顾客的信任，而这份信任往往源于产品的高质量。因此，企业必须将质量放在首要位置，从原材料采购、生产过程到最终的产品检验，都要严格把控质量，确保每一件产品都符合标准。同时，企业还需要通过各种方式向顾客传递“好品牌 = 好质量”的信息，比如通过广告、口碑营销等方式强调品牌的质量承诺。

（2）判断公司认为的高品质是否为顾客所认可。有时，企业可能过于关注某些技术细节或生产流程，认为这些方面的高品质能够提升品牌形象。然而，如果顾客并不关心这些方面，或者无法感知到这些品质差异，那么这些努力就可能白费。因此，企业需要深入了解顾客的需求和期望，确保所追求的高品质与顾客的关注点相吻合。

（3）要为顾客提供能够获得感知质量的客观信息和线索。顾客在购买产品时，往往会通过一些客观的信息和线索来判断质量，比如产品的外观、包装、使用说明等。因此，企业需要确保这些方面能够准确地传达产品的优势。

（4）为顾客提供判断质量的正确标准。不同的顾客可能对质量有不同的理解和期望，因此，企业需要为顾客提供一个清晰、明确的质量标准。这个标准可以基于行业标准、法律法规或企业自身的质量承诺等。通过向顾客传递这个标准，企业可以帮助他们更好地判断产品的质量，从而增强对品牌的信任感。

（二）品牌忠诚度

品牌对公司的价值很大程度上由其支配的顾客忠诚度创造，品牌忠诚是顾客表现出的对特定品牌的有倾向的偏好以及行为。品牌忠诚度是企业的重要资产，企业应将顾客对品牌的忠诚度作为建立品牌的重要内容，并实施相应的顾客忠诚计划。

1. 品牌忠诚度与品牌价值

品牌忠诚度是估计品牌价值的关键因素，因为高忠诚度的消费群能够产生可预知的销售额和利润，反之没有忠诚顾客群的品牌容易在竞争中遭到挫败。只有品牌有创造忠诚顾客的潜力时，它才有价值。

品牌价值涉及四个方面的内容：①功能性利益，指功能性效用方面、产品属性上的利益；②情感利益，购买或使用特定品牌能让顾客产生积极的感觉时，该品牌就提供了情感利益；③自我表达利益，其往往与顾客在购买中扮演的角色有关；④相对价格，品牌价格与品牌提供的利益有关。因为品牌评估不能独立于价格之外，价格信号具有相对性。

2. 品牌忠诚度细分

按照品牌忠诚程度的不同，可以将企业顾客分为非顾客、价格转换者、被动忠诚者、摇摆不定者和忠诚顾客五种类型。

（1）非顾客是那些购买竞争者品牌或非此类产品使用者的人群。对于品牌来说，非顾客代表着潜在的市场增长机会。品牌可以通过市场研究了解非顾客的需求和偏好，进而调整产品或营销策略，吸引他们转化为品牌的顾客。此外，品牌还可以关注非顾客对竞争品牌的评价，从而发现自身的不足并加以改进。

（2）价格转换者是对品牌价格敏感的顾客。这类顾客在购买决策中往往受到价格因素的影响较大。品牌在面对价格转换者时，可以通过提供具有竞争力的价格、优惠活动或会员制度等方式，吸引他们选择自己的产品。同时，品牌还需要关注产品的价值和性价比，确保在价格竞争中保持优势。

（3）被动忠诚者是指那些习惯性而不是理性的购买者。这类顾客往往因为习惯或便利性而持续地购买某一品牌的产品，但并不具备强烈的品牌偏好。品牌在面对被动忠诚者时，可以通过提升产品质量、优化购物体验、加强顾客关系管理等方式，巩固他们的购买习惯，并逐渐转化为真正的忠诚顾客。

（4）摇摆不定者是在两个或多个品牌之间摇摆不定的顾客。这类顾客往往对多个品牌都有一定的了解和兴趣，但尚未形成稳定的购买偏好。品牌在面对摇摆不定者时，可以通过提供独特的产品特点、差异化的营销策略或优质的客户服务等方式，突出自身的优势，吸引他们选择自己的品牌。

（5）忠诚顾客是那些偏爱特定品牌的顾客。这类顾客对品牌有着强烈的认同感和忠诚度，愿意为品牌付出更多的金钱和时间。品牌在面对忠诚顾客时，需要珍惜并维护他们的信任和支持，通过提供优质的产品和服务、建立紧密的顾客关系、举办专属活动等方式，增强他们的品牌归属感和满意度。

3. 增强品牌忠诚度

企业可以通过发展或加强顾客及潜在顾客与品牌的联系，提升客户忠诚度。提升认知质量、品牌知名度、有效及清晰的品牌识别，都有利于增强品牌忠诚度。另外，品牌忠诚计划是更为直接的增强品牌忠诚度的方法。

4. 品牌忠诚计划

品牌忠诚计划包括频繁购买者计划和顾客俱乐部两种类型。频繁购买者计划能直接增强忠诚行为。它不仅能够加强品牌的差异化定位，而且能体现公司对忠诚顾客的承诺。如航空里程累加、超市积分奖励、希尔顿经常旅行者计划等。顾客俱乐部则是通过鼓励客户多方互动参与，来体现对顾客的真正关怀，从而强化客户忠诚。表 9-1 显示了两种忠诚计划的主要区别。

表 9-1　频繁购买者计划和顾客俱乐部的主要区别

	性质	顾客参与情况	对增强品牌忠诚度的作用
频繁购买者计划	被动的、综合性财务激励	顾客参与较少；主要关注顾客行为结果	通过增加顾客的购买频率和购买量来强化品牌记忆，使得顾客的品牌忠诚度增加
顾客俱乐部	主动的、全面的激励	顾客参与多；关注顾客的全过程参与和互动效果	通过提供更多的品牌识别机会强化品牌忠诚，让顾客能够充分表达自己对品牌的感受和态度

（资料来源：戴维·阿克. 创建强势品牌 [M]. 吕一林，译. 北京：中国劳动社会保障出版社，2004：48）

（三）品牌知名度

品牌知名度是品牌在消费者头脑中存在的牢固程度。品牌知名度是根据消费者对一个品牌的不同记忆方式来进行衡量的。这种记忆方式包括从认知到再现，再到首选，最后到支配。

1. 品牌认知：熟悉和喜爱

认知反应是从过去的接触中产生的熟悉感，它只是简单地标明过去见过这一品牌。心理学研究表明，认知本身可能引起几乎对所有事物的更积极的感受。不论是语言、文字、品牌，消费者出于本能会青睐见过的那个品牌。

小案例

英特尔的微处理器是个人电脑的核心部件，引领了计算机行业的发展。早期，英特尔的 8086、286、386、486 微处理器系列在业界享有极高的声誉，但由于没有为自己的编号系统注册商标保护，使得其他公司得以模仿并使用相似的芯片名称。面对日益加剧的市场竞争，英特尔在 1991 年采取了积极的策略，推出了“Intel Inside”标志，并鼓励各大电脑厂商在其产品广告及包装上使用这一标志。这一策略不仅提升了英特尔品牌的曝光度，还通过给予合作厂商销售额的 3% 作为激励，进一步巩固了与这些厂商的合作关系。“Intel Inside”标志的推出，无疑是一次成功的品牌营销活动。

在宣传活动最初的 18 个月内，该标志的潜在曝光率达到了惊人的 100 亿次，使得英特尔在商业终端的认知度从 46% 迅速提升至 80%。1992 年，作为该宣传活动实施的第一个完整年度，英特尔的全球销售额更是上升了 63%。“Intel Inside”之所以能在消费者心中实现差异化，除了其独特的标志设计和广泛的曝光率外，更重要的是英特尔微处理器本身的卓越性能和稳定性。消费者在购买电脑时，往往会将“Intel Inside”作为选择产品的重要参考因素，因为这意味着他们所购买的电脑将拥有出色的计算能力和稳定性。此外，英特尔还通过不断创新和升级产品，满足了消费者日益增长的需求。从最初的 8086 微处理器到后来的奔腾、酷睿等系列产品，英特尔始终保持着在微处理器领域的领先地位。这也使得“Intel Inside”成为一个与卓越性能和创新紧密相连的品牌标识。

2. 品牌再现与品牌墓地

品牌再现和品牌认知在衡量品牌知名度时各有侧重。

品牌再现指的是当提及某一类产品时，消费者能够回想起并提及特定的品牌名称。而品牌认知主要关注消费者对品牌的识别和记忆程度。一个具有高认知度的品牌，意味着更多的消费者能够认出或记得这个品牌。认知度高的品牌通常具有更强的市场影响力和更广泛的消费者基础。而认知度低的品牌如果再现度也低，品牌就会走向墓地。品牌墓地模型如图 9-1 所示。

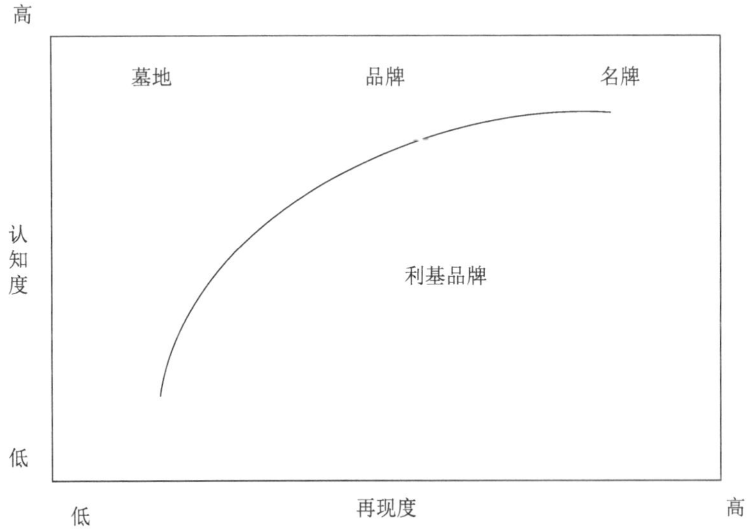

图 9-1　品牌墓地模型[①]

① 戴维·阿克. 创建强势品牌 [M]. 吕一林，译. 北京：中国劳动社会保障出版社，2004：11.

3. 品牌名称优势

品牌知名度的最高级别就是品牌名称优势，即在再现活动中，大多数顾客就某款产品只能提供一个品牌名称。为了保护商标所有权，在品牌创立之初就要进行注册保护。

4. 品牌知名度创造

消费者每天接触的品牌信息日益增多，建立再现度和知名度面临巨大困难。尽管在信息过载的环境中建立再现度和知名度面临挑战，但通过明确的品牌定位、创造优质内容、利用社交媒体、搜索引擎优化、合作与赞助、线下活动与体验以及口碑营销等策略，品牌仍然可以在激烈的市场竞争中脱颖而出。

（四）品牌联想

品牌资产在很大程度上受到消费者对品牌联想的支持。品牌联想包括对产品属性、特定代言人和特定标志等的联想，也可以包括对拥有品牌的利益、使用者、象征、使用环境、国家或地区、品牌个性等方面的联想。品牌联想受品牌识别及企业希望品牌在消费者头脑中形成的形象驱动。建立强势品牌的关键在于开发并实施品牌识别策略。

二、管理品牌识别系统

品牌识别是指品牌战略制定者建立和保持一系列特定的联想。品牌识别是品牌战略远景的核心内容。品牌识别是品牌联想的驱动因素，而品牌联想构成品牌的灵魂。品牌识别通过形成功能、情感或自我表达利益的价值体现，帮助品牌与顾客建立关系。

（一）品牌识别系统的构成

品牌识别系统包括四个方面，这四个方面构成四个品牌识别视角。

1. 作为产品的品牌

产品联想是品牌识别的重头戏，它与品牌选择决策和使用体验直接相关。产品视角的品牌识别包括产品范围、产品属性、质量、价值、用途、使用者、来源国等。

2. 作为组织的品牌

作为组织的品牌，其重心在组织属性，而不是产品或服务属性。组织视角的品牌识别具体包括组织属性、本地化还是全球化。

3. 作为个体的品牌

作为个人视角的品牌识别，比建立在产品属性上的品牌识别更丰富、更有趣。品牌个性可以通过多种途径加强，品牌可以帮助顾客实现自我表达利益，为顾客提供表达自己个性的工具。

4. 作为符号的品牌

作为符号的品牌，主要内容有视觉形象、象征和品牌传播等。强烈的视觉符号对于品牌识别具有至关重要的作用，它不仅能够增强品牌的凝聚力和认同感，还能帮助品牌建立独特的品牌识别结构，使品牌更容易被消费者识别和记忆。这种符号可以是一个独特的标志、图案、色彩组合，甚至是特定的字体或声音。

通过在不同的营销活动中重复使用符号，品牌可以在消费者心中形成一个清晰、统一的形象。强烈的符号还能促进品牌的再现。

（二）品牌识别系统的结构

品牌识别系统包括核心识别和延伸识别（见图 9-2）。核心识别是品牌的中心，永恒的精髓，不会因为时间或地点而变化。延伸识别是围绕核心识别展开的细化识别要素，它们相互联系，共同组成有意义的集合。

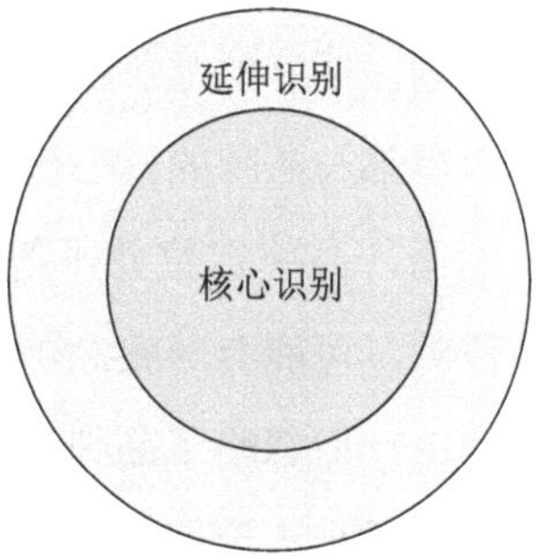

图 9-2　核心识别和延伸识别①

1. 核心识别

核心识别是品牌的含义和核心，在品牌进入新市场、开发或推出新产品时，能够作为品牌持续存在的基石，确保品牌联想得以保留和延续。核心识别应该包括品牌独特的和有价值的元素。

2. 延伸识别

品牌延伸识别包括使品牌识别细化和完整化的元素，这些元素丰富了品牌所代表的内涵，便于消费者更好地理解和把握品牌的核心识别。

（三）品牌识别陷阱

品牌识别陷阱是指品牌识别发生偏移或错误的四种情况，如图 9-3 所示。

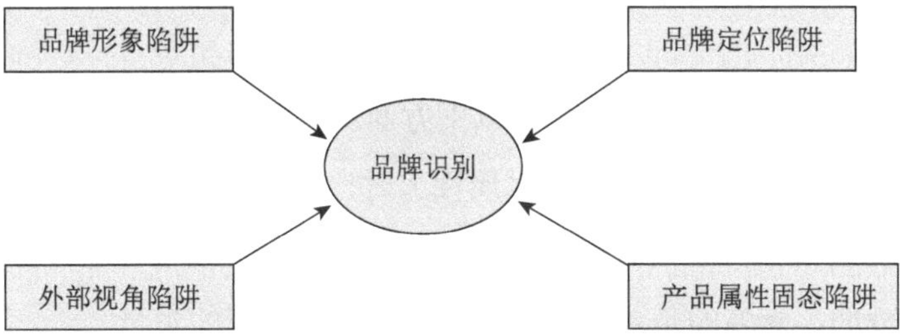

图 9-3　品牌识别陷阱②

① 戴维·阿克. 创建强势品牌 [M]. 吕一林，译. 北京：中国劳动社会保障出版社，2004：66.

② 戴维·阿克. 创建强势品牌 [M]. 吕一林，译. 北京：中国劳动社会保障出版社，2004：54.

1. 品牌形象陷阱

品牌形象是目前顾客及社会公众对品牌的印象和评价，它是了解品牌现状的重要背景知识，是被动的、着眼于过去的。而品牌识别则是主动的，着眼于未来的。当品牌识别囿于对过去品牌形象的认知，则会陷入品牌形象陷阱。

2. 品牌定位陷阱

品牌定位是品牌识别和价值体现的重要组成部分，它涉及品牌在市场中的独特位置以及相对于竞争对手的差异化优势。品牌定位是对品牌核心价值和特点的精准描述，有助于消费者在众多选项中快速识别并选择该品牌。品牌定位指导着当前的市场沟通计划。明确的品牌定位能够为品牌的市场传播活动提供清晰的指引，确保所有的沟通内容都与品牌的核心价值保持一致。

然而，品牌定位并不等于品牌识别，当品牌识别的寻找转变为对品牌定位的过度关注时，可能会导致品牌定位变得狭隘和片面，仅仅局限于广告语的筛选或表面的形象塑造，而忽略了品牌识别的深度和广度。品牌识别应该是一个综合性的概念，包括品牌的理念、价值观、个性、象征等多个方面。战略制定者更关注“有价值”的沟通，反映了在品牌传播中，传达品牌的价值和优势是至关重要的。

3. 外部视角陷阱

外部视角陷阱是只重视外部顾客，而忽视公司内部的品牌识别。从品牌战略制定者的角度来看，顾客购买产品或服务，更多地基于顾客自身对品牌的感知，这种导向即品牌识别的外部视角。如果企业员工因没有理解品牌识别在内部价值观、目标实现等方面的作用，导致对组织内部品牌识别不清，就会陷入外部视角陷阱。

4. 产品属性固态陷阱

产品属性固态陷阱，即品牌的战略、战术管理过于集中在产品属性上。该陷阱会导致品牌管理战略不完善。品牌和产品属性之间有着紧密的联系，但品牌绝不仅仅等同于产品属性。

产品属性固态陷阱的局限性表现为以下方面：

首先，当品牌管理过于集中在产品属性上时，难以实现品牌的差异化。在竞争激烈的市场中，仅仅依靠产品属性很难使品牌脱颖而出。消费者对于产品的需求不仅仅是基于功能或性能，更多的是寻求情感上的共鸣和价值观的契合。

其次，产品属性导向的品牌利益容易被竞争对手模仿。一旦某个品牌在产品属性上取得了成功，其他品牌往往会迅速跟进，通过技术模仿或改进来抢夺市场份额。这种情况下，品牌的竞争优势将很快被削弱，甚至可能面临被替代的风险。

此外，产品属性固态陷阱还假设顾客是理性的，即消费者在购买决策时会完全基于产品属性的比较。但消费者的购买决策往往受到情感、文化、社会因素等多重影响。因此，过于强调产品属性的品牌管理策略可能无法充分满足消费者的真实需求，这导致品牌与消费者之间的连接断裂。

最后，产品属性固态陷阱会限制品牌延伸策略的选择。当品牌过于依赖某个特定的产品属性时，尝试向其他领域或产品线延伸可能会变得困难。因为消费者可能已经将品牌与特定的产品属性紧密联系在一起，难以接受品牌在其他领域或产品线上的表现。这种限制会降低品牌的战略灵活性，使其难以适应市场变化和消费者需求的变化。

（四）对品牌识别陷阱的克服

第一，将使用者形象和原产国（地）作为产品品牌识别的角度是非常重要的。深入理解目标消费者的需求、喜好和行为模式，可以帮助品牌精准定位并塑造符合消费者期望的品牌形象。同时，利用原产国（地）的文化、历史和地理特色，可以为品牌赋予独特的价值和故事，增强品牌的吸引力和辨识度。

第二，以组织、个人和符号为视角的品牌识别也很关键。组织角度的品牌识别强调品牌的组织文化、价值观和愿景，通过内部员工和外部利益相关者的共同认知和传播，塑造品牌的独特性和可信度。个人角度的品牌识别关注品牌与特定人物或角色的关联，通过代言人、创始人或品牌大使等形象，赋予品牌情感化和人性化的特质。符号角度的品牌识别则包括品牌标志、口号、色彩等视觉和听觉元素，这些符号元素应该具有简洁、独特和易于记忆的特点，以便消费者能够迅速识别和联想到品牌。

第三，还需要体现包括情感和自我表达利益，以及功能性利益在内的价值体现。情感利益表达关注品牌与消费者之间的情感联系，通过情感化的营销策略和故事叙述，激发消费者的情感共鸣和认同感。自我表达利益强调品牌能够帮助消费者实现自我价值和个性表达，满足他们的自我认同和归属感需求。功能性利益则是产品本身所具备的实际效用和性能优势，需要确保产品能够满足消费者的基本需求并提供卓越的体验。

第四，要关注品牌识别的内外和外部角色。内部角色包括员工对品牌的认同感和归属感，需要通过内部沟通和培训等方式，确保员工对品牌理念和价值观有深入的理解和支持。外部角色则关注品牌在市场上的形象和声誉，通过积极的品牌传播和公关活动，提升品牌在消费者心目中的知名度和美誉度。

第五，要超越品牌定位或核心识别范围，关注品牌的创新和拓展潜力。品牌应该不断寻求新的发展机遇和增长点，通过创新产品和服务、拓展新的市场领域等方式，保持品牌的活力和竞争力。同时，也要关注品牌的可持续发展和社会责任，积极履行社会责任并推动可持续发展，为品牌的长远发展奠定坚实基础。

第三节　品牌营销策略

品牌营销策略主要包括品牌定位策略和品牌策略选择。

一、品牌定位策略

品牌定位策略是指建立一个与满足目标市场需要有关的独特品牌形象的过程。具体来说，品牌的定位策略有属性定位策略、利益定位策略、用途定位策略等（见图9-4）。

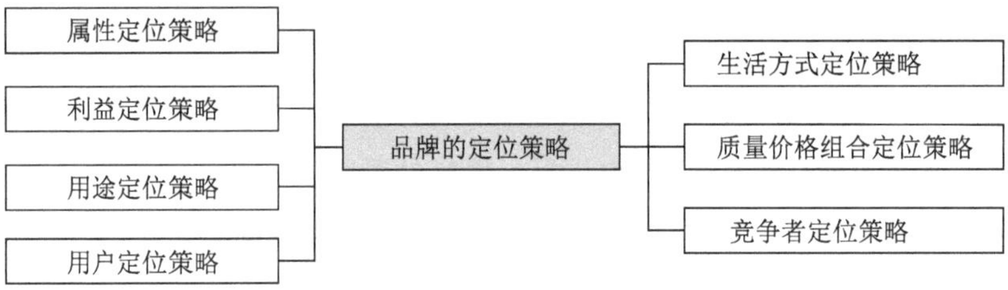

图 9-4　品牌的定位策略

二、品牌策略选择

品牌策略选择是企业关于采用何种品牌策略的决策。

（一）品牌基本策略

1. 品牌有无策略

无牌产品：在超级市场上出售的无品牌、包装简易且价格便宜的普通产品。

无牌的目的：节省包装、广告等费用，降低价格，扩大销售。一般来讲，无牌产品使用品质较差的原料，而且其包装、广告、标签的费用都较低。

有牌的好处：便于管理订货；有助于企业细分市场；有助于树立良好的企业形象；有利于吸引更多的品牌忠诚者；注册商标可使企业的产品特色得到法律保护，防止别人模仿、抄袭。

2. 品牌归属策略

品牌归属策略的主要内容涉及品牌的所有权和管理权问题。一般来说，品牌归属策略包括以下几个主要方面。

企业品牌：品牌由企业整体所有，代表着企业的形象和价值观。企业品牌是企业长期发展的基石，通过品牌传播和推广，可以提高企业的知名度和美誉度，增强消费者对企业的信任和忠诚度。

生产者品牌：品牌由产品生产者所有，通常用于突出产品的专业性和质量。生产者品牌可以通过独特的产品设计和优质的产品质量，建立起与消费者的紧密联系，并树立企业在行业中的领先地位。

全国性品牌：品牌在某个国家或地区范围内拥有广泛的知名度和影响力。全国性品牌往往具有较大的市场份额和消费者基础，是企业品牌战略的重要组成部分。

中间商品牌：品牌由中间商或分销商所有，用于区分自己的服务和产品。中间商品牌通常与特定的销售渠道或零售店相关联，帮助中间商建立起自己的品牌形象和消费者群体。

自有品牌：品牌完全属于某个个人、组织或公司所有，具有独立的品牌特性和市场定位。自有品牌可以通过独特的品牌形象和市场营销策略，建立起与消费者的深厚联系，并提升品牌的价值和竞争力。

品牌组合策略：企业可以根据市场需求和产品特点，灵活运用品牌归属策略，形成品牌组合。例如，企业可以在同一产品线上使用不同的品牌，以覆盖不同的消费者群体和市场需求，或者在不同产品线上使用不同的品牌，以实现品牌间的互补和协同作用。

通过综合运用这些品牌归属策略，企业可以建立起多元化的品牌体系，提高品牌的市场覆盖率和竞争力，从而实现企业的长期发展和价值最大化。

3. 品牌统分策略

品牌统分策略是指企业根据不同的市场定位和产品特性，采用不同的品牌管理方式。以下是几种常见的品牌统分策略。

个别品牌：企业为每种不同的产品分别使用不同的品牌名称。这种策略有助于保护企业的整体声誉，避免某一种产品失败影响其他品牌。同时，也为新产品寻求最佳市场提供了条件，有利于新产品和优质产品的推广。

统一品牌：企业将所有产品都统一使用一个品牌名称。这种策略有助于建立一个品牌信誉，可以带动许多产品，并可以显示企业的实力，提高企业的威望，在消费者心中更好地树立企业形象。

分类品牌：企业将各类产品分别命名，使用不同的品牌名称。这种策略有助于避免企业生产或销售许多不同类型的产品时，使这些不同类型的产品互相混淆。

（二）品牌开发策略

产品线扩展策略：产品线扩展指企业现有的产品线使用同一品牌，当增加该产品线的产品时，仍沿用原有的品牌。

品牌延伸策略：品牌延伸是指一个现有的品牌名称使用到一个新类别的产品上，即品牌延伸战略是将现有成功的品牌，用于新产品或修正过的产品上的一种战略。

多品牌策略：多品牌战略是指在相同产品类别中引进多个品牌的战略。

新品牌策略：新品牌战略是一种为新产品设计新品牌的战略。

（三）品牌更新策略

1. 形象更新

品牌形象更新是一个持续的过程，它要求品牌与时俱进，紧密关注消费者心理的变化，并据此调整自身的形象和战略。随着时代的发展和消费者需求的演变，消费观念也会不断发生变化。因此，企业需要及时捕捉这些变化，积极调整品牌战略，塑造新的品牌形象，以在消费者心目中形成新的、积极的印象。

首先，企业需要对市场进行深入研究，了解消费者的新需求和消费趋势，基于这些洞察，企业需要对现有的品牌形象进行评估，找出需要改进或调整的地方。最后制定并执行新的品牌战略，包括在品牌传播、产品设计、服务体验等多个方面的更新，以塑造与消费者心理相契合的新形象。

此外，品牌形象的更新还可能涉及档次的调整。例如，当品牌希望向更高档次的市场进军时，可能需要提升产品的品质，增加附加值，同时调整营销策略，以吸引更高层次的消费者。相反，如果品牌希望扩大市场份额，吸引更多大众消费者，则可能需要调整产品定位，降低价格，优化性价比。

2. 定位的修正或品牌再定位

品牌定位的修正或再定位通常是由于外部竞争环境的变化或内部发展的需要而进行的。当市场竞争激烈，原有的品牌定位不再具有竞争优势时，企业需要避实就虚，扬长避短，对品牌定位进行修正。

时代的变化也可能导致品牌定位的修正。随着社会的进步和消费者需求的演变，一些传统的品牌定位可能逐渐失去吸引力。因此，企业需要密切关注时代潮流，及时调整品牌定位，以确保品牌与时代的步伐保持一致。

在进行品牌定位修正或再定位时，企业需要充分考虑目标市场的特点、竞争对手的策略以及自身的资源和能力。通过深入的市场分析，企业可以制定出更加精准、有效的品牌定位策略，从而在市场中脱颖而出。

3. 产品更新

产品更新是品牌持续发展的重要手段之一。随着科技的进步和消费者需求的不断变化，产品也需要不断更新迭代，以满足市场的需求和期望。产品更新可以涉及多个方面，如功能升级、外观设计改进和材料选择优化等。

通过产品更新，品牌可以保持与时俱进，提升产品的竞争力和吸引力。同时，产品更新也可以为品牌注入新的活力，激发消费者的购买欲望。

4. 管理创新

管理创新是品牌发展的内在动力。在激烈的市场竞争中，企业需要不断优化内部管理，提升运营效率，以应对市场的挑战和变化。管理创新可以涉及多个方面，如组织结构优化、流程再造、人才引进和培养等。

通过管理创新，企业可以打破传统的思维模式和管理方式，引入新的理念和方法，提升企业的竞争力和适应能力。例如，采用扁平化的组织结构可以提高决策效率和响应速度；引入先进的信息技术可以提升企业的信息化水平和数据分析能力；加强人才引进和培养可以为企业注入新的活力和创新力量。

本章小结

品牌从符号标记发展到品牌资产，成为企业战略资源。品牌管理涉及认知质量、品牌忠诚度、品牌知名度和品牌联想等方面。设计品牌识别系统是建立品牌联想的手段，不同的品牌策略选择服务于不同的营销目标。品牌管理不仅是市场推广手段，更是企业战略的重要组成部分。

思考题

1. 你所在的企业是如何创建品牌的？影响品牌创建的驱动因素是什么？面临的挑战有哪些？

2. 选择一个品牌，说明其关键的功能性利益是什么、情感利益是什么、自我表达利益是什么、与顾客的关系是什么。

3. 结合自己的工作谈谈如何建立品牌、主要的品牌营销策略有哪些。

第十章
巩固和提升客户价值——客户关系管理

学习目标

1. 理解客户价值和客户关系管理的含义

2. 学习并掌握客户关系管理的各个环节及其主要内容

3. 学习客户识别与客户区分、客户互动管理与客户定制营销、客户关系测评方法及应用

开篇案例

利乐集团，共创利益

对于多数中国消费者，利乐（Tetra Pak）是个陌生的名字，然而，采用利乐包装的伊利、蒙牛、光明、统一等乳制品企业，却是大多数中国人都耳熟能详的知名品牌。利乐作为外国品牌曾一度占据了中国乳制品包装95%的市场。它不仅带动了中国乳制品包装从玻璃瓶、塑料袋包装到复合纸包装的变革，更是大幅度延长了乳制品的保质期，使中国东部沿海更好地消耗西北地区过剩的牛奶产能。因此，也有人将利乐称为“改变中国乳业格局的包装品牌”。

利乐于1951年诞生于瑞典，经过数十年发展，如今，它不仅是全球最大的奶制品、果汁、饮料等包装系统供应商之一，也是全球唯一能够提供综合加工设备、包装盒分销生产线和食品生产全面解决方案的跨国公司。利乐公司开发的利乐包装不仅实现了较高的包装效率，而且能够有效阻隔空气和光线，让牛奶和饮料保质期更长，让消费更加安全便捷。利乐公司创始人鲁宾·劳辛博士曾经说过“好的包装所带来的节约应该超过其成本”。事实上，利乐在华营销策略始终都在践行该理念，在为客户提

供全流程有价值服务的同时，实现本企业持续发展。

1979 年，利乐来到中国，但直到 20 世纪 90 年代才实现规模化盈利。在前期调研中，公司认识到当时的中国乳制品企业缺乏稳定的保鲜技术，无法实现液态奶制品长途运输，液态奶市场局限在北方奶源地，而广大的东南沿海市场潜力巨大。利乐相信随着牛奶营养价值的宣传科普和牛奶常温保鲜技术的推广，鲜牛奶必将成为中国消费者的日常消费品。为此，利乐提出了“与中国客户共同成长”的口号，向中国消费者宣传饮奶知识、为客户提供保鲜技术支持等。

利乐公司在与伊利的合作中，实施了关键客户管理（Key Account Management，简称 KAM）。

1996 年，伊利成为亚特兰大奥运会赞助商，品牌凭借“火炬冰淇淋”产品进入大众视野，给国人留下了深刻的印象。当时伊利虽然有开拓市场的野心，却也面临着乳制品行业企业的共性问题。一是缺乏市场。20 世纪 90 年代末，大部分中国消费者没有日常饮用牛奶的习惯。二是缺乏技术。伊利旗下乳制品以鲜牛奶为主，采用玻璃瓶、塑料瓶包装，保质期短运输不易，难以建立分销网络。利乐发现机会，主动与伊利展开合作。1997 年，伊利和利乐达成了初步合作协议。利乐为伊利提供灌装机等设备，伊利只需要支付 20% 的设备费用便可购买使用，随后四年伊利需要每年订购一定数量的利乐包装，用于抵消剩下 80% 的设备费用。此举不仅解决了伊利的包装技术问题，为伊利实现市场拓展提供了可能性，也帮助伊利将更多资金用于产品推广和品牌营销。虽然利乐设备和包装十分昂贵，但以租代购的实践证明，这次合作很有价值。在利乐帮助下，伊利在一年内全面进军全国市场。此后，许多中国乳制品企业都纷纷与利乐签下协议成为利乐的客户，中国乳制品市场由此迎来了新的局面。

利乐“先投入，后获益”的经营模式无疑存在一定的经营风险。处于成长期的合作企业面临复杂的市场环境，一旦经营不善或倒闭，利乐前期的巨额投入就打了水漂。因此，利乐非常重视客户的长期稳定，公司秉持着与客户共成长的理念，重点关注和大力支持客户发展。为此，利乐采用 KAM 管理模式，建立专门团队时刻关注市场动向，全面了解客户需求，为关键客户的发展提供包括包装设计、市场调研、品牌塑造的一整套方案，解决客户的各种问题。2005 年年底，利乐开始增加与蒙牛、伊利和光明等客户的联合形象推广，在由利乐主要担负费用的广告中，可以看到客户的利乐包装产品与利乐品牌元素的完美结合。

有人说，利乐是一家包装供应企业，却不仅仅是一家包装贩卖商，它为客户提供的营销解决方案的价值远大于包装本身。

（资料来源：根据网络资料整理）

案例问题：

1. 利乐是如何实现与客户共同成长的？

2. 结合案例请谈谈你对关键客户管理的理解。

第一节　理解客户与客户生命周期

客户关系管理是维系企业与客户价值关系、贯穿企业经营活动始终的头等大事。迈克尔·希特将客户视为企业战略基石；菲利普·科特勒称客户是企业的利润源泉。如何进行有效的客户关系管理，是企业成长历程中必然面临的问题。

一、客户和客户生命周期

（一）客户

第一章提到客户有狭义和广义之分。狭义的客户是指产品或服务的最终接受者和使用者。广义的客户包括渠道商、物流商和中间商等[①]。表 10-1 中展示了不同类型客户的定义。

表 10-1　客户类型

类型		定义
消费者	消费客户	企业产品或服务的直接消费者
	产业客户	根据企业产品和服务的用途，客户可分为购买消费品的客户和购买工业品的用户；相应的营销市场称为消费品市场和产业市场
中间客户		中间客户购买产品服务是为了转卖，而非直接消费
公利客户		公利客户（政府、行业协会、媒体）代表公众利益，向企业提供资源，然后直接或间接从企业获利中收取一定比例费用

（二）客户生命周期

客户生命周期指从一个客户开始对企业进行了解或企业欲对某一客户进行开发开始，到客户与企业业务关系完全终止且与之相关事宜完全处理完毕的这段时间[②]。客户生命周期包括潜在获取期、客户成长期、客户成熟期、客户衰退期、客户关系终止

① 苏朝晖. 客户关系管理——客户关系的建立与维护 [M]. 北京：清华大学出版社，2018：1.

② 马宝龙，李晓飞，姚卿. 客户关系管理 [M]. 北京：清华大学出版社，2023：27-28.

期五个阶段，它描述了客户关系随着时间变化的轨迹，如图 10-1 所示。

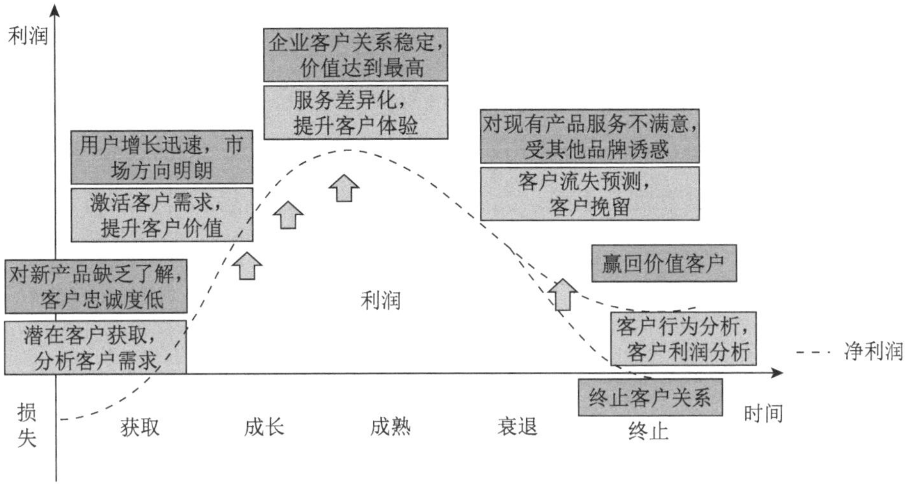

图 10-1 客户生命周期

潜在获取期，分为潜在客户期与客户开发期。潜在客户期阶段，客户贡献没有或很少，企业欲对某一区域客户进行开发，此时特定区域所有客户都是潜在客户。客户开发阶段，企业对潜在客户展开调研，考察企业与目标客户之间目标的相容性和交易关系发展潜力，以确定可开发的目标顾客。

客户成长期，企业成功开发目标客户，开始业务往来，并逐渐扩大业务。该阶段企业投入比潜在获取期少，主要工作是提升和巩固客户关系，不断提高客户满意度和忠诚度。此时客户贡献不断增长，企业收益大于投入。

客户成熟期，客户与企业相关联的全部业务或大部分业务均进行交易。客户成熟期的主要标志是“钱夹（顾客）份额”，客户成熟期的长度反映了企业的盈利能力。

客户衰退期，客户关系水平逆转，客户关系从稳定转向淡漠、疏远。此时客户与企业交易量逐渐下降或急速下降，而客户自身的总业务量并未下降；客户或企业开始考虑结束关系或寻找新的交易伙伴；客户与企业开始交流结束关系的意图。在客户衰退期，企业可以选择加大投入赢回客户或停止投入放弃客户。

客户关系终止期，客户不再与企业发生业务关系，相关债权债务关系已经理清，客户生命周期终止。这一阶段有少许成本支出而无收益。

二、客户关系管理定义

美国市场营销协会将客户关系管理定义为：协助企业与客户建立关系，使得双方都互利的管理模式。

在互联网时代，对大多数企业而言，客户关系管理的概念具有双重内涵。它首先是一种管理概念，其核心思想是将企业的客户作为企业最重要的资源，通过完善的服务和深入的分析满足客户需求，实现企业目标。同时，它也是一套管理软件和技术，在集成大数据、云计算、人工智能等技术基础上，构建 CRM（Customer Relationship Management，客户关系管理）系统，为企业的市场分析、销售、客户服务等领域提供支持[①]。

第二节　客户关系建立

客户关系建立是客户关系管理的前提。在客户关系建立阶段，企业需要通过客户选择与客户开发、识别有价值的客户，选择能接受自己产品或服务的客户。

一、客户选择

（一）客户选择的内涵

客户选择是指企业在对不同细分客户群体充分调研分析的基础上，考虑企业实际情况和市场竞争环境，选择一个或多个细分客户群体作为自己的目标客户群体的过程。

（二）客户选择的策略

由于企业资源的有限性和消费者需求的多样性，即便全世界最优秀的企业也难以将产品和服务卖给所有人。因此，企业想在激烈的市场竞争中胜出，就必须精准有效地挑选出那些“有利可图”的细分客户群体，也就是“好客户”。那么，哪些客户是“好客户”呢？

菲利普·科特勒将“有利可图”的客户定义为那些能不断产生收入流的个人、家庭或公司，其为企业带来的长期收入应该超过企业长期吸引、销售或服务该客户所花费的可接受范围内的成本。通常，“好客户”和“坏客户”的判断标准如表 10-2 所示。

① 马宝龙，李晓飞，姚卿. 客户关系管理 [M]. 北京：清华大学出版社，2023：14-15.

表 10-2　“好客户”和“坏客户”的判断标准

好客户	坏客户
需求量大，购买力高，购买欲望强 信誉良好 服务成本低 经营风险小，发展前景好 能与企业建立长期的合作关系	需求量小，购买力低 信誉差 要求多，相对服务成本高 需求与企业的发展方向不符

需要注意，客户的规模并不直接决定客户的好坏。二者虽然存在需求量上的差异，但对于企业而言，选择客户时必须考虑到大客户可能存在的经营风险、利润风险、管理风险、流失风险和竞争风险。而一些小客户则可能拥有良好的发展前景，其需求可能与企业的产品和服务更匹配，也更能与企业建立长期稳定的合作关系。因此，综合考虑并选择合适的客户才是最重要的。

二、客户开发

客户开发是指企业将目标客户的购买欲望转换为实际的购买行为，促使他们从潜在客户转变为现实客户的过程，它在企业经营活动中始终占据重要地位。对于新企业而言，开发客户是其首要任务；对于老企业，面对必然出现的客户流失，也需要兼顾新客户的开发和老客户的忠诚度维护。客户开发策略的选择和实施，会直接影响到企业客户队伍的规模、企业的盈利能力与可持续发展能力。根据客户开发策略的导向，可以将企业客户开发策略分为推销导向的开发策略和营销导向的开发策略。

（一）推销导向的客户开发策略

传统的客户开发策略以推销导向为主。推销人员会直接接触目标客户，劝说、引导客户购买，进而实现客户开发。最基本的开发方法是逐户访问，推销人员通过挨家挨户走访，说服可能的客户进行购买。此外，还可以通过兴趣俱乐部、社交关系网、资料查询和咨询公司、电话、邮件寻找，网络宣传等方法开发客户。推销导向的开发策略非常依赖推销人员的职业素养，注重与关系客户建立一对一的联系。

小案例

美国汽车推销大王乔·吉拉德非常注意与客户建立良好关系。他在参加亲朋好友的婚礼和葬礼时发现，参加婚礼的亲朋大约为 250 人，而参加葬礼的人员大约也是 250 人。他为此提出了 250 定律，即每个顾客身后都有约 250 名亲朋好友，如果赢得了一位顾客的好感，就意味着赢得了 250 名潜在顾客的好感。相反，得罪了一位顾客，就相当于给 250 名潜在顾客留下了坏印象。

推销导向的客户开发策略包括两项工作：通过有效识别客户需求寻找合适的客户；接近并说服顾客购买。

（二）营销导向的开发策略

营销导向的开发策略，是指企业通过有吸引力的营销组合策略，吸引目标顾客和潜在顾客产生购买欲望并付诸行动的过程。与推销导向的开发策略相比，它更注重依靠企业自身营销组合的特色和吸引力，满足潜在客户的需求，引导潜在客户主动地参与客户开发活动，自愿成为企业的现实客户。营销导向的开发策略是企业客户开发的前进方向和理想途径，如表 10-3 所示。

表 10-3 营销导向的开发策略

类型	具体策略	
有吸引力的产品和服务	产品和服务的功能效用、质量、品牌、包装、售前售后服务	
有吸引力的价格	低价策略	即折扣策略，指利用相对较低的价格吸引客户购买
	高价策略	即声望定价，指利用产品服务的高价位塑造产品服务高质量的形象
	心理定价	根据客户对价格数字的联想和敏感度定价
	差别定价	针对不同的客户、不同的时间、不同的购买量等因素对同一产品制定不同价格
	招徕定价	用部分低价产品吸引客户同时购买企业其他正常价格产品
	组合定价	将互补产品分别制定为低价吸引客户购买和正常价格（或高价）用于获利
	关联定价	企业为合作企业的客户提供优惠价格
	结果定价	根据产品服务的效果进行定价
有吸引力的分销渠道	线下渠道的地理位置选择；线上渠道的技术建设……	
有吸引力的促销手段	广告	广告是企业与客户沟通的重要途径。广告传播速度快，可控性强，形式多样，能够大范围传播信息，有效提高产品服务的知名度，吸引客户购买
	公关	公关是指企业采用公关宣传、公关赞助等方式加强企业与社会公众沟通的活动，旨在树立和维护企业形象，建立企业与社会公众的良好关系。相较于广告，公关投入周期更长，见效更慢，但对客户和企业发展的影响更深远

小案例

1978年12月16日，中美建交公报发布。12月18日，党的十一届三中全会召开，中国迎来改革开放。同一时间，可口可乐公司代表也在与中粮进行合作谈判。19日，可口可乐宣布进军中国市场，成为改革开放后第一家进入中国的外企。实际上早在1927年，中国的第一组可口可乐灌装生产线就在上海建成，到1949年退出中国市场，可口可乐一度在中国风靡一时。退出中国30年后，可口可乐抓住了重返中国的机会。但其重回中国市场的历程却是曲折的。在当时的国人眼中，可口可乐时常在抗美援朝电影中与美国大兵相伴出现，是资本主义文化的符号。几经周折，可口可乐工厂终于选址北京，但当时北京饮料市场已由“北冰洋”汽水占据，其定价仅是可口可乐的1/3。

为打开市场，北京可口可乐分公司在各大商场举办了中国当代市场上第一次卖场促销活动，还专门雇人在北京地标建筑展示可口可乐。1984年4月，里根总统访华，当期《时代》周刊的封面是一个拿着可口可乐站在长城前的中国年轻人。1986年，中央电视台缺乏经费。可口可乐主动联系，付出约20万元的赞助费，换取了首个能在权威媒体上播放外资企业广告的机会。为尽快实现品牌扩张，可口可乐还选择与中国多家企业建立合作。1978年，可口可乐与中粮总公司达成协议，采用补偿贸易方式提供制罐及装罐、装瓶设备，在中国设专厂灌装并销售可口可乐。同时，可口可乐还与中信集团属下的中萃公司合作生产罐装可乐。在这之后，可口可乐发展势头愈发迅猛，逐步超越了它的竞争对手们，占据了中国碳酸饮料市场的半壁江山。

第三节　客户关系维护

客户关系维护是企业巩固和发展与客户长期、稳定关系的过程，强化双方关系维持和提升价值。企业需要全面掌握客户信息，对客户进行分级管理，及时有效地进行客户互动，让优质的客户关系不断加深稳定，从而提高客户满意度，维护客户忠诚度，让客户为企业创造更多的价值。

一、客户信息

客户信息是企业决策的基础。企业全面掌握客户信息有助于其了解自己客户的特征和需求，发现潜在客户，判断不同客户群体企业为提供价值和贡献的大小，实现事半功倍、有的放矢的客户关系维护。

客户信息管理的步骤

正所谓“知彼知己，百战不殆”。对于各行各业的企业而言，掌握哪些客户信息、怎样掌握客户信息，都是需要解决的问题。客户信息管理可以分为五个步骤，如图 10-2 所示。

图 10-2　客户信息管理的步骤

1. 定义客户信息

在定义客户信息时，企业需要根据自身需求界定所需信息范围，根据客户特点确定收集信息的类型。主要包括个人客户信息和组织客户信息。

（1）个人客户信息：①自然特性描述，即个人基本信息、家庭信息和事业信息。②行为特性描述，如兴趣、工作、居住、购买种类频率和金额等。③心理特性描述，即客户购买产品或服务的动机、性格、生活方式、信念态度。

（2）组织客户信息：①基本信息，如客户名称、地址、电话、创立时间、所在行业、规模、经营理念、销售或服务区域、形象或声誉等。②业务状况，如销售能力、销售业绩、发展能力和优势、存在问题等。③交易状况，即企业与组织客户的交易过程的经历，如交易条件和组织客户信用水平等。④主要负责人信息，如组织客户高层、采购经理人的年龄、性格、兴趣等。

2. 收集客户信息

企业收集客户信息可以通过直接或间接渠道完成。直接收集客户信息的渠道包括：市场调查，如人物访谈、问卷调查、电话调查；观察法，如现场观察和仪器观察；客户终端，如会员卡；企业网站和客服中心；企业营销活动和交易过程等。间接收集客户信息的渠道包括通过各大媒体、工商行政管理部门、金融机构、咨询公司、其他公司的数据库等。

3. 整合、管理客户信息

客户关系管理的关键是留住有价值的老顾客。整合、管理客户信息是企业留住客户的前提条件。过去受技术限制，企业通常只能对客户信息进行简单的统计学分析。现如今，随着数据分析技术的发展和各大企业数据库的建立，企业可以构建更完善的客户档案，深入分析客户消费行为，甚至预测客户未来的行为。

4. 更新客户信息

市场是动态发展的。过时陈旧的信息会误导企业的市场决策和客户关系管理策略。企业必须随时更新客户信息，才能掌握市场动向，适应市场变化。

企业更新客户信息时需要注意：及时更新客户需求、行为习惯等方面的信息；抓住客户信息更新的关键部分；按照时间纵向变化以及对利润的影响等及时分析客户信息；及时淘汰无用的数据信息。

5. 保护客户信息安全

商业伦理在客户关系管理中不可忽略。收集、更新客户信息过程中，企业必须时刻注意保护客户的信息安全，避免侵犯客户隐私和泄露客户信息的情况出现。为此，企业需要培养全体职工的信息保密意识，建立保密制度体系，实现不同客户信息和不同员工层级的保密分级管理。

二、客户区分

客户区分要求企业按照一定的标准将客户分级或分群，并对不同客户“区别对待”。其原则是客户有大小，贡献有差别，待遇有高低。

意大利经济学家维尔弗雷多·帕累托在二八法则中指出，经济社会中 80% 的结果往往源于 20% 的原因。对企业来说，有些客户为企业发展做出的贡献远超其他客户，企业八成的利润往往源自两成的关键客户。做好客户区分，弄清谁是关键的 20%，对企业客户关系管理至关重要。

（一）客户区分的步骤

首先，要根据市场情况确定客户区分基础或标准有哪些，然后选择最合适的市场客户区分标准进行客户分组，最后分析不同组别客户的需求特征，为企业确定最有利可图的客户群。客户区分的步骤如图 10-3 所示。

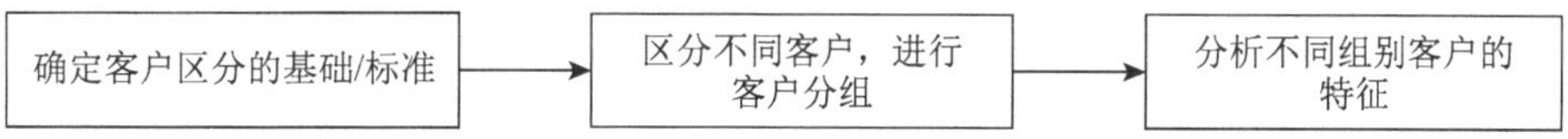

图 10-3　客户区分的步骤

（二）客户区分的方法

利用客户价值进行客户区分的方法有 ABC、RFM、CLV 等。

1. ABC 分析法

ABC（Activity Based Classification）分析法基于二八法则，原理是“区分主次，

分类管理”。根据客户为企业创造的价值（利润或销售额），将客户分为高端客户（1% 的客户，50% 的收入，49% 的利润）、大客户（4% 的客户，23% 的收入，25% 的利润）、中等客户（15% 的客户，20% 的收入，21% 的利润）以及小客户（80% 的客户，7% 的收入，5% 的利润）等类别。ABC 分析法有时候用顾客金字塔结构来表示（见图 10-4）。

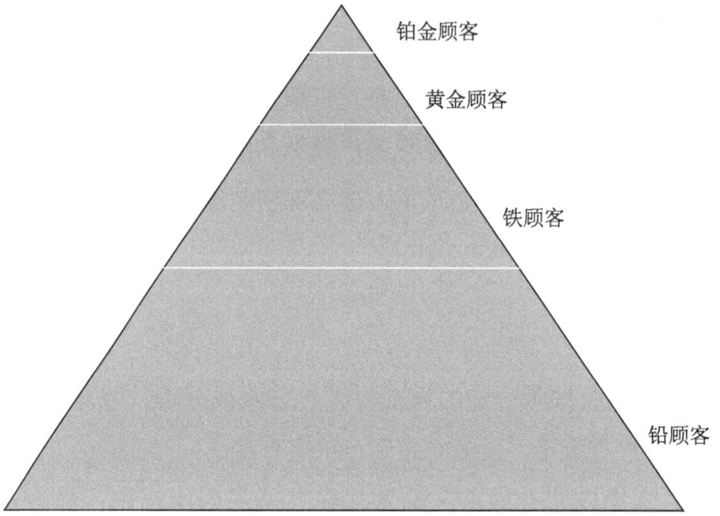

图 10-4　顾客金字塔结构

2. RFM 分析法

RFM（Recency, Frequency, Monetary）分析法是衡量客户价值和客户创利能力的主要工具和手段，其含义如表 10-4 所示。

表 10-4　RFM 分析法

指标	含义	意义
R（Recency） 近度	客户最近一次交易时间的间隔	R 大，表示客户久未发生交易 R 小，表示客户近期发生交易
F（Frequency） 频率	客户最近一段时间交易的次数	F 大，表示客户交易频繁 F 小，表示客户不够活跃
M（Monetary） 额度	客户最近一段时间交易的金额	M 大，表示客户价值越高 M 小，表示客户价值越低

RFM 模型可以将企业的客户分级，完成客户精细化管理，如表 10-5 所示。

表 10-5　客户精细化管理策略

客户类型	R	F	M	客户精细化管理策略
重要价值客户	高	高	高	优质客户，需要保持
重要唤回客户	低	高	高	交易金额大、次数多，但可能流失，需要唤回
重要深耕客户	高	低	高	交易金额大，且最近有交易，需要重点识别
重要挽留客户	低	低	高	交易金额大，是潜在的重点客户，需要挽留
潜力客户	高	高	低	交易次数多，且最近有交易，但交易额度低，可挖掘潜力
新客户	高	低	低	接触的新客户，有推广价值
一般维持客户	低	高	低	交易次数多但贡献一般，普通维持
流失客户	低	低	低	RF 均低于平均且最近无交易，视作流失

3. CLV 分析法

CLV（Customer Lifetime Value）指客户终身价值，或客户生命周期价值，即客户与企业关系持续的整个周期内为企业创造价值的总和。它不仅考察客户的历史贡献，也考虑到客户未来的贡献，这样客户可分为四种类型：贵宾型客户、维持型客户、改进型客户和放弃型客户。不同的客户类型，客户关系维系的措施也不同。客户终身价值的计算公式是：CLV= 客户价值 * 购买次数。

按 CLV 进行客户分类，如图 10-5 所示。

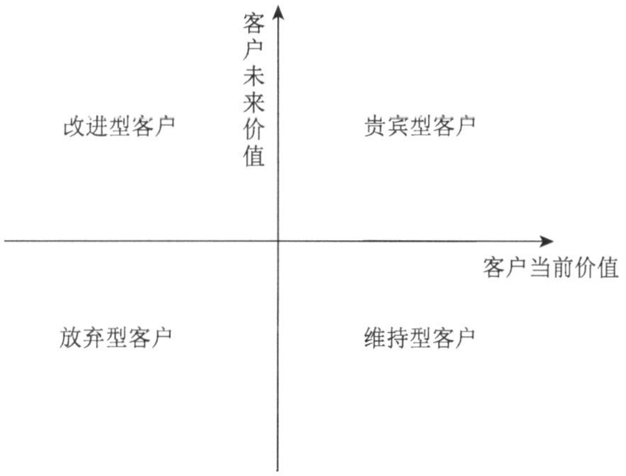

图 10-5　根据 CLV 区分客户

上述三种客户区分方法各有侧重。ABC 分析法着重于客户以往贡献度的分析，简单明了，但是忽视客户未来贡献。RFM 分析法强调按客户行为做区分，易于操作，但是忽视企业对不同客户投入的资源和成本。CLV 分析法考虑了客户与企业关系持续的整个周期内为企业创造的价值，比较全面和精确，但关系持续时间依赖主观判断。

三、客户互动

客户互动是指企业采用各种营销工具与客户之间进行信息交流和互换，是企业与客户之间建立相互联系纽带的活动或过程。

（一）客户互动内容

客户关系管理中的顾客互动是全方位互动，包括以下各种内容的沟通：

信息互动，包括企业向客户传递企业文化、理念与政策、产品或服务信息，也包括客户向企业传递的需求信息。它是双方增强了解、建立信任的基础和前提。

情感互动，是企业与客户除了交易关系和经济利益之外而产生的情感方面的联系。情感联系会拉近双方的距离，有利于建立信任感，如定期拜访客户、举办客户年终答谢会、创建品牌汽车俱乐部等。

意见互动，包括企业主动向客户征询对企业产品、服务等的意见或者建议，或者客户向企业反馈关于产品或服务的意见、投诉、建议等。

理念互动，是指企业向客户传递企业宗旨、理念，使客户对其产生认同感并接受企业所采取的互动。

（二）客户互动类型

按照互动的发起者划分，可以将客户互动分为：企业发起的互动，如客户访谈；客户发起的互动，如顾客投诉等。

按照互动的距离和方式可以将客户互动分为：面对面互动（工作场所互动）、第三地开展互动活动、间接人员互动和在线互动等。

（三）客户互动渠道

按照互动渠道中是否涉及与客户的直接沟通，可将互动渠道划分为人员互动渠道和非人员互动渠道。

人员互动渠道涉及企业员工与客户之间的直接交流与沟通；包括面对面交流，也包括电话、邮件、网络等间接交流。

非人员互动渠道指不需要通过企业与客户之间的接触和反馈就可以传递信息的渠道，包含三种类型：一是媒体。主要有报纸、杂志、直接邮寄、广播、电视、广告牌等。媒体可以告知顾客有关信息、说服潜在顾客购买、鼓励现有客户更多购买。二是环境或场景，环境或场景能够创造或者加强客户对企业了解以及印象的氛围。三是事件。事件是企业为了向客户传递信息而设计的一系列活动。主要有新闻发布会、开放日、公众参观等。

（四）客户互动设计

客户互动的设计，是从企业角度来设计、规划一系列客户互动的途径或方式的过程。客户互动设计的步骤和内容如图 10-6 所示。

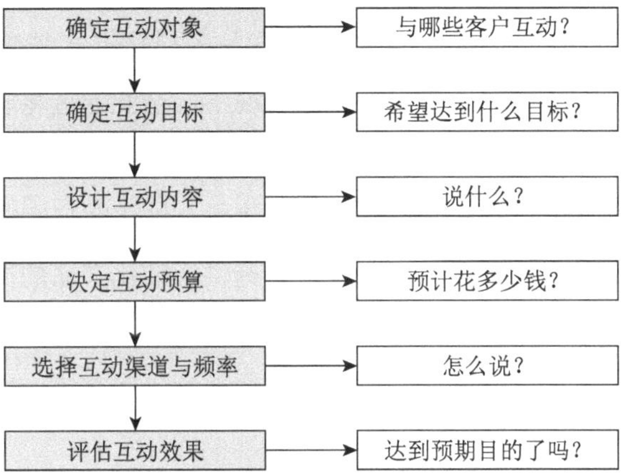

图 10-6　客户互动设计的步骤和内容

四、客户定制营销

客户定制营销是企业对客户个性化需求的针对性满足，是企业在客户价值大、需求个性化程度高的情况下选择的营销模式。客户需求的个性化，体现为需求的不确定性、多样性和快变性，因此需要个性化定制满足差异化需求。

（一）定制营销类型

琼·佩恩和詹姆斯·II. 吉尔默认为，并不是所有的定制都是等同的。他们提出了四种定制营销类型。

1. 适应性定制

企业提供标准化产品，顾客可以根据自身的不同需要将其加以变化，如宜家家具。

2. 化妆式定制

企业为不同客户提供不同产品，但这些产品并不是一开始就为客户量身定制的，而是在销售过程中，根据客户的需求对产品进行一些装饰或修饰，如可口可乐定制瓶。

3. 合作式定制

它是完全按照客户需求生产产品或提供服务的定制方式。企业需要与客户进行深入交流沟通，在确定客户需求后，再进行个性化定制，如海尔为国美生产的专供产品。

4. 透明式定制

企业进行透明式定制，需要充分掌握客户信息，为不同的客户提供定制产品或服务，但是不预先告知客户，如丽思·卡尔顿酒店的透明式定制。

（二）定制营销实现方式

企业需要根据客户特征、企业本身的资源和能力，选择不同的定制营销实现方式。这些方式包括：①产品多样化，主要是针对客户需求的个性化而采用的定制营销实现方式。企业可以通过小批量、多品种的产品多样化方式来满足个性化的客户需求。②模块化生产，在遵守统一界面规则的情况下，企业通过将复杂的系统分解为独立的半自律性子系统，实现同类模块可相互替代，不同模块则独立动作，根据客户的需要进行模块组合，在资源有限时一定程度上满足个性化客户需求。③标准产品 + 定制服务，一些同时提供产品和服务的企业，在提供标准化产品的同时提供定制服务，此方式更经济，也有利于企业培养竞争优势。④与其他公司合作，企业还可以通过外部合作，为客户提供个性化产品或服务，实现资源的协同利用，满足客户多方面的需求，达成 1+1>2 的效果。

第四节　客户关系测评管理

客户关系测评是对客户管理效果及企业经营绩效和质量的衡量。通过客户关系测评，企业能够了解客户真正想法，正确评价客户关系，有效满足客户需求，促使供需衔接，避免企业自以为是。客户关系测评主要测评客户满意度和客户忠诚度，质量是重要的测量指标。

一、质量观

（一）质量观发展历史

最早的质量观是 20 世纪 40 年代流行的符合性质量观。它以符合标准（国家标准、地区标准、行业标准或企业标准）的程度作为衡量依据，符合标准就是合格的产品质量，符合的程度反映了产品质量水平高低。

20 世纪 60 年代，适用性质量观出现。它以适合顾客需要程度作为衡量依据，从使用者角度而非生产者角度定义产品质量，认为质量就是产品适用性。

20 世纪 80 年代后，满意性质量观出现，质量管理进入到全面质量管理（Total Quality Management，简称 TQM）阶段，其定义为“一组固有特性满足要求的程度”。它不仅包括符合标准的要求，而且以顾客及其他相关者满意为衡量依据，体现以顾客为关注焦点的原则。

20 世纪 90 年代，卓越质量理念成为主流。其衡量依据包括：体现顾客价值，追求顾客满意和顾客忠诚；降低资源成本，减少差错和缺陷；降低和抵御风险。

从质量管理的发展、质量理念的演进历程来看，注重顾客需求、追求顾客价值、追求顾客满意和忠诚越来越成为质量管理的核心内容。人们对质量的界定逐渐从内向型转变为外向型，客户导向的质量管理成为主流。

（二）客户导向的质量观

客户导向的质量观认为：质量是为客户所感知的，而不是企业或国家所规定的；质量体现在企业的每一项活动中，而不仅仅是在企业的产品中；质量必须不断改进，而不是故步自封，因为客户的期望是不断提高的；质量未必要求更高成本，高成本也未必能创造出高质量；客户满意的关键在于质量能否满足其需要和期望。外向型质量观与传统内向型质量观的区别如表 10-6 所示。

表 10-6　两种质量观的区别

内向型质量观	外向型质量观
产品与规范比较	与竞争产品和最好的产品比较
检验合格	在产品全寿命期使顾客都满意
防止工厂内部缺陷和外部工作现场缺陷	商品和服务两方面都满足顾客需求
针对制造	涵盖所有功能
使用内部质量度量	以顾客为导向的质量度量
将质量视为技术问题	将质量视为经营问题
质量管理者负责	高层管理者直接参与

（资料来源：邬金涛. 客户关系管理 [M]. 武汉：武汉大学出版社，2008：179）

二、客户满意度

客户满意度是一种心理活动，它是一个相对值，是实际体验与期望值之差。客户满意度具有个体性和道德性。

（一）客户满意度的定义

菲利普·科特勒提出，满意是指个人通过产品的可感知效果与他的期望相比较后所形成的愉悦或失望的感觉状态。奥利弗认为，客户满意是客户对所接受的产品或服务过程进行评估，以判断是否能达到他们期望的程度的过程。[①] 具体来说，当企业所

① 苏朝晖. 客户关系管理 [M]. 北京：清华大学出版社，2014：203.

售的产品和服务符合或超越了客户的期望，说明企业的产品和服务是高质量的，会实现客户满意。如果企业所售的产品和服务低于客户的期望，说明企业提供的是低质量产品和服务，会导致客户不满意。

由于翻译的原因，客户满意度和顾客满意度虽用语不同，但是意义相同。为了测量客户满意度，各国学者开发了瑞典客户满意度指数模型、美国客户满意度指数模型、欧洲客户满意度指数模型、中国客户满意度指数模型。其中，美国客户满意度指数（American Customer Satisfaction Index，简称 ACSI），是一项全国性的经济指标，用于反映美国消费者对日常用品在产品质量与服务质量方面的评价。该指数由设在美国密歇根大学商学院的国家质量研究中心和美国质量协会共同发起并研究提出。ACSI 模型如图 10-7 所示。

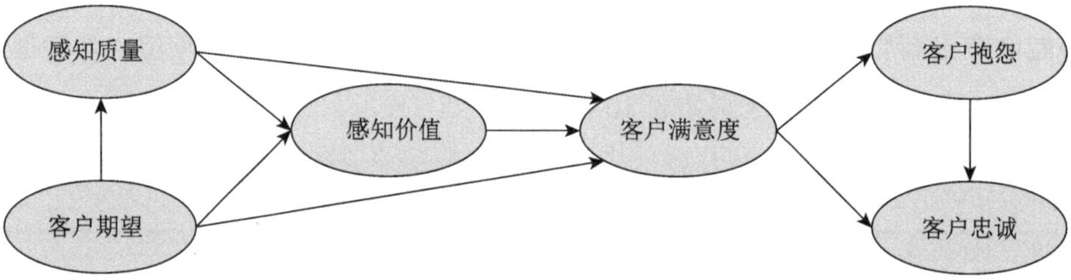

图 10-7　ACSI 模型

中国客户满意度指数通常又称中国顾客满意度指数（China Customer Satisfaction Index，简称 C-CSI），由中国品牌评级与品牌顾问机构 Chnbrand 于 2015 年首度推出。它是中国第一个全品类的顾客满意度评价体系，也是体现中国消费者对产品或服务满意程度的重要指标。C-CSI 测量指标包括客户满意度和忠诚度水平，通过要素满意度、总体满意度、忠诚度三项指标综合计算得出。C-CSI 模型如图 10-8 所示。

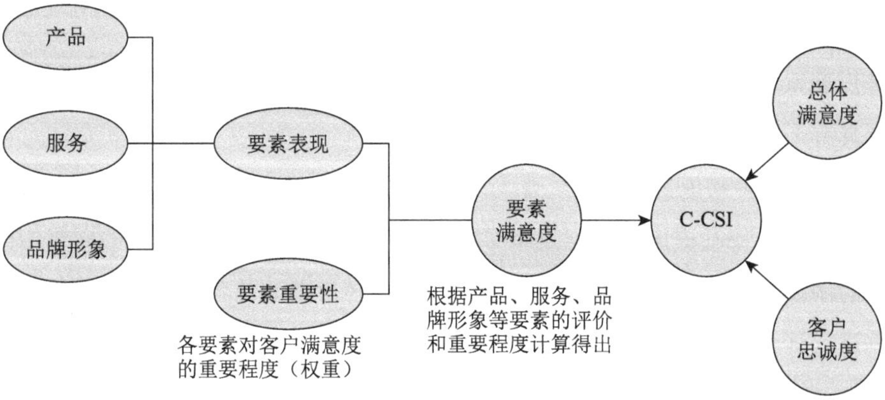

图 10-8　C-CSI 模型

为了保证数据的代表性和实用性，C-CSI 一直在全国范围内持续性地采取分层随机抽样的方式收集数据，2023 年 C-CSI 调查项目基本情况如表 10-7 所示。

表 10-7 2023 年 C-CSI 调查项目基本情况

类别		内容	
调查设计	调查对象	15 ～ 64 岁居民；一周在家居住 5 天及以上的居民；非市场调查、媒体等敏感职业人群；本地居住半年以上居民	
	调查地区	全国 100 多个城市	
	调查方法	线上线下结合	
抽样调查	抽样方法	根据性别、年龄、收入进行分层随机抽样	
	样本数量	265900 个样本	
调查时间		月度连续调查	
调查行业		快速消费品	食品、饮品、生活用品、时尚用品、医药 / 保健品、其他消费品等
		耐用消费品	家电产品、信息通信、汽车 / 电动车、家居用品、房地产、智能产品等
		服务业	批发零售业、金融服务、网络服务、一般服务、公共服务等

（二）客户满意度的关键评价指标

选定感知价值与预期价值的关键评价标准，实际上就是确定客户满意度的主要影响因素。企业在选择指标时，经常采用的方法包括：巴诺斯的层次要素法、服务感知五要素模型和杜克的三要素法。

1. 巴诺斯的层次要素法

巴诺斯按照马斯洛的需要层次理论，把影响客户满意度的因素分为五个层次，包括核心产品或服务、服务和支持系统、技术表现、企业与客户的互动情况、情感因素。

2. 服务感知五要素模型

美国营销学家帕拉休拉曼、赞瑟姆、贝利等人提出客户对于服务的满意来自他们对服务质量的感知。他们总结出了 SERVQUAL（Service Quality，服务质量）模型作为衡量服务质量的工具，该模型将服务质量分为五个维度，即可靠性、响应性、安全性、移情性和有形性。

3. 杜克的三要素法

杜克将客户满意度的一般评价指标分为三大类型：第一是核心产品或服务，这是最基本的利益和价值考察，包括产品质量、性能、设计、外观、可靠性等。第二是服务支持与流程，主要考察企业对客户需求的反应速度和反应质量，包括服务可靠性、及时性、方便性。第三是企业与客户的感情，包括员工对待客户的礼貌程度和员工与客户的互动沟通。

（三）客户满意度的指标权重

在确定客户满意指标体系后，企业还需要区分各个指标对客户满意度的影响程度，以及指标彼此间的相对权重。通常，这可以通过调查和访谈来实现。对于一些重要价值客户，企业还可以设计定制化指标权重。

企业不仅要关注不同客户之间满意程度的比较、与竞争者客户满意程度的比较，还要注意客户满意程度的纵向比较，通过客户自身感受的提高来增强企业与客户之间良好的关系。

三、客户忠诚度

客户忠诚是指客户一再重复购买，而不是偶尔重复购买同一企业的产品或服务的行为。客户忠诚是顾客满意目标的优化，提高客户忠诚度是企业进行客户关系管理追求的目标之一。奥利弗认为客户忠诚是对偏爱产品和服务的深度承诺。客户忠诚度是在客户满意度的基础上发展而来的。

（一）客户忠诚行为

早期对客户忠诚的研究主要是通过调查客户的购买行为来确认和衡量客户忠诚度。所采用的方法是探讨客户重复购买同一品牌产品的一致性，如表 10-8 所示。

表 10-8　客户忠诚行为的变化

类型	表现
完整忠诚	AAAAAAAAAAAA
偶然变换者	AAABAAACAAAA
转换忠诚	AAAAAAABBBBB
分割忠诚	AAABBBAAABBB
品牌冷漠	ABCDECABDADC

CRM 系统将大量的客户购买历史记录录入数据库中，利用购买比例、购买次数、购买次序、最近购买情况等信息，可以预测客户偏好购买某一品牌的可能性。

（二）影响客户忠诚度的因素

客户忠诚度是多个影响因素共同作用的结果，主要包括：

1. 客户满意度

客户满意度是影响客户忠诚最重要的因素。通常，客户满意度越高，客户忠诚度就越高。根据客户满意的程度，可以将客户忠诚分为信赖忠诚和势力忠诚。前者是客户在完全满意的基础上，对产品或服务长期、指向性的重复购买。后者是客户对产品和服务仅有部分满意，但为了得到某些好处或避免某些损失，长久重复购买的行为。尽管客户不满意不会表现出客户忠诚，但仍然存在两种特殊情况，即惰性忠诚和垄断忠诚。前者是指客户对当前购买的产品和服务不满，但因为惰性没有主动寻找新的购买选择。后者是指在完全垄断或寡头垄断的市场中，客户即使不满意，也无法找到其他代替选择的情况。相较而言，这两类客户更不稳定，一旦时机成熟则极易流失。

综合来看，客户忠诚度很大程度上受到客户满意的影响，企业需要尽可能提升客户的满意程度。然而，《哈佛商业评论》提出，在客户满意的情况下，仍有六成以上客户会选择尝试其他替代品。因此，企业也必须考虑其他因素对客户忠诚度的影响。

2. 客户信任

信任是客户与企业建立忠诚关系的主要动力之一。为避免风险，客户往往选择与信誉良好的企业保持长期合作关系。而长期稳定的交易也会促使客户信任的提升，使得客户对企业更加依赖。

3. 客户情感

情感是企业构建客户忠诚中不可忽略的因素。企业在客户关系管理过程中，需要注重情感投入，做好客户关怀，以便维护企业与客户的关系，加深客户对企业的良好印象。同样，在与竞争对手提供的产品相差无几时，能够与客户进行深度情感交流并建立伙伴关系的企业，更容易赢得客户的青睐和忠诚。

4. 客户转换成本

转换成本是指客户从一个企业转向另一个企业所产生的成本，包含时间成本、经济成本和情感成本等。若转换成本过高，客户在面对替代品牌时，会更加慎重地思考，尽可能选择忠诚。

5. 其他因素

企业对客户的忠诚度、员工对企业的忠诚度、客户自身特征、客户的购买习惯和购买历史等，都会影响客户忠诚的建立。

（三）一对一客户忠诚的培育

在客户关系管理中，企业的目标是与每一个客户建立个性化的关系，培育一对一的客户忠诚。

企业可以利用 CRM 系统，识别每个客户的信息和交易历史，通过取悦客户的互动方式培育客户关系，发展与组织和客户社团的关系，实现客户忠诚的建立。

（四）口碑效应

口碑效应（Word-of Mouth）是由于消费者在消费过程获得的满足感、荣誉感，而形成的对外逐步递增的口头宣传效应，其衡量指标为净推荐值（Net Promoter Score，简称 NPS）。NPS 是计量某个客户将会向其他人推荐某个企业或服务可能性的指数，主要专注于客户口碑如何影响企业成长。

NPS=（推荐者数 / 总样本数）*100%–（贬损者数 / 总样本数）*100%

在互联网背景下，信息传播速度和传播范围空前扩大，表现为点赞、评论、转发等方式的电子口碑（E-Word-of Mouth）客户忠诚产生深刻影响。

四、客户流失

客户流失指客户因企业或者是客户自身的原因不再忠诚，转而购买其他企业的产品或服务的现象。客户流失非常普遍，但优质客户的流失会给企业带来很大的负面影响。企业需要尽量降低客户流失率，极力挽回优质客户，尽力挽回普通客户，尝试挽回价值不高的小客户，彻底放弃不值得挽回的劣质客户。

本章小结

客户是企业利润的源泉，客户关系管理在现代企业经营活动中始终占据着重要的地位。本章主要介绍了客户关系管理的相关概念，和客户关系建立、维护和测评的具体流程。

思考题

1. 企业为什么要进行客户关系管理？
2. 结合实际案例，谈谈客户关系管理的流程和主要内容是什么。
3. 互联网时代，企业客户关系管理有了哪些改变？

第十一章　企业社会责任营销

学习目标

1. 了解企业社会责任与伦理的概念
2. 了解企业进行社会营销的原因
3. 了解企业责任营销中的伦理问题及伦理决策

开篇案例

鸿星尔克为何迎来“野性消费”

2000年，鸿星尔克诞生于“中国鞋都”福建晋江，与1991年成立的安踏、1987年创办的特步相比，它年轻许多。虽然起步较晚，但鸿星尔克后来居上，在聘请陈小春、张娜拉为品牌形象代言人的同时，不断丰富产品品类，并于2004年成为鞋、服饰、配件齐全的综合性服饰企业。2005年，鸿星尔克在新加坡上市，成为中国第一家海外上市的运动品牌。而早于鸿星尔克成立的安踏、特步，分别于2007年、2008年在港交所上市。随后，鸿星尔克开始了快速扩张。2008年，已拥有众多门店的鸿星尔克，因国内体育热潮而过度扩张，导致库存积压。此后的一年多，鸿星尔克都在“去库存”。2010年，鸿星尔克再次快速扩张，时任鸿星尔克副总裁的吴荣照在接受采访时曾表示，公司今后两年的门店数会由4000家增至6000家。门店数量迅速增长之际，鸿星尔克因涉嫌财务造假，股票于2011年2月28日起停牌交易至今。此后，鸿星尔克似乎进入了寒冬期，而2015年遭遇的一场大火，更是让鸿星尔克的处境雪上加霜，使其彻底掉出国产运动品牌第一梯队的竞争。

然而，鸿星尔克因其善举，迎来了成长的转折点。2021年7月，河南省遭遇了百年一遇的特大洪水灾害。暴雨持续多日，造成河水泛滥、山体滑坡、道路塌陷，多个城市和乡村遭遇严重灾害。大量房屋被淹，基础设施瘫痪，无数民众的生命和财产安全受到严重威胁，众多企业纷纷通过捐赠物资的形式援助灾区。7 月 21 日，处于亏损状态的鸿星尔克在微博宣布，通过郑州慈善总会、壹基金紧急捐赠 5000 万元物资驰援河南灾区，鸿星尔克这一“破产式捐赠”的善举，不仅让公司重回大众视野，也让公众重新审视这个曾经辉煌的品牌。

这一次捐款，超过 5000 万元的企业有十家，鸿星尔克可以说得上是里面最“寒酸”的。2020 年鸿星尔克营收 28.43 亿元，亏损 2.2 亿元，市值也仅有 3 亿元，其总裁骑车上班，连官方微博会员都舍不得开。但是鸿星尔克对河南的洪灾的捐赠并非一时冲动，其总裁吴荣照的肺腑之言特别感人：“因为自己淋过雨，所以想要为河南灾民撑伞。”他在创业之初就经历过厂房被水灾淹没，导致差点破产，因此对于河南同胞的遭遇，更加感同身受。

一夜之间，因共鸣情绪引起的现象级消费也随之产生。鸿星尔克的社交平台粉丝暴涨，橱窗商品卖断货，官方微博被网友赠送会员到 2140 年。鸿星尔克直播间开始“野性消费”，当晚的观看人数高达 200 多万，“让你们把缝纫机踩冒烟”“没货了寄鞋盒也行”“没货寄个标签，鞋子我自己做”等评论纷纷出现在其直播间，单场直播带货的销售额为 1022 多万元，单日销售额是捐赠事件发生之前一周均值的 168 倍。截至 2021 年 7 月 24 日，鸿星尔克品牌官方旗舰店淘宝直播间销售额突破 1.07 亿元，直播间观看人数近 3000 万，各地仓库售空，大部分商品处于严重缺货的状态，主生产线已超负荷运行。面对这样的情形，鸿星尔克董事长吴荣照在直播间发出呼吁，劝导网民理性消费，将热度留给河南灾情。2023 年 12 月 20 日，甘肃地震灾区牵动了万千网民的心，鸿星尔克再次为灾区捐款 2000 万元物资，又一次引发了新一波网络话题，企业品牌再次刷屏。

（资料来源：根据网络资料整理）

案例问题：

1. 你怎么看待鸿星尔克的捐赠行为？

2. 慈善捐赠对企业有哪些影响？

第一节　企业社会责任营销概述

社会责任营销理念，由杰拉尔德·扎特曼和菲利普·科特勒等先驱者提出，这标志着营销领域的一大飞跃。这一理念强调，企业在追求经济效益的同时，更应积极承担社会责任，将营销原理应用于环境保护、计划生育、改善营养等具有深远社会意义的目标上。这一观点不仅拓宽了营销的内涵，还推动了宏观营销和绿色营销等子领域的发展。宏观营销强调经济物品从生产者到消费者的有效流转，通过匹配供给与需求，促进社会目标的实现。而绿色营销则要求企业在开展营销活动时，积极减少对生态环境的负面影响，实现可持续发展。

一、理解企业社会责任与伦理警戒

（一）企业社会责任

企业社会责任（Corporate Social Responsibility，简称 CSR）的提出与时代背景紧密相连。“近代经济学之父”亚当·斯密提出“看不见的手”，阐述市场机制的作用。以亚当·斯密为首的古典经济学家认为，一个社会通过市场便能够充分地确定其需要，如果企业尽可能高效率地使用资源，为社会需要提供产品和服务，并以消费者愿意支付的价格销售给他们，那么企业就尽到了自己的社会责任。英国学者欧利文·谢尔顿首次正式提出了社会责任的概念，并强调其中蕴含的道德因素。此后，阿奇·卡罗尔在 1991 年进一步提出了“企业社会责任金字塔”理论，而约翰·埃尔金顿则在 1997 年提出了备受瞩目的“三重底线”概念。这些理念均在企业社会责任领域产生了深远的影响。与此同时，商业伦理的发展也逐渐展现出工具主义和规范主义两大趋势。

1. 企业社会责任的含义

根据利益相关者理论，企业社会责任是指企业在追求利润和保障股东利益的同时，还需积极承担对员工、消费者、社区以及环境的责任。这包括但不限于遵循商业道德，确保生产安全，维护职业健康，保障劳动者的合法权益，保护环境，支持慈善事业，捐助社会公益以及保护弱势群体。企业社会责任是企业声誉的重要维度，因此企业将社会责任活动作为提升形象、建立声誉以及从利益相关方获得正当性和认同感的重要手段。

2. 企业社会责任的主要内容

SA8000（1997）标准认为，CSR 涵盖了经济、道德、法律等各方面。国际化标准化组织在 2010 年颁布了 ISO26000，该标准对社会责任给出了如下定义：社会责任是指“通过透明和道德行为，组织为其决策和活动给社会和环境带来的影响承担的责任。这些透明和道德行为有助于可持续发展，包括健康和社会福祉，考虑到利益相关方的期望，符合适用法律并与国际行为规范一致，融入整个组织并践行于其各种关系之中”。世界商业可持续发展委员会将企业社会责任定义为：企业对经济可持续发展、员工及其家庭、当地社区与社会做出贡献，从而提高人们的生活质量。

企业的不同利益相关者应该承担不同的社会责任。企业利益相关者可概括为“SPICE”，即社会（Society）、合伙人（Partners）、投资人（Investors）、顾客（Customers）和员工（Employees）。企业社会责任的内容包括以下方面。

（1）法律行为。公司要保证每一位员工知晓并遵守相关法律规定。如明确禁止营销人员说谎或误导消费者购买，以及销售人员不能向采购代理商或其他影响 B2B 销售的人行贿等。

（2）伦理道德行为。在商业环境中，企业往往置身于道德抉择的复杂交织之中，合规的营销行为与不道德行为之间的界限日趋模糊。显然，一些行为，如贿赂、窃取商业机密、散布虚假或误导性广告、推行排他性销售策略、强制捆绑协议、产品或服务存在质量或安全隐患、提供虚假的质保承诺、错误标签、价格操纵、设置不合理的市场准入壁垒，以及进行掠夺性竞争等，均属明显不道德甚至违法的范畴。因此，企业应当制定明确的道德守则，建立符合道德规范的企业文化传统，加强对员工的道德和法律教育，确保他们充分理解和遵守相关法律规定。

（3）社会责任行为。在与顾客和利益相关者互动时，营销者必须积极践行其社会良知，包括对可持续发展和环境保护的深切关注。可持续性指满足当代人需求的同时又不对后代产生危害。众多企业已将其置于战略议程的首要位置，不仅将其视为一种责任，更视为推动长期商业成功和社会进步的动力。

菲利普·科特勒（2017）提出影响企业可持续性的 11 项因素：能源效率、用水效率、碳排放、垃圾生产、领导层多样化、首席执行官和平均员工薪酬比、缴税、可持续性管理、可持续性工资关联、创新能力、透明度。

3. 企业社会责任的范围

（1）企业对政府的责任。企业在受益于政府创造的优质营商环境的同时，必须依法履行其义务，确保按时足额缴纳税款，严禁任何逃税、漏税和偷税行为。企业还必须恪守政府制定的各项规章制度，坚持合法合规经营，坚决避免对国家与人民造成任何损害，积极维护国家和人民的权益。

（2）企业对股东的责任。企业最根本的社会责任就是对股东的责任，应为股东提供并保障其在企业中的利益，实现企业资产的保值和增值。企业应积极通过生产经营创造企业利润，提升股东的红利收入和满意度，保障企业正常运营。另外，企业应规范信息披露，及时向股东提供真实、准确、完整的财务信息和其他重要信息，还要保证中小股东的知情权、席位、话语权以及自由转让股份权①。

（3）企业对消费者的责任。消费者作为企业最直接的外部利益相关者，其消费行为在提升企业价值与推动可持续发展方面扮演着至关重要的角色。因此，企业对消费者肩负着重大责任，这主要体现在提供安全、可靠的产品与服务上，不断提升消费者的满意度与忠诚度。建立完善的消费者信息反馈机制，并向消费者传递正确的价值观，引导其进行负责任的消费，这不仅有助于培养消费者的长期认同感，还能够促进企业的可持续发展。

（4）企业对员工的责任。企业对员工的责任涵盖了多个方面，包括尊重每位员工的人权，保障员工获得合理的薪酬，提供安全和健康的工作环境，给予员工公平的待遇，提供持续的职业发展机会等。总之，企业对员工的责任是全方位的，不仅满足员工的物质需求，还要关注他们的精神需求和职业发展需求。

（5）企业对资源环境和可持续发展的责任。企业应当树立人与自然和谐共生的价值观，并深化对环境保护的认识。在经营活动中，企业需合理开发和利用资源，力求对环境的负面影响最小化。同时，企业还应主动承担起治理资源浪费和环境污染所带来的经济负担，以实际行动践行绿色发展理念②。

（6）企业对社区的责任。企业是社区的组成部分，与所在社区建立和谐融洽的关系是企业的一项重要的社会责任，涵盖了回馈社区、保护环境、促进就业和公开信息等方面，与社区建立和谐的关系，共同推动社区的繁荣进步。

4. 伦理警戒

伦理警戒，即是对企业行为中“正当”与“失范”的敏锐辨识，通过划定清晰的行为边界，从而规范并指引企业的决策和行动，确保企业行为始终符合伦理道德标准。当企业的行为在伦理上偏离正道时，伦理警戒敦促企业深入反思，追问为何会选择错误的行为路径。任何企业都应当设立一条不可逾越的营销伦理警戒线。

（二）伦理与商业伦理

企业作为社会经济的基本单位，应深入理解伦理与商业伦理的核心意义，并在日常经营活动中自觉恪守伦理准则，这是企业道德责任的重要内容。

1. 伦理与企业伦理

伦理，作为哲学的一个重要分支，探讨的是在社会活动中如何区分“好”与

① 冯梅，李晓辉. 企业社会责任与伦理 [M]. 北京：清华大学出版社，2023：16-17.

② 李淑英. 利益相关者理论视野中的企业社会责任 [J]. 教学与研究，2010（06）：44-50.

“坏”，是道德判断的准则。伦理剖析了道德的本质和依据，是具体道德行为背后的理论概括和抽象化表达。它针对行为的好坏或正确与否提供了规范性的论述，从而能够引导人们正确地判断行为的正误，并据此做出是否接受的行为决策。

企业伦理是规范企业及其成员行为的准则，它界定了企业经营活动中何为善、何为恶，何种行为应当为之、何种行为应当避免。同时，企业伦理也是企业及其员工如何妥善处理与利益相关者的关系的指导准则。企业伦理通过社会舆论的引导、内心信念的坚守以及内部规范约束的共同作用推动企业走向更加道德、负责任的发展道路。营销的内容各异，因此其伦理道德要求也相应有所不同。例如，不说谎、不欺诈，兑现承诺，保证医疗质量，发扬人道主义精神，是医疗信用伦理的基本标准。

2. 商业伦理

商业伦理是在商业领域内引导企业道德行为方式的原则。这些原则关注商业行为应遵循的道德、法律、社会责任和伦理原则，涉及诚信经营、社会责任、法律法规、员工关怀和环境保护等多个方面。另外，商业伦理是企业文化的重要内容之一。在商业环境中，一个具备健康商业伦理文化的企业，往往能够吸引并留住更多具有高度道德感的员工和合作伙伴，进而形成稳定而忠诚的利益共同体。

小案例

可口可乐公司的商业伦理包含了多个维度的责任与承诺，其中包括：

社会公益。可口可乐公司积极参与并赞助多项公益活动。在农村教育领域，公司投入资源帮助改善教育设施和提高教育质量。积极参与抗击艾滋病的活动，展现了对社会公共健康的关心和支持。关爱弱势群体，提供力所能及的公益服务。

劳资伦理。可口可乐公司高度重视员工权益和福利。公司致力于培养员工的职业能力和技能，为他们提供培训和发展机会。同时，还努力建立健康、安全的工作环境，关注员工的身心健康。在面对员工非主观因素造成的失误时，采取容忍和理解的态度，鼓励员工从中吸取教训，共同成长。

社会伦理。可口可乐公司与瓶装合作伙伴建立了长期积极的合作关系，共同推动行业的可持续发展。公司承诺使用环保包装材料，并倡导循环使用材料，减少碳排放和水资源消耗，以实际行动践行环境保护的理念。

客户伦理。可口可乐公司始终将满足客户需求作为企业经营的核心，不断创新产品和服务，以满足消费者的多样化需求。通过提供优质、健康的饮料产品，赢得消费者的信任和忠诚。

政商伦理。在处理政商关系时，可口可乐公司采取透明、合规的方式，注重与当地政府的沟通和合作，遵守法律法规，为当地经济发展做出贡献。公司还采取员工本地化策略，积极吸纳当地人才，促进就业和社区发展。

二、企业进行社会责任营销的原因

企业开展社会责任营销，首先要面向员工进行内部营销，内部营销必须深深植根于企业强烈的伦理观念、核心价值观以及广泛的社会责任之中。通过这种内部营销，不仅能够激发员工的归属感和自豪感，还能促使他们在日常工作中积极践行企业的社会责任。社会责任营销的核心在于强调企业在整个营销过程中积极承担社会责任，这意味着企业在追求经济利益的同时，必须关注其对环境、社会和利益相关者的影响，并努力寻求可持续的商业模式。

企业进行社会责任营销的原因可归纳为以下五个方面。

1. 通过社会责任营销提高企业区分度

世界上最受尊敬且最成功的公司，都是以高标准来践行为人民的利益服务，而不仅仅服务自己的利益。这些公司深知，在企业的发展中，树立良好的企业形象会直接影响企业的长期稳定发展。爱心企业是具有文化关怀，并为利益相关者的利益服务的公司。例如，海尔于 1995 年在平度建立了第一所希望小学。2008 年北京奥运会期间，海尔还推出了“一块金牌，一所希望小学”的公益计划，每获得一块奥运金牌，海尔就捐建一所希望小学，中国奥运健儿共赢回 51 枚金牌，51 所希望小学在祖国大地上建立。到 2021 年 10 月 14 日，已成立 345 所海尔希望小学，彰显了海尔的社会责任和担当。

2. 建立有效的社会责任营销决策框架

企业身处复杂的社会生态系统中，必须妥善管理与各类利益相关者之间的关系。在这个过程中，社会责任营销可以帮助企业建立一套有效的决策框架，指导企业在处理赞助活动、员工福利、环境保护以及社区贡献等关键领域做出明智的选择。

3. 企业高管需要了解公司面临的压力和机会

在多变的市场环境中，企业面临着来自各方的压力和各种机会。面对这种挑战，企业高管需要有一种全面而深入的视角来洞察公司的压力和机遇。通过社会责任营销，企业可以更加清晰地识别出市场中的潜在压力，如日益增长的环保要求、消费者对社会责任的日益关注等。同时，社会责任营销也为企业揭示了众多的市场机遇，如绿色技术的开发、社区参与项目的推出等。这些机遇不仅有助于企业提升品牌形象，还能为企业带来长期的商业利益和可持续成长。

4. 通过社会责任营销获得社会美誉度

社会责任营销还是塑造和提升企业声誉的重要手段。一个积极履行社会责任并因此获得良好声誉的企业，往往能够有效地抵消潜在的批评和指责。面对外界的指责和批评，企业需要通过多种渠道收集信息，全面了解批评的背景和根源，并对批评进行客观分析，区分出合理的批评和不合理的攻击。在这个过程中，社会责任营销可以发挥重要作用。企业可以通过公开透明的沟通、积极参与社会公益活动、发布企业社会责任报告等方式，向公众展示其积极履行社会责任的一面，从而赢得公众的理解和信任。

5. 通过社会责任营销获得来自利益相关者的忠诚和拥护

社会责任营销可以在利益相关者之间建立情感联系。对于社会而言，企业的社会责任行为能够为其赢得广泛的美誉度，进而为企业在政策制定、资源分配等方面创造优先权。而对于企业的合作伙伴而言，社会责任营销则能够激发他们强烈的归属感和凝聚力，使合作更加稳固和持久。对于投资人来说，企业的社会责任行为通常被视为长期价值投资的重要信号，从而吸引更多的资本注入。同时，对于顾客来说，社会责任营销不仅能够提升他们的满意度，还能通过优质的产品和服务赢得顾客的忠诚和回报。此外，对于企业的员工而言，当企业积极履行社会责任时，员工会感到更加自豪和满足，从而增强他们的忠诚度和工作积极性。

第二节　企业社会责任营销中的伦理问题及伦理决策

在社会主义市场经济的大环境下，国家对企业提出的基本要求就是坚守道德底线，实现经济效益与社会效益的和谐统一。以五菱汽车为例，他们深入贯彻“人民需要什么，五菱就造什么”的理念，不仅满足了消费者的需求，更体现了企业对社会责任的积极担当。

一、企业社会责任营销中的伦理失误问题

营销领域中伦理失误问题出现的原因具有多元性。一方面，企业若缺乏足够的道德水准，很可能导致伦理失范；另一方面，产品或服务本身的特点也可能成为触发伦理问题的诱因。

(一)企业方面造成的伦理失误

1. 过度销售或推销

企业销售人员过度强调产品或服务的优势，甚至采用故意隐瞒、欺骗等手段诱导消费者，使其难以做出明智决策。这种行为尤其在技术性或专业性服务中更为突出，因为消费者往往难以全面理解和评估这些服务的真实价值。例如，一些不道德的修车技师可能会利用消费者对汽车维修知识的缺乏，推荐一些不必要或昂贵的服务。

2. 误导消费者做出错误决策

企业营销人员有时会利用消费者对某些产品或服务的认知不足，通过夸大宣传、隐瞒真相或制造虚假需求等手段，误导消费者做出错误的购买决策。这种行为尤其在一些针对特定群体（如老年人）的产品或服务中更为常见。例如，一些不良企业可能会推出高价且效果不明的保健品，通过虚假宣传吸引老年人购买。

3. 绩效评估的时间长

当企业为评估某项服务的成功与否而设定的时间跨度过长时，服务提供者可能会为了获取短期利益而牺牲顾客的长远利益。

4. 组织激励制度不完善

企业的激励制度对于员工行为具有重要影响。当激励制度过于注重短期结果时，可能会导致员工忽视长期的道德和社会责任。例如，一些企业可能会设立以销售额为主要考核指标的奖励制度，这会促使员工过度关注销售业绩而忽视对消费者的真实需求和人文关怀。这种激励制度可能会强化员工的销售行为，而削弱他们在提供优质服务、维护消费者权益等方面的非销售行为。

5. 价格歧视与欺诈

价格歧视是商家在充分了解消费者信息的基础上，利用信息不对称和消费者个体差异，对不同的消费者制定不同的价格策略，来获取额外利润的行为，如“大数据杀熟”。而价格欺诈则是指商家使用虚假或误导性的价格信息，诱导消费者或其他买家进行交易的行为[①]。

(二)顾客及其他利益相关者方面造成的伦理失误

1. 顾客及其他利益相关者的邻避现象

这是一种常见的社会心理现象，表现为人们虽然普遍认为某项服务或设施对社区有益，但却不愿意将其建在自己的居住地附近。例如，大家都认为需要有一个垃圾处理设施来处理社区的垃圾，但没有人愿意让这个设施建在自己家的后院。这种心理

① 高勇强. 企业伦理与社会责任 [M]. 北京：清华大学出版社，2021：96-99.

可能导致对公共服务设施的不合理抵制，从而影响到企业的正常运营和社会福祉的提升。

2. 生产过程的消费者参与

虽然消费者参与产品或服务的生产过程，看似能够增加透明度，并减少企业的道德失误，但实际上也可能带来一些伦理问题。在消费者参与修车过程中，某些修车人员可能会利用言辞诱导，如声称“我绝不会驾驶装备这样的刹车系统的汽车带家人出行”，以此试图说服顾客更换原本无需更换的刹车系统。由于消费者可能希望避免冲突或缺乏相关专业知识，他们可能会接受这种不必要的服务，造成了不必要的经济损失和资源的浪费。

（三）伦理失误的后果

1. 引起顾客不满，从而导致销售损失

当企业发生伦理失误时，最直接的影响就是引起顾客的不满。顾客可能会因为被误导、欺骗或感受到不公平对待而感到愤怒和失望，从而可能会造成现有顾客流失以及影响潜在顾客的购买决策。

2. 关于组织的负面口碑传播

在社交媒体高度发达的今天，消费者的声音能够迅速传播并被放大。一旦企业发生伦理失误，负面口碑很可能会像野火一样迅速蔓延。这不仅会损害企业的声誉，还可能引发公众对企业的不信任感。负面口碑的传播速度之快、影响范围之广，导致企业很难在短时间内挽回形象。

3. 消极的公众形象

伦理失误往往会让企业在公众眼中留下不道德、不负责任的印象。这种消极的公众形象不仅会影响企业的市场地位，还可能会让其他利益相关者对企业的信任度降低。

二、伦理冲突与伦理决策

企业在经济活动中，经常会面临一些伦理冲突问题，如企业利润目标与社会福利目标之间的冲突，为了实现多方共赢，企业需做出明智的伦理决策，妥善平衡各方利益。

（一）伦理冲突问题

在市场营销活动中，企业管理者和员工经常遇到的伦理冲突问题有很多，如利益冲突问题、组织关系问题、诚实问题、公平问题、沟通问题等。

1. 利益冲突问题

利益冲突，即营销者在组织、顾客及自身多重利益间面临的艰难抉择。以保险公司的代理商为例，他们时常需要在顾客追求低保费的需求、个人追求高销售业绩的渴望，以及组织期望保持合理保险费金额的目标之间，找到平衡点。

2. 组织关系问题

组织关系，即为营销者与各方合作伙伴，如顾客、供应商、上级等之间所建立的职场联系。具备道德观念的营销者深知为合作伙伴保守商业机密的重要责任与义务。然而，那些缺乏道德意识的服务提供者，则可能滥用这些敏感信息，以满足个人私利。

3. 诚实问题

在市场营销领域，营销者的诚实主要体现为信守承诺和言行一致。企业所承诺的，应该是它能够做到的，但是缺乏道德素养的企业有可能言行不一致。

4. 公平问题

公平是指对待每个人都要公正、无偏见，且不论他们的性别、社会地位、种族或其他身份特征。例如，不能因顾客的性别、衣着或种族而给予不同的服务待遇。若男性比女性得到更优质的服务，或衣着讲究者比蓝领劳动者获得更多的关注，这都涉及歧视问题。因此，服务提供者需要确保每位顾客都能得到平等、公正且无偏见的服务。

5. 沟通问题

营销者与顾客之间的沟通渠道多种多样，包括大众广告、服务保证信息以及人际沟通、新媒体沟通等。然而，在这些沟通过程中，有时会出现夸大服务品质、对竞争对手服务进行不当评价，或做出不实承诺等伦理冲突问题。这些问题不仅对顾客造成误导，还可能损害了企业的声誉，进而影响企业的长期发展。

（二）伦理决策以及影响因素

营销者在参与伦理决策时，其行为往往受到其信仰的道德哲学的影响。这种道德哲学为他们在营销过程中判断何为正确、何为错误提供了原则和规则。例如，企业要解雇员工，除了法律规定的 30 天之外，他们是否应该提前通知那些即将被解雇的员工。

1. 伦理决策的方法

伦理决策的方法主要有三种，包括目的论、道义论、相对论。这三种方法所遵循的道德哲学并不存在优劣之分，而只为在营销活动中选择合适的伦理决策方法提供依据。

（1）目的论。目的论是一种伦理决策方法，具体是指判断行为的道德性，主要依据该行为所产生的结果。换言之，如果某个行为能够产生预期的有益结果，那么它在道德上是可以接受的。

（2）道义论。道义论是一种伦理决策方法，它并不依赖于行为的结果，而是由固有的道德原则来引导行为。道义论强调道德的绝对性和普适性，认为有些行为本身就是正确的，而有些行为本身就是错误的，这些行为的道德性并不受结果的影响。在企业伦理中，道义论坚持企业应该有所为有所不为。例如，产品召回可以挽救生命但意味着企业破产的话，那么企业应该破产。

（3）相对论。相对论认为，伦理决策的正确性并不是固定不变的，而是随着时间和情境的改变而发生变化。这意味着一个人的行为是否被认为是道德的，取决于其所处的具体环境和时间背景。例如，修车公司的员工在公司可能为顾客提供不必要的服务，向上级虚报业绩，而在家庭中却可能是一个诚实的人。

2. 伦理决策的影响因素

在相同的伦理背景下，不同个体所做出的伦理决策可能存在差异，这主要源于影响伦理决策的因素不同。

（1）个人道德发展的认知。在个人的发展中，认知阶段不同，伦理决策的评价标准也不同。道德发展的认知阶段包括 6 个阶段，对于“正确”或“不正确”的判断主要基于：①规则或权威；②个人需求或依据公平的他人需求；③相对于个人利益更关注他人利益；④个人对社会的责任；⑤基本的权利、价值观和法律约束；⑥每个人都应该遵守的普遍的道德原则。

（2）个人价值观。个人价值观是指每个人在个人生活和职业生活中所遵循的标准。值得注意的是，个人价值观并非一成不变，而是随着经历、学习和成长经历动态地演变。在个人价值观的动态变化中，其对伦理道德决策的影响也呈现出多样性。当个人价值观强调公正、诚实和尊重时，这些价值观将引导个体在面临伦理道德抉择时，倾向于选择符合这些原则的行为。相反，如果个人价值观倾向于自私、贪婪或冷漠，那么个体在伦理道德决策中可能会偏向于自我利益，忽视对他人的影响和伤害。

（3）企业文化。企业文化对公司的决策、行动以及公司政策的制定提供了指引。除了组织适用的价值观，企业文化还涵盖了另外两个更重要的因素，即日常业务的程序和决策政策。日常业务程序保证了公司运营的顺畅和高效，它规范了员工的行为和职责；而决策政策则更为关键，它指导着公司在面临重大抉择时的方向，确保公司的决策能够符合其价值观，同时实现长期的战略目标。

（4）社会文化差异。社会文化差异指的是，不同文化背景下行为标准的多样性。这些差异深刻地影响着人们的价值观、信仰和日常行为。以商业贿赂为例，它在某些文化环境中可能被视为一种正常的商业实践，甚至被看作是促进业务合作和交易的润滑剂。然而，在其他国家和文化中，商业贿赂则被视为不道德的，甚至被明文规定为违法行为，因为它违反了公平竞争的原则，损害了社会的公正和诚信。

（5）组织结构。组织结构是指组织依据权威和决策层级所构建的管理与运作体系。集权制结构更强调伦理道德的重要性，以加强对整个组织的控制。分权制结构则主张将决策权下放给一线员工，让他们根据具体情况做出快速和灵活决策。这种结构在一定程度上增强了员工的自主性和责任感，但也可能因为权力滥用导致伦理失误。

（6）机会因素。机会通常指的是恰当的时间或时机。在营销领域，机会被赋予了更具体的含义，尤其是在商业经营环境中。这里的机会，往往指的是那些可能导致企业伦理失误的场合或情境。例如，存贷款丑行、内部交易规则。如果企业不加以警惕和约束，这些机会很容易成为企业伦理失误的温床。

（7）奖励体系。奖励体系是组织内部用以衡量员工贡献并给予相应回报的一套机制。当侧重于结果性奖励体系，如销售额、处理电话的数量等具体业绩指标时，它会激励员工更加关注这些可量化的成果，从而可能提高短期内的工作效率。基于过程的奖励体系则更注重员工在工作过程中所展现出的态度、合作精神和创新能力等软性指标，这种体系有助于培养团队间的协作和信任，从而促进长期的和谐关系与组织稳定发展。

（8）其他重要人员。伦理决策也受到如上级、同事、下属等其他重要人员的影响，与这些重要人员的频繁接触，往往会促使个体更加倾向于采纳一致的伦理道德信仰。

（9）竞争性的环境。来自管理上层的压力以及行业内的伦理风气，也是导致伦理失误的重要因素。当组织面临外部竞争压力或内部业绩考核时，管理层可能会倾向于追求短期利益，从而忽视或牺牲伦理道德原则。同时，行业内的伦理风气也会对组织产生影响。如果整个行业普遍存在伦理失范现象，组织很容易受到这种氛围的侵蚀，从而放松对伦理道德的要求。另外，为了实现组织目标，个人有时可能不得不妥协自己的行为准则。这种妥协可能是出于对个人利益的考虑，也可能是受到了组织内部或外部环境的压力。然而，这种妥协往往伴随着伦理风险的增加，可能导致个人和组织陷入伦理困境。

（10）技术变化。在市场营销领域，随着技术的日新月异，伦理问题也随之凸显。其中，顾客数据库中顾客信息资料的存储、使用以及顾客隐私权的保护问题尤为突出。随着大数据、人工智能等先进技术的应用，企业能够收集并分析大量顾客数据，从而更精准地进行市场定位和营销策略制定和实施。然而，这也意味着顾客的个人信息面临着更大的泄露风险，伦理失误出现的概率增加。

本章小结

一个对社会负责的企业，不仅应当承担起自身的经济责任，而且其所有的经济行为都应当严格遵循法律制度的约束。同时，企业应当秉持良心，对社会负有深厚的道德责任，积极履行其对环境、员工、消费者和社区的义务，为社会的和谐与进步贡献力量。

思考题

1. 企业的社会责任是什么？为什么要进行企业社会责任营销？你了解你所在企业是如何进行企业社会责任营销的吗？

2. 企业社会责任营销中伦理失误问题有哪些？除此之外，你认为还存在哪些企业社会责任营销中的伦理失误问题。

参考文献

[1] Bitner M J. Servicescapes：the impact of physical surroundings on customers and employees[J] Journal of marketing，1992，56.

[2] Grönroos C. Service management and marketing[M]. Lexington，MA：Lexington Books，1990.

[3] Kotler P，Zaltman G. Social marketing：an approach to planned social change[J]. Journal of marketing，1971，35(3).

[4] Kotler P. Principles of marketing[M]. 17th ed. Harlow：Pearson Education，Inc.，2018.

[5] Lovelock C，Patterson P. Services marketing[M]. Melbourne：Pearson Australia，2015.

[6] Peloza J. The challenge of measuring financial impacts from investments in corporate social performance[J]. Journal of management，2009，35(6).

[7] Walsh G，Beatty S E. Customer-based corporate reputation of a service firm：scale development and validation[J]. Journal of the academy of marketing science，2007，35.

[8] Zeithaml V A，Bitner M J，Gremler D D. Services marketing：integrating customer focus across the firm[M]. New York：The McGraw-Hill Company，2009.

[9] 曹明胜，刘燕妮. 品牌管理 [M]. 北京：清华大学出版社，2014.

[10] 戴维·阿克，埃里克·乔基姆塞勒. 品牌领导 [M]. 默帅，译. 北京：机械工业出版社，2018.

[11] 戴维·阿克. 创建强势品牌 [M]. 吕一林，译. 北京：中国劳动社会保障出版社，2004.

[12] 戴维·阿克. 管理品牌资产 [M]. 吴进操，常小虹，译. 北京：机械工业出版

社，2018.
[13] 国家统计局，国务院第七次全国人口普查领导小组办公室 . 第七次全国人口普查公报（第三号）——地区人口情况 [R/OL]. 2021-05-11.
[14] 菲利普・科特勒，加里・阿姆斯特朗. 市场营销原理 [M]. 赵平，王霞，等译. 北京：清华大学出版社，2003.
[15] 菲利普・科特勒，凯文・莱恩・凯勒. 营销管理 [M]. 王永贵，华迎，译. 北京： 清华大学出版社，2017.
[16] 菲利普・科特勒，凯文・莱恩・凯勒. 营销管理 [M]. 何佳讯，于洪彦，牛永革，等译. 上海：格致出版社 & 上海人民出版社，2017.
[17] 菲利普・科特勒，凯文・莱恩・凯勒. 重塑亚洲：从泡沫经济到可持续经济 [M]. 王寅，译. 上海：上海远东出版社，2001(09).
[18] 菲利普・科特勒，何麻温・卡塔加雅，伊万・塞蒂亚万. 营销革命 4.0：从传统到数字 [M]. 王赛，译. 北京：机械工业出版社，2018.
[19] 冯梅，李晓辉. 企业社会责任与伦理 [M]. 北京：清华大学出版社，2023.
[20] 高勇强. 企业伦理与社会责任 [M]. 北京：清华大学出版社，2021.
[21] 郭国庆，李海洋. 服务市场营销的五大特征 [J]. 销售与市场，1995(08).
[22] 郭国庆. 市场营销学通论 [M]. 8 版. 北京：中国人民大学出版社，2021.
[23] 郭国庆. 市场营销学通论 [M]. 7 版. 北京：中国人民大学出版社，2021.
[24] 国家统计局 . 服务业风雨砥砺七十载 新时代踏浪潮头领航行——新中国成立 70 周年经济社会发展成就系列报告之六 [R/OL]. 2019-07-22
[25] 黄静，刘秋玲. “好企业”为什么会干坏事？——企业社会责任营销内外一致性视角 [J]. 商业研究，2014(08).
[26] 江林. 顾客关系管理 [M]. 北京：首都经济贸易大学出版社，2005.
[27] 杰姆・G. 巴诺斯. 客户关系管理成功奥秘 [M]. 北京：机械工业出版社，2002.
[28] 李淑英. 利益相关者理论视野中的企业社会责任 [J]. 教学与研究，2010(06).
[29] 理查德・C. 曼多克. 客户心理市场营销 [M]. 北京：电子工业出版社，2004(04).
[30] 理查德・布坎南. 顾客关怀——清除市场营销中的障碍 [M]. 北京：机械工业出版社，2003.
[31] 梁文光，李鹏志. 服务营销 [M]. 北京：北京师范大学出版社，2016.
[32] 迈克尔・R. 所罗门. 消费者行为学 [M]. 6 版. 北京：电子工业出版社，2006.
[33] 七次全国人口普查见证中国从站起来到富起来再到强起来的全过程 [EB/OL].

央视网，2021-05-11.

[34] 苏朝晖. 客户关系管理——客户关系的建立与维护 [M]. 10 版. 北京：清华大学出版社，2017.

[35] 瓦拉瑞尔 · 泽丝曼尔，玛丽 · 乔 · 比特纳，德韦恩 · D. 格兰姆勒 . 服务营销 [M]. 张金成，白长虹，译. 北京：机械工业出版社，2023.

[36] 王永贵. 服务营销 [M]. 北京：北京师范大学出版社，2007.

[37] 王永贵. 服务营销 [M]. 北京：清华大学出版社，2023.

[38] 王永贵. 客户关系管理 [M]. 精要版. 北京：高等教育出版社，2018.

[39] 吴健安，钟育赣. 市场营销学 [M]. 6 版. 北京：清华大学出版社，2018.

[40] 叶万春. 服务营销管理 [M]. 北京：中国人民大学出版社，2003.

[41] 俞慧霞. 与客户有效沟通的 N 个技巧 [M]. 北京：中国纺织出版社，2012.

[42] 赵鹏，熊艳婷. 企业社会责任营销作用和营销策略研究 [J]. 中外企业家，2020(17).

[43] 郑锐洪. 服务营销：理论、方法与案例 [M]. 北京：机械工业出版社，2014.

[44] 朱庆云，温旭虹，宫兰斌. 美国加州汽车排放法规和汽油标准的发展 [J]. 石油商技，2004(06).